따라 vs 피해
가기 가기

닮고
싶은 사람들

닮기
싫은 사람들

따라가기

vs

피해가기

이구영 지음

나무&가지

추천의 글 1

만나교회 **김병삼** 목사

사랑하고 좋아하는 사람의 이야기를 하는 것은 언제나 기분 좋은 일입니다. 이구영 목사님과는 40년 넘게 신학교 동기로, 그리고 목회자로서 함께 신앙 여정을 지나왔습니다.

'참 착한 목사'라는 생각을 합니다. 어려운 목회 시절부터 더 어려운 친구 목사들을 찾아가 돌보는 참 좋은 목사. 개척교회부터 교인들을 참 사랑해 '선한 목자'로 목양하던 참 좋은 목사. '참 좋은' 이유를 이번에 출간되는 책을 통해 발견하게 되는 듯합니다.

늘 성경을 묵상하며 배워야 할 사람 그리고 닮지 말아야 할 사람을 생각하니 점점 좋은 목사가 되어가지 않겠습니까?

《따라가기 vs 피해가기》에 나오는 인물들을 함께 묵상하며 책을 읽어가는 사람들이 착하고 좋은 그리스도인이 되는 상상을 합니다. 책 곳곳에 묻어 있는 아름다운 목회의 향기가 세상을 아름답게 물들어 가리라 생각합니다.

추천의 글 2

만방국제학교 설립자 **최하진** 박사

저자 이구영 목사님을 뵐 때마다 느끼는 것이 있습니다. 그는 하나님을 정말 사랑한다는 것입니다. 그리고 말씀 따라 살아가는 이 시대의 본이 되어 주시는 목회자라는 것입니다. 그래서 저는 종종 담임하시는 교회의 유튜브 영상을 클릭하여 설교 말씀을 듣곤 했습니다. 이번에 책을 내기로 하셨을 때, 그 내용을 보고 깜짝 놀랐습니다. 유튜브로만 듣기에 아까워 책으로 출판되면 참 좋겠다는 생각을 했었기 때문입니다.

성경에 무수한 인물들의 이야기가 있습니다. 그중에서는 본받고 싶은 사람이 있고, 본받고 싶지 않은 사람이 있습니다. 양쪽의 사람들 모두 우리의 신앙생활에 큰 도움이 됩니다. 그들은 모두 우리에게 정면교사이거나 반면교사이기 때문입니다. 그 모든 교훈의 결론은 하나님을 사랑하고 이웃을 사랑하는 것입니다.

우리는 세상 가운데 구별된 사람들로 살아가고 있습니다. 믿는 자로서 본이 되고 귀감이 되고 정면교사가 되기를 바란다면 이 책을 적극 권장해드립니다. 삶의 질이 달라지고 신앙생활의 매너리즘에서 빠져나와 날마다 새로워지는 놀라운 경험을 할 것입니다.

前 경기도지사 **남경필**

저자 이구영 목사님은 제 친구입니다. 고등학교 동창이지요. 10대 때 만나 지금은 60대이니, 50년 가까운 세월이 흘렀네요.

그런데 소년 이구영과 장년 이구영, 까까머리 이구영과 목사 이구영. 그때나 지금이나 변하지 않은 것이 두 가지 있습니다.

첫 번째는 중저음의 '묵직한 목소리'입니다. 그의 목소리를 듣고 있으면 어떤 권위가 느껴집니다. 묵직한 톤으로 "경필아!" 하고 부르면 그냥 따르게 됩니다. 목회자를 예비하신 하나님의 선물인 듯합니다.

두 번째는 '선함'입니다. 이 또한 목회자를 예비하신 하나님께서 주신 성품인 듯합니다.

그의 선함과 묵직한 목소리를 글로 담아 낸 《따라가기 vs 피해 가기》, 하나님이 기뻐 받아 주실 것으로 믿습니다.

닮고 싶은 사람들
따라가기

VS

닮기 싫은 사람들
피해 가기

프롤로그

이인위경以人爲鏡이라는 말이 있습니다. 당나라 당 태종이 한 말입니다. "나에게는 세 가지 거울이 있다. 외모를 다듬기 위해 보는 청동거울이 그 하나요, 현재와 미래를 다듬고 만들기 위해 살피게 되는 역사가 그 하나요, 다른 하나는 사람이다. 그 사람을 보면 나를 생각하게 되고 나를 다듬게 된다."라는 뜻입니다.

신앙생활은 내 생활 속에서 예수님을 닮아가는 것입니다. 좋으신 예수님을 흉내 내며 사는 것이지요. 또 신앙생활은 성경 속에 나오는 많은 사람을 만나며, 따라가야 할 것과 피해 가야 할 것을 분별하여 내 삶을 다듬어가고 길들여가는 것입니다.

성경의 인물들은 오늘의 나를 만들어가는 좋은 거울이 되기에 충분하기 때문입니다. 그래서 믿음은 명사가 아니라 동사입니다.

저는 어릴 때부터 성경에 나오는 분들 중 따라가고 싶은 사람들이 너무나 많았습니다. 그분들 한 사람 한 사람을 찾아서 2년이 조금 넘는 기간 동안 제가 담임하는 생명나무교회의 가족들과 함께 닮고자 한 때가 있었습니다. 피해 가야 할 사람 몇몇도 함께 찾아보았습니다. 그렇게 지난 기간의 말씀을 정리해서 오늘 여러분에게 다시 소개합니다.

코로나 기간, 주일 예배 때마다 함께 만났던 100명이 넘는 성경의 인물 중에 이런이런 분들이 더 마음에 와닿았다고 추천해 주셨던 교우분들에게 감사를 전합니다.

없는 시간 쪼개어 부족한 사람의 글을 다듬고 다듬어 준 지은정 편집자 님과 윤진경, 김다연 두 분의 집사님께 감사를 드립니다.

두 번 생각하지 않으시고 흔쾌히 책 만드는 것을 도와주시고 추천해 주시고 후원해 주신 최하진 선교사님과 만방의 가족들에게도 감사를 드 립니다.

모자란 저를 위해 늘 기도하며 응원해 주는 김병삼, 남경필 두 친구에 게 감사를 드립니다.

함께 살아주는 가족들과 생명나무 가족 모두에게도 진심으로 감사하 며, 모든 영광의 주인공이신 삼위일체 하나님께 찬양을 올려드립니다.

목차

제1장

기쁨으로
손해 봄을 자처한

보아스

VS

분노와
폭력의 사람

시므온

보아스 따라가기

보아스의 족보

바라볼수록 또 바라보고 싶은 사람, 보아스. 이름도 기억하기 쉽습니다. '보아스'라는 이름은 '재빠르다' '강하다'라는 뜻이 있습니다. 그의 부모님이 느려터진 놈이 되지 말고, 험한 경쟁사회에서 이왕이면 재빠르고 강한 사람이 되라고 지어 주신 이름입니다. 그 이름에 맞게 그는 재빠르고 강하게 살아왔습니다. 엄청나게 성실하고 꾸준하게 돈도 벌어서 한 지역의 유지가 되어 살던 사람이었습니다.

가나안 정착 초기에 여호수아 장군은 지파별로 땅을 나눠 주었습니다. 그 지파의 대장들은 또 다른 사람들을 모아 놓고 가문별로 땅을 나눠 주었습니다. 하나님의 뜻에 따라 공평하고 정직하게 나눠 주었습니다. 제비를 뽑았고, 서로 불만 없이 땅을 가졌습니다. 어떤 사람들이 받은 땅은 척박

했고, 어떤 사람들이 받은 땅은 풍요로웠습니다. 어떤 사람들이 받은 땅에는 강력한 대적들이 살고 있었고, 어떤 사람들이 받은 땅에는 야생동물들이 우글거렸습니다.

그렇게 모든 사람들에게 땅이 생겼습니다. 열심히 대적을 몰아내고, 야생동물을 몰아내고, 땅을 개간해서 농지를 만들어야 했습니다. 이 과정에서 엄청난 양극화가 일어나기 시작합니다. 부지런한 사람들, 꿈이 있는 사람들, 재빠르고 강하며 지혜로운 사람들은 정착이 수월했습니다. 몸은 좀 힘들었지만 풍요로워졌습니다.

반면에 게으르고, 꿈도 없고, 자기와의 싸움에서 진 사람들은 거저 받은 땅마저 잃게 되었습니다. 재빠르고 강한 사람들이 그들의 땅을 소유하게 되었고, 자연스럽게 빈부 차가 생기면서 신분의 차이도 생겨났습니다. 이 엄청난 사회적 소용돌이 속에서, 이름대로 재빠르고 강하게 살면서 점점 풍요로운 삶을 살던 사람이 바로 보아스입니다.

보아스는 하나님을 존중히 여기며 하나님의 뜻이라면 무조건 "아멘!" 하며 살았습니다. 믿음만 좋은 것이 아니라 그 믿음이 생활 속에서 그대로 묻어나 드림과 나눔의 삶을 실천하던 사람이었습니다. 그래서 보아스는 사람들에게 존경받고, 하나님께 인정받는 삶을 살았습니다.

이쯤 되니, 그의 아버지가 궁금합니다. 어떤 아버지였기에 재빠르고 강한 사람이 되라며 아들의 이름을 '보아스'라고 지었을까요? 시대를 읽을 줄 알았던 아버지이고, 그렇게 자녀교육을 했던 사람이겠지요?

보아스의 이름이 가장 많이 나오는 곳은 구약성경의 '룻기'입니다. 룻기의 주인공이라고 알고 있는 '룻'이란 모압 여인을 아내로 맞아 준 사람이 보아스입니다. 아무도 돌보려 하지 않는 불쌍한 외국인 노동자 룻을, 엄청난 손해를 보면서도 거두어 주었던 사람이 바로 보아스입니다.

룻기의 맨 마지막을 보면 보아스의 족보가 나옵니다.

[18]베레스의 계보는 이러하니라 베레스는 헤스론을 낳고 [19]헤스론은 람을 낳았고 람은 암미나답을 낳았고 [20]암미나답은 나손을 낳았고 나손은 살몬을 낳았고 [21]살몬은 보아스를 낳았고 보아스는 오벳을 낳았고 [22]오벳은 이새를 낳고 이새는 다윗을 낳았더라 (룻 4:18~22)

여기까지 읽어보면서 알 수 있는 몇 가지 내용이 있습니다.

'아, 그 유명한 다윗의 증조할아버지가 보아스구나.'

'보아스의 아버지 이름이 살몬이고, 살몬의 조상 중에 알 만한 사람이 베레스구나.'

룻기는 보아스의 족보를 기록할 때, 아담에서부터 출발하지 않았습니다. 아브라함에서부터 출발하지 않았습니다. 베레스에게서 출발합니다. 그럼, 베레스는 누구일까요? 우리는 잘 모르지만, 그 당시 룻기를 읽던 독자들은 쉽게 알았을 만한 이름이 아닐까요? 사람들은 수군거렸을 것입니다. "베레스의 자손 중에 살몬이 있고, 살몬의 아들이 보아스이고, 보아스의 증손자가 다윗이래. 다윗이 그런 가문의 사람이었구나. 우리 왕의 혈통이 그렇구나."

요즘으로 하면 한 나라가 세워지는 데 큰 공을 세웠던 개국공신이라든지, 독립유공자의 가문이 바로 보아스의 가문인 셈입니다.

다윗이 왕 노릇을 할 때 그 나라의 가장 큰 문제는 혈통의 문제였습니다. 아브라함의 혈통을 이어받은 정통 히브리인이냐?, 아니면 가나안 원주민이냐, 주변 모압이나 암몬이나 에돔 사람들의 피가 섞여 있는 혼혈민족이냐? 이 둘 사이의 갈등이 보통 문제가 아니었습니다. 과거 미국의 흑인과 백인 갈등, 1980년대 대한민국의 전라도와 경상도의 갈등, 그 이전 삼국시대의 고구려, 백제, 신라의 갈등처럼 그렇게 다윗 왕 당시에는 아브라함의 순수 혈통이냐 아니면 혼혈이냐가 대단히 중요했습니다.

이스라엘의 초대 왕 사울은 순수 혈통의 대명사였습니다. 그는 아브라함으로부터 내려온 히브리 순수 혈통의 왕이었습니다. 그래서 순수한 명문 지파였던 베냐민 지파를 중심으로 한 사람들은 그를 따랐지만, 조금이라도 이방인의 피가 섞인 사람들은 사울을 싫어했고 전쟁이 나도 도와주지 않았습니다. 즉, 사울 왕은 전 국민적인 지지를 받지 못했습니다.

사울이 죽고 2대 왕이 된 사람이 다윗입니다. 사람들은 궁금했습니다. '다윗은 누구의 혈통이냐?' 다윗은 순수 혈통일까요, 섞여 있을까요? 왕의 직무를 수행하는 데는 순수 혈통이 좋을까요, 아니면 섞여 있는 혈통이 좋을까요?

베레스와 살몬

룻기는 다윗 왕 시대에 쓰인 책으로, 다윗의 혈통의 비밀을 밝혀 주고 있습니다. 이 족보에서 나오는 '베레스'는 누구일까요?

야곱의 넷째 아들 유다는 해서는 안 될 일을 많이 했는데, 그중의 하나가 가까이해서는 안 되는 가나안 사람들을 사랑한 것이었습니다. 그는 가나안 출신 부인과 며느리를 얻었고 바로 그 다말이라는 가나안 출신 며느리와의 사이에서 촌수도 계산이 안 되는 아들을 낳게 되었는데, 바로 그 아들의 이름이 베레스였습니다.

정통 히브리 혈통을 가진 유다와 그렇지 않은 가나안 여인 다말 사이에서 태어난 혼혈인이 베레스였던 것입니다. 자, 여기까지 보면 다윗의 몇 대조 할아버지가 가나안 사람과 피가 섞여 있는 사람임을 알 수 있습니다. 그래서 그 당시 사람들은 유난히 그 첫 혼혈인 베레스의 이름을 알고 있었던 것입니다. 그리고 그 베레스의 후손 중에 살몬이 있었고, 살몬의 아들이 보아스였습니다.

그럼 또 궁금해집니다. 살몬은 누구일까요?

이스라엘의 역사 속에서 가나안 정복 전쟁 초기, 모세가 죽고 여호수아가 후계자가 되었습니다. 하나님의 능력으로 요단강을 건너서 가나안에 처음 들어왔을 때 그들이 처음으로 정복했던 성이 여리고 성입니다. 그 여리고 성을 어떻게 점령했는지 아십니까? 하나님께서 지진을 일으키시고 성을 무너뜨리셔서 간단하게 정복합니다.

물론 하나님의 직접적인 개입 이전에 이스라엘 사람들이 하나님의 말씀에 따라 무모하리만큼 어리석은 순종을 했습니다. 성을 돌았습니다. 하루에 한 바퀴씩 6일 동안 여섯 바퀴를 돌고, 또 7일째 되는 날은 일곱 바퀴를 돌아서 총 열세 바퀴를 돕니다. 그후에 그들이 함성을 지를 때 하나님께서 성을 무너뜨리셨습니다. 결과적으로는 그랬습니다. 그들은 순종하며 성을 돌았고 하나님이 무너뜨리셨습니다.

그런데 이런 일이 일어나기 전에 있었던 한 사건을 기억하시나요? 바로 두 명의 정탐꾼에 대한 이야기입니다. 성이 무너질 것이라고 믿었던 여호수아는 성이 무너진 후에 어떻게 그 성안의 사람들을 내 편으로 만들 수 있을지, 그들 중에 하나님을 믿는 사람들이 있는지, 또 그들에게는 어떤 문화와 성향이 있는지를 알고 싶어서 두 명의 정탐꾼을 보냈습니다.

이때 100대 1, 1000대 1 정도의 경쟁률이 아니라 수십만 대 1의 경쟁률을 뚫고 두 사람이 뽑혔습니다. 젊고 몸이 재빠르고 강하고 지혜롭고 날렵한 사람, 멘탈도 강하고 절대적인 믿음을 가진 두 사람이었습니다. 가나안 원주민의 언어도 배운 아주 특별한 사람들입니다.

그 두 사람은 목숨을 걸고 여리고 성에 들어갑니다. 그리고 정탐을 다 마친 후에 빠져나오다가 발각되고 맙니다. 그래서 어떤 곳으로 급히 숨어 들어가게 되었습니다. 요즘으로 하면 숙박업소를 운영하면서 술도 팔고 술 시중도 들던 기생 라합이라는 여자의 가게입니다. 그들은 라합에게 솔직하게 이야기합니다. "우리는 간첩이다. 우리는 하나님을 믿는다. 우리는 하나님의 도우심 속에 여기까지 왔고 이제 곧 이 성은 무너질 것이다. 그러니 네가 우리를 믿고 숨겨 주면 이 성이 무너질 때 우리가 너를 살려 줄 것이다."

너무나 솔직하고 확신에 넘치는 그들의 말에 감동을 받은 라합은 그들에게 이렇게 이야기합니다.

[10]우리는 당신들이 이집트를 탈출해 나오던 때에 여호와께서 당신들 앞에서 홍

해 물을 말리셨다는 이야기를 들었어요. 어디 이뿐이겠습니까! 우리는 당신들이 요단 동쪽에 있는 두 아모리 왕, 시혼과 옥을 어떻게 처치했는지도 다 들었습니다. ¹¹그런 말을 듣는 순간 우리는 당신들이 무서워 정신을 잃고 말았답니다. 정말 당신들의 하나님 여호와야말로 천하에서 제일 가는 신이십니다. ¹²⁻¹³그래서 내가 당신들에게 한 가지만 부탁하겠습니다. 내가 당신들을 도와 호의를 베풀었으니 당신들도 나에게 은혜를 베풀어 여리고가 정복당할 때 나와 내 가족과 친척을 모두 살려 주겠다고 당신들의 하나님 여호와의 이름으로 맹세하고 믿을 만한 표를 주세요. (현대인의 성경 _ 수 2:10~13)

이제 두 정탐꾼과 라합의 계약이 이루어졌고, 라합 덕분에 재빠르고 강한 그 두 사람은 목숨을 건졌습니다. 그리고 무사히 여리고 성을 빠져나왔습니다. 드디어 하나님의 은혜와 능력 속에서 여리고 성이 무너지던 날에 그 속에 살던 많은 가나안 원주민들이 다 죽게 되는데, 그때 살아난 사람들이 있습니다. 누구였을까요?

²²그때 여호수아는 그 땅을 탐지하러 갔던 두 정찰병에게 "그 기생의 집으로 들어가 너희가 약속한 대로 그녀와 그녀의 가족을 모두 구출하라" 하고 지시하였다. ²³그래서 그들은 들어가서 라합과 그 부모와 형제와 또 그녀와 함께 있는 친척을 모두 구출해 내고 그들을 이스라엘 진영 부근으로 피신시켰다. ²⁴그리고 백성들은 성에 불을 질러 그 성과 성 안에 있는 모든 것을 태우고 금, 은, 동, 철로 된 제품은 여호와의 창고에 들여놓았다. ²⁵그러나 여호수아는 두 정찰병을 숨겨 주었다는 이유로 라합과 그의 가족 및 친척들의 목숨을 구해 주었으며 그들은

오늘날까지도 이스라엘 백성 가운데 살고 있다. (현대인의 성경_수 6:22~25)

이렇게 목숨을 건진 라합, 그는 가나안 사람입니다. 그런데 그런 그가 언어와 문화가 다른 히브리인들과 섞여 살아갈 때 그녀를 돕고 가까이에서 사랑해 준 사람이 있습니다. 누구일까요? 두 정탐꾼 중에 한 사람이겠지요. 제가 영화감독 혹은 제작자라면 이런 영화를 만들고 싶습니다. '재빠르고 강한 정탐꾼과 그가 사랑했던 외국인 여자 라합의 사랑과 모험 이야기'

여기서 질문이 또 하나 생깁니다. 혹시 그 재빠르고 강한 정탐꾼의 이름이 누구였을까? 성경적인 근거는 없지만 탈무드나 유대인들의 전해 내려오는 이야기 속에 나오는 그의 이름은 바로 '살몬'입니다.

살몬이 누구입니까? 바로 이번 장의 주인공, 보아스의 아버지입니다. 정탐꾼이었으며, 재빠르고 강하게 살았더니 대박이 난 사람이었습니다. 그래서 자신의 아들도 그렇게 살기를 바라는 마음으로 아들을 낳은 후에 '너는 적어도 아빠처럼 살라'는 마음으로 지어 준 이름이 '보아스'입니다.

이렇게 보면 다윗 왕은 절대로 순수 히브리 혈통이 아닙니다. 가나안 여인 다말과 라합의 피가 섞여 있고, 모압 여인 룻의 피도 섞여 있습니다. 그래서 다윗이 왕의 직무를 수행할 때에, 그 많은 부족의 사람들이 서로 다윗을 응원하곤 했습니다.

이 긴 가족 이야기를 마태는 이렇게 정리합니다.

[1]아브라함과 다윗의 자손 예수 그리스도의 계보라 [2]아브라함이 이삭을 낳고 이

삭은 야곱을 낳고 야곱은 유다와 그의 형제들을 낳고 ³유다는 (가나안 여인) 다말에게서 베레스와 세라를 낳고 베레스는 헤스론을 낳고 헤스론은 람을 낳고 ⁴람은 아미나답을 낳고 아미나답은 나손을 낳고 나손은 살몬을 낳고 ⁵살몬은 (가나안 여인) 라합에게서 보아스를 낳고 보아스는 (모압 여인) 룻에게서 오벳을 낳고 오벳은 이새를 낳고 ⁶이새는 다윗 왕을 낳으니라 다윗은 (이방인 헷 사람) 우리야의 아내에게서 솔로몬을 낳고 (마 1:1~6)

보아스와 룻의 만남

이런 가문의 사람이었던 보아스는 참 열심히 살았고, 이제 어느덧 큰 부를 이루었습니다. 드림과 나눔을 실천하며 살았고 하나님의 뜻대로 살려고 애를 쓰며, 이제는 노년에 가까운 사람이 되었습니다.

그가 살던 곳은 베들레헴이었는데, 그곳의 유지였던 보아스가 어느 날 소문을 하나 듣습니다. 몇 해 전 큰 흉년의 때에 고향을 등지고 떠났던 엘리멜렉과 나오미 부부가 있었는데, 남편 엘리멜렉이 그가 살던 모압 땅에서 죽었고 두 아들 말론과 기룐도 죽었으며, 불쌍한 나오미가 모압에서 얻은 며느리 룻과 함께 다시 마을에 들어왔다는 이야기였습니다. 특별히 룻이라는 외국인 여자는 착하고 시어머니를 잘 모시며, 모압 사람답지 않게 그들이 섬기는 그모스 신을 섬기지 않고 하나님을 섬기는 사람이라는 이야기도 들었습니다.

'참 특별한 사람도 있구나' 하고 있는데, 어느 날 보아스가 자신의 밭에 나갔다가 어떤 모압 여자를 보게 됩니다. 처음 보는 그 여인이 누구인지 시종들에게 물어보니, 그가 바로 우리 동네에 와서 살고 있는 나오미의 며느리, 룻이라는 것이었습니다. 그리고 물어보지도 않았는데 그 사환이 룻을 칭찬하기 시작했습니다. 다른 사람들과 달리 부지런하고 잘 쉬지도 않으며 주어진 일을 너무 열심히 해서 자기가 감동할 정도라고 말합니다.

사람은 비슷한 사람을 만나면 왠지 눈길이 한 번 더 가게 됩니다. 보아스의 아버지 살몬도 재빠르고 강한 정탐꾼이었지요. 보아스도 자신의 이름에 맞게 재빠르고 강하게 살아와서 이토록 부를 누리며 살고 있지 않습니까. 그동안 열심히 사는 사람을 잘 못 봤는데 그런 사람이 있다니, 그것도 이방인 여자라니. 보아스는 룻이란 여인이 궁금했습니다. 그래서 더 유심히 보게 됩니다. 촌수로 따져보면 보아스와 엘리멜렉이 항렬이 같으니까 조카며느리 정도 되는 사람입니다.

보아스는 그를 몇 번 만나면서 친족같이 가깝게 느껴졌습니다. 주인인 보아스는 자기의 밭에서 일하는 룻에게 이렇게 이야기합니다.

> 8보아스가 룻에게 이르되 내 딸아 들으라 이삭을 주우러 다른 밭으로 가지 말며 여기서 떠나지 말고 나의 소녀들과 함께 있으라 9그들이 베는 밭을 보고 그들을 따르라 내가 그 소년들에게 명령하여 너를 건드리지 말라 하였느니라 목이 마르거든 그릇에 가서 소년들이 길어 온 것을 마실지니라 하는지라 (룻 2:8~9)

뜻밖의 호의를 받은 룻은 엄청 놀랍니다. 말도 제대로 하지 못하고 생김도 다르고 두려움과 긴장 속에서 일하고 있는 룻을, 주인이 직접 와서 챙겨 주고 호의를 베풀어 줍니다. 명령과 복종이 일상인 시대에 전혀 다른 이미지의 한 사람과 마주하고 있는 룻은 얼떨결에 본능적으로 엎드려 이야기합니다.

> [10]룻이 엎드려 얼굴을 땅에 대고 절하며 그에게 이르되 나는 이방 여인이거늘 당신이 어찌하여 내게 은혜를 베푸시며 나를 돌보시나이까 하니(룻 2:10)

이 말은 들은 보아스는 말도 서투른데 더듬더듬하며 차분하게 감사 인사를 하는 그녀를 참 기특하게 생각합니다. 보아스는 계속 이야기합니다.

> [11]보아스가 그에게 대답하여 이르되 네 남편이 죽은 후로 네가 시어머니에게 행한 모든 것과 네 부모와 고국을 떠나 전에 알지 못하던 백성에게로 온 일이 내게 분명히 알려졌느니라 [12]여호와께서 네가 행한 일에 보답하시기를 원하며 이스라엘의 하나님 여호와께서 그의 날개 아래에 보호를 받으러 온 네게 온전한 상 주시기를 원하노라 하는지라 (룻 2:11~12)

또 보아스는 종들에게도 명령을 내립니다. 그가 일하는 데 방해되지 않게 하고, 그가 일을 잘할 수 있도록 도와주며, 임금도 더 쳐 주라고 합니다.

> [15]룻이 이삭을 주우러 일어날 때에 보아스가 자기 소년들에게 명령하여 이르되 그에게 곡식 단 사이에서 줍게 하고 책망하지 말며 [16]또 그를 위하여 곡식 다발에서 조금씩 뽑아 버려서 그에게 줍게 하고 꾸짖지 말라 하니라 (룻 2:15~16)

손해나는 일

이렇게 시작된 룻과 보아스와의 만남은 시어머니 나오미의 귀에도 들어갑니다. 욕심쟁이 시어머니 나오미는 착한 며느리를 이용해서 자신의 재산을 다시 찾아올 생각을 하게 됩니다. 나오미는 머리를 굴리기 시작합니다. 큰 부자인 데다 덕망 있는 보아스가 자신의 며느리에게 호의를 베푼 것을 알고는 과거 자신이 팔아먹은 땅을 다시 찾고 싶었습니다.

이스라엘에는 '찾아주는 법'이 있습니다. 내가 땅이 있었는데 형편이 어려워서 땅을 팔았다고 합시다. 그러면 세월이 흐른 뒤에 어떤 착한 사람이 나타나서 이 땅을 사서 원래 주인에게 돌려줄 수 있는 제도입니다. 누가 이런 일을 하겠습니까? 손해가 나는 일인데요. 그래서 하나님께서 법을 만드셨습니다. 어려운 형제가 생겼을 때 가까운 친척 순으로 그 땅을 사서 돌려줄 수 있다는 법이었습니다. 만약 누군가 "내가 땅을 다시 사서 그 사람에게 주겠다"라고 하면 지금 그 땅을 소유하고 있는 사람은 무조건 산 가격에 그 땅을 다시 팔게 한 법입니다.

나오미의 남편이었던 엘리멜렉은 부모님께 물려받은 땅을 팔았습니다. 그런 후에 그는 모압으로 떠났고, 몇 년 후에 돌아왔습니다. 땅도 이미 팔아서 없고, 돈도 없습니다. 자, 그러면 이렇게 불쌍한 처지에 있는 나오미는 어떻게 살아가야 할까요? 가까운 친척을 찾아가서 내 땅을 다시 사서 돌려달라고 이야기해야 합니다. 여러분이라면 그렇게 하시겠습니까? 당연히 아무도 사주지 않았습니다. 땅을 사서 내가 가지는 것도 아니고, 땅을 사서 엘리멜렉의 가문으로 다시 돌려줘야 하는데 누가 이런 손해나는 짓을 한답니까.

그런데 이 손해나는 짓을, 나오미가 룻을 시켜 보아스에게 이야기하게 합니다. 보아스는 그 말을 들은 후에 나오미가 괘씸했을 수도 있습니다. 그렇지만 룻이 불쌍하다는 생각이 들었습니다. 그를 잘 살게 해주고 싶었습니다. 그래서 알아보니, 그 땅을 살 수 있는 친척 중에 우선순위인 사람이 있었습니다. 보아스가 그를 만나 이야기합니다. "혹시 형님이 우리 사촌 엘리멜렉이 판 땅을 다시 사서 나오미에게 돌려주실 생각이 있으십니까?" 그러자 그는 펄쩍 뛰며 거절합니다. "나는 절대 그런 짓은 하지 않을 거네. 그러니 혹시 자네가 그럴 마음이 있으면 하게. 나는 못하네."

1순위였던 친척 형님이 거절하자, 2순위였던 보아스가 선뜻 이를 수용합니다. 자기가 재빠르고 강하게, 성실하게 살면서 이루어 낸 많은 재산 중에 일부를 정리해서 현금을 만들고 그 돈으로 엘리멜렉이 판 땅을 다시 사서 그 땅을 등기해 주어야 했습니다. 그런데 땅은 여자들의 이름으로 등기가 되지 않던 시대였기 때문에 나오미도 룻도 해당사항이 없었습니다. 이때 나오미가 또 머리를 굴립니다. 일부다처제 시대이니 보아스와 룻이 결혼해서 그 땅을 사고, 두 사람 사이에서 태어난 아들의 이름으로 등기를 해주자고 합니다. 그래서 그렇게 태어난 사람이 오벳이고, 그의 아들이 이새, 그의 아들이 다윗이 됩니다.

하나님이 주목한 사람

여기까지 보면, 보아스는 참 멍청한 사람입니다. 정성스럽게 죽을 쒀서 남을 주지 않았습니까. 재빠르고 강하게 살면서 많이 모은 뒤에 없는 사람들에게 나누며 산 사람입니다. 많이 배운 지식으로 여러 사람을 이롭게 하고, 내 것을 챙기기 전에 남의 형편을 살피던 사람입니다.

그런데 참 멍청하고 바보 같은 이 보아스를 하나님은 주목하고 계셨습니다. 예수님의 족보를 이야기할 때 늘 보아스의 이름이 거론되게 하셨습니다. 저는 이 보아스를 참 좋아합니다. 열심히 일해서 남에게 다 준 사람! 얌체 같은 나오미에게도, 착한 룻에게도, 그 집에서 함께 먹고 사는 사환들에게도 도움이 되고 의지처가 되고 큰 나무가 되어 그늘과 열매를 만들어 준 사람, 보아스와 같은 사람이 되고 싶습니다.

보아스는 손해를 보면서도 기뻐한 사람입니다. 이 시대에 정말 안 어울리는 바보이지요. 굳이 그 나이에 젊은 이방 여인을 아내로 맞을 필요가 없음에도 불구하고, 그 가문을 살려내고 그 대를 이어가게 하고 싶었습니다. '아, 이것이 하나님의 뜻이구나' 싶을 때 계산하지 않고 행동할 수 있었던 사람이었습니다. 내가 손해를 보고 피곤해져도, 이게 아닌 것 같아도 그냥 순종하는 보아스를 닮고 싶습니다.

손해 보는 것이 어색한 시대를 살아갑니다. 교만해지고 서로 잘나다 보니까 누구의 말도 듣지 않습니다. 개인주의 시대이다 보니 더욱더 손해 볼 생각을 하지 않습니다. 그런데 손해를 보지 않으면 무언가를 시작할 수가 없습니다. 항상 좋은 것을 누리고 있는 누군가가 양보해야 어떤 일이든 시작할 수 있습니다. 오늘날 우리 사회와 교회, 가정이 쉽사리 변하지 않는 것은 먼저 가진 자가 그것을 놓기 싫어하기 때문이기도 합니다.

3,168톤의 쓰레기를 실은 바지선 '모브로 4000호'가 뉴욕 근교의 작은 동네인 아이슬립을 출발한 것은 1987년 3월이었습니다. 아이슬립에서 배출된 쓰레기였지만 처리할 방법이 마땅치 않자 받아줄 곳을 찾아 무작정 항해에 나선 것입니다. 노스캐롤라이나, 플로리다, 앨라배마, 미시시피, 루이지애나, 텍사스 등 미국 남부 6개 주를 전전했으나 어디서도 받아주지 않았습니다. 중남미로 방향을 틀어 멕시코와 벨리즈, 바하마까지 갔지만 거기서도 모두 '노 땡큐'였습니다. 결국 쓰레기는 6개월 동안 6개 주, 3개국을 떠도는 6,000마일의 목적지 없는 항해 끝에 다시 아이슬립으로 되돌아왔습니다.

'님비nimby'라는 말이 미국에서 그때 생겼습니다. '우리 뒷마당에는 안 된다'라는 의미를 가진 'Not in my back yard'의 각 단어 첫 글자를 이어 만든 신조어입니다. 쓰레기 소각장이 필요한지는 알지만 우리 동네는 안 됩니다. 분뇨처리장이 꼭 필요하지만 우리 동네에는 안 됩니다. 화장터는 꼭 필요하고 화장에 대한 공감대는 날로 높아지지만 우리 근처에는 절대로 안 된다는 것입니다.

배타성을 가진 님비 현상의 반대말은 '핌피pimfy' 현상입니다. 핌피 신드롬은 고급 아파트 단지, 일류 대학과 명문 고등학교, 종합병원, 대규모 공원 등과 같이 자기 동네에 이득이 되는 시설을 유치하기 위해 너도나도 발벗고 뛰는 현상입니다. '제발 우리 집 앞마당에Please in my front yard' 지어달라며 운동을 벌이는 현상입니다. 사람들의 마음속에는 너나 할 것 없이 님비와 핌피의 마음이 있습니다. 손해는 보고 싶지 않고, 이익은 꼭 얻고 싶은 마음입니다.

그런데 성경은 우리들에게 그렇게 말씀하고 있지 않습니다. 좋은 것은 서로 나누고, 나쁘거나 손해나는 것은 네가 담당하라고 말씀합니다. 여기에 경건한 그리스도인의 삶이 있습니다.

신학자들은 보아스를 구약성경에 나타난 예수님의 모습으로 설명합니다. 하늘의 영광을 포기하시고 죄인들을 위하여 이 땅에 오셔서 처참하게 돌아가신 예수님. 십자가는 영광이 아닙니다. 십자가는 황금 면류관이 아니라 가시 면류관입니다. 십자가가 돈이라면, 자랑이라면, 복덩어리라면 서로 붙잡겠다고 싸우겠지요. 그런데 십자가는 아픔입니다. 십자가는 눈물이고, 손해고, 희생이고, 억울함이고, 고통입니다. 아무것도 남는 것 없이 다 쏟아부어야 하는 곳이 십자가입니다.

예수를 믿으면 그 십자가에 달리신 예수님의 사랑하심, 희생하심, 손해 보심, 배려해 주심이 감동되고 닮고 싶어집니다. 그래서 비록 험하지만 그 십자가의 길을 나도 가고 싶어집니다. 여기에 천국 백성의 길이 있습니다. 참 열심히 사는데, 다른 사람들 위해서 다 쏟고 손해 보고 목숨 잃고 명예 잃고 조용히 사라져 가는 삶입니다. 찬양 한 구절이 생각납니다. "이 세상 다 지나고 끝 날이 와도 험한 십자가 붙들겠네."

우리는 나오미처럼 남의 것을 빼앗으려 하고, 나를 위해 희생해달라고는 하면서도 내가 정작 손해 보는 일은 하지 않으려고 합니다. 그런 우리가 과연 천국 백성일까요? 하나님께서 주시는 복을 받을 수 있을까요? 어림없는 소리입니다. 알기는 아는데, 손해 보는 건 또 너무 싫습니다. 그런데 손해 보지 않고는 형제를 사랑할 수 없습니다. 손해 보지 않고는 하나님의 선한 사업을 이루어 낼 수 없습니다. 여기에 우리 기독교인들의 고민과 갈등이 있습니다.

더 갖고 싶고 더 많이 얻고 싶은데, 예수님은 버리라고 말씀하십니다. 자꾸만 높아지고 싶은데, 하나님은 겸손하고 낮아지라고 말씀하십니다. 양손 가득히 움켜쥐고 이 세상을 살고 싶은데, 주님은 네 모든 소유를 팔아 가난한 자들에게 주라고 말씀하십니다. 항상 남을 못살게 굴더라도 내 이익을 챙기며 살고 싶은데, 하나님께서는 네가 그들을 위해 죽으라고 말씀하십니다. 여기에 우리의 고민이 있습니다.

이즈음에서 우리는 신앙적 기준을 다시 세워야 합니다. 사회적 책임감이라는 가치를 다시 세울 필요가 있습니다. 내가 좀 손해를 보더라도 사랑을 실천하고, 건강한 가문을 만들기 위한 노력을 기울여야 합니다.

종종 "성령 충만하게 해주세요"라고 적힌 기도 제목들을 보게 됩니다. 저는 그런 기도 제목을 볼 때마다 기도하기가 망설여집니다. '이 사람이, 성령 충만하게 되면 어떻게 되는지 알고나 이런 기도 제목을 썼을까?'

성령 충만하게 되면 죄가 생각나서 늘 회개하며 살아야 합니다. 성령 충만하게 되면 하나님이 너무 커 보이니까 겸손해지고 감사하며 다른 사람들을 높이며 살게 됩니다. 성령 충만하게 되면 나보다 힘들게 사는 사람들, 혹은 한 해 동안 나에게 고마움을 주신 분들이 생각나서 무슨 선물을 드릴까 고민하게 됩니다. 성령 충만하게 되면 이 땅보다는 하늘의 가치가 더 커져서, 이 땅 사람들의 생각의 틀이 아니라 하늘 백성다운 생각의 틀 속에서 살게 됩니다. 이 땅에 적응이 안 될 때도 많습니다. 성령 충만하게 되면 내가 내 인생의 주인이 되어 마음대로 사는 것이 아니라 왠지 내 삶의 주인이신 하나님이 생각나서 자꾸 그분의 의견을 여쭙게 되고, 기도와 순종이 자연스러워집니다. 더욱이 성령 충만하게 되면 손해 보는 것이 더 좋아집니다.

성령님이 내 안에 계시면 사랑하고 싶다는 생각이 듭니다. 은혜를 알게 되고 사랑받고 살아왔음을 깨달아, 왠지 나도 사랑하고 싶고 은혜에 보답하고 싶고 손해를 보더라도 바르게 살고 싶어집니다. 그러니 성령 충만하게 해달라고 함부로 기도하지는 마세요. 이거 상당히 부담되는 겁니다.

손해 본 사람들은 무지하기 때문이 아니라, 계산을 잘못해서가 아니라 예수 그리스도 때문에 손해를 본 것입니다. 신앙 때문에, 하나님의 사랑 때문에, 경건하고 바르게 살기 위해서, 하나님의 영광을 위해 살고자 손해를 본 것입니다.

닮고 싶은 보아스를 묵상해 봅니다. 꼭 그렇게 살지 않아도 되는데, 그 길을 하나님께서 좋아하실 것 같아서 묵묵히 그 손해 봄의 길을 걸어간 자입니다. 마치 예수님께서 십자가를 지시고 골고다를 오르시면서 우리의 죄를 없애 주시고, 천국으로 가는 길을 열어 놓으셨듯이, 자신에게 말씀하시는 하나님의 목소리에 무모하게 순종한 사람입니다.

내가 다니는 회사에서, 내가 사는 집에서, 신앙생활을 하는 교회에서 보아스와 같은 사람이 필요하다면 그 사람이 바로 내가 되고 싶지 않나요?

보아스가 땅을 되찾아 주었을 때, 나오미는 자신을 기쁨의 사람이라고 소개하며 동네를 돌아다녔습니다. 이제 쓴 인생이 보아스 덕분에 기쁨이 되었다고 말했습니다. 보아스는 얌체였던 나오미에게마저 유익을 줄 줄 알았던 자입니다.

죄는 아담이 지었습니다. 죄는 하와가 지었습니다. 그런데 그 죗값을 치러 주시며 양을 잡아 피를 흘리신 분은 하나님이셨습니다. 죄는 사람이 짓고 손해는 하나님이 보신 것입니다. 여기에 하나님의 사랑이 있습니다. 죄는 사람이 지었는데, 그 죄를 지우기 위해 피를 흘리신 분은 사람이 아니라 하나님이신 예수 그리스도이십니다.

죄를 지은 사람이 당연히 물어내고 벌 받고 피 흘리며 죽어야 함에도, 오히려 하나님이 손해를 보시고 독생자 예수 그리스도께서 그 참혹한 십자가의 형벌을 대신 받으심으로 우리를 살리셨습니다. 내가 못 박혀야 했던 그 십자가에 주님이 달리심으로 내가 살고, 하나님과 예수 그리스도는 엄청난 손해를 보셨습니다. 여기에 복음이 있고, 여기에 성경의 진리가 있습니다.

오늘 손해 보신 예수님이 계시기에, 내가 천국을 바라봅니다.

오늘도 손해 보면서 누군가를 살려 낸 보아스의 후예가 있었기에 우리가 있습니다. 이제 나도 그 뒤를 따라 험한 십자가를 사랑하며 손해 봄의 자리에 앉을 수 있을까요?

시므온 피해 가기

시므온과 레위의 살인사건

시므온은 야곱의 둘째 아들입니다. 야곱은 죽어가면서 마지막에 자녀들을 위한 축복기도를 했는데, 그때 둘째 아들을 마음껏 진심으로 축복하지 못하며 한탄했습니다.

> [5]시므온과 레위는 형제요 그들의 칼은 폭력의 도구로다 (창 49:5)

'시므온'이란 이름은 '하나님께서 들으셨다'라는 뜻입니다. 야곱에게는 4명의 부인이 있었는데, 그중 첫째 부인이 레아였습니다. 그녀는 첫째 부인이었지만 야곱에게 사랑받지 못했던 여인이고, 두 번째 부인인 라헬이 야곱의 사랑을 받았습니다. 그래서 레아는 하나님을 의지하는 시간이 더 많았고, 둘째가 태어났을 때 이름을 '시므온'이라고 지었습니다. 남편 야곱의 사랑을 받지 못함을 아신 하나님께서 나의 기도를 들어주심으로 둘째 아들을 주셨다는 뜻에서 지은 이름이었습니다.

믿음 있는 어머니의 자녀 시므온. 그렇지만 그 역시 아버지의 사랑을 받으면서 성장하지 못했습니다. 아버지는 둘째 부인인 라헬을 더 사랑했고, 늘 라헬의 천막에서 지냈기 때문입니다. 어머니 레아가 기도하는 사람이었을지라도 아버지의 외면 속에서 자란, 사랑받지 못하고 성장한 시므온의 내면에는 폭력성도 함께 자라났습니다. 그 안에 분노라는 감정이 자꾸 자리를 잡습니다. 아버지가 모든 힘의 근원이던 시절에 아버지와의 사이가 멀어지고 분노가 일어나면서, 시므온에게는 아버지가 안 계신 가정을 지켜야 한다는 강박이 자연스럽게 생겼던 것 같습니다.

아버지가 없는 레아의 텐트에는 사내아이들만 있었던 것이 아니라, 여동생 디나도 함께였습니다. 그들은 함께 자라면서 우애가 깊었습니다. 그러던 어느 날 성인이 된 여동생 디나가 가까운 성에 놀러 갔다가 그곳에 있는 한 남자를 사귀게 되었고, 그 남자와 만나 푹 빠져 살면서 절제력을 잃고 말았습니다.

세겜이라는 그 성의 성주의 아들인 세겜과 깊은 관계를 맺게 되었고 혼담이 오갔습니다. 성경을 대강 읽어보면, 시므온과 레위는 자신의 동생이 마치 세겜성의 성주 하몰의 아들인 세겜에게 성폭행을 당한 것처럼 이야기하지만 성경을 자세히 읽으면 그렇지 않다는 것을 알 수 있습니다.

디나와 세겜은 사랑하는 사이였습니다. 그래서 결혼 전에 이미 디나는 세겜의 집에 살고 있었습니다. 이방인들과의 혼인이 금지된 상황에서 디나와 세겜과의 결혼은 불가능한 것이었고, 디나 역시 자기변명에 빠져 내가 원치 않았는데 강제로 그렇게 되었다고 이야기하기 시작했습니다.

시므온은 이런 상황에 대해 화가 나기 시작했습니다. 분풀이를 하고 싶었습니다. 오래도록 쌓여 있던 악한 감정이 폭발하기 시작했습니다. 그래서 시므온은 동생 레위를 부추깁니다. 저 세겜 성 놈들을 살려두면 안 된다고. 단순히 동생 디나의 일 때문만은 아니었습니다. 평소에 어느 정도 불만이 차 있었고, 화풀이할 대상도 필요했습니다.

그렇다고 수적으로 열세인 자신이 어찌해 볼 도리가 없었습니다. 그래서 그는 계략을 꾸미기 시작합니다. 동생 디나와의 결혼을 허락할 테니 세겜 성 사람들도 다 할례를 받으라고 합니다. 즉, 포경수술을 하라는 말입니다. 세겜 성 사람들은 이를 좋게 받아들였습니다. 할례를 받고 세겜과 디나가 결혼을 하면 야곱 가문의 사람들과 친하게 지내면서 그들이 기르는 양을 비롯한 많은 짐승도 사고팔 수 있을 것 같았습니다. 경제 교류는 물론, 집안끼리의 다른 결혼도 가능할 것 같아 쉽게 허락하고는 모두 다 포경수술을 감행합니다.

이때 시므온과 레위는 다른 형제들을 설득합니다. 이 기회에 저놈들을 죽이고 그 재물을 빼앗아 오자고. 때를 기다렸다는 듯이 얼굴색을 바꿔 사람들을 모으고 그들을 공격하기 시작했습니다. 포경수술을 한 그들이 아파할 때 쳐들어가서 세겜 성의 모든 남자들을 죽였습니다.

그는 분노했고 화풀이도 했으며, 노략물도 많이 얻었고 포로도 끌고 왔습니다.

²⁵제삼일에 아직 그들이 아파할 때에 야곱의 두 아들 디나의 오라버니 시므온과 레위가 각기 칼을 가지고 가서 몰래 그 성읍을 기습하여 그 모든 남자를 죽이고 ²⁶칼로 하몰과 그의 아들 세겜을 죽이고 디나를 세겜의 집에서 데려오고 ²⁷야곱의 여러 아들이 그 시체 있는 성읍으로 가서 노략하였으니 이는 그들이 그들의 누이를 더럽힌 까닭이라 ²⁸그들이 양과 소와 나귀와 그 성읍에 있는 것과 들에 있는 것과 ²⁹그들의 모든 재물을 빼앗으며 그들의 자녀와 그들의 아내들을 사로잡고 집 속의 물건을 다 노략한지라 (창 34:25~29)

이 이야기를 들은 나이 든 아버지 야곱은 정신이 혼미해졌습니다. 세겜 성은 주변에 있는 다른 성들과 좋은 관계를 맺고 있었기에, 이 일이 알려지면 그들이 틀림없이 연합군을 형성해서 자신의 가문을 멸족시킬 것 같았습니다. 큰일이 난 상황에서 야곱은 아들 시므온과 레위를 꾸짖습니다.

³⁰야곱이 시므온과 레위에게 이르되 너희가 내게 화를 끼쳐 나로 하여금 이 땅의 주민 곧 가나안 족속과 브리스 족속에게 악취를 내게 하였도다 나는 수가 적은즉 그들이 모여 나를 치고 나를 죽이리니 그러면 나와 내 집이 멸망하리라 (창 34:30)

회개하지 않고 자신의 정당성을 주장하다

자, 이러한 상황에서 시므온과 레위는 어떤 반응을 보여야 할까요? 자신의 정당성을 주장해야 할까요, 아니면 잘못했다며 용서를 빌어야 할까요? 시므온과 레위는 세겜이라는 사람이 자신의 동생을 강제로 끌고 갔다고 했지만 근거가 없습니다. 만약 동생 디나가 잡혀 있었다면 창세기 34장 26절은 바뀌어야 합니다. "칼로 하몰과 그의 아들 세겜을 죽이고 디나를 세겜의 집에서 데려오고"가 아니라 "디나를 그들로부터 구해오고, 혹은 구출해오고"라고 해야 합니다. 그런데 어떤 성경 번역도 '구출'이라는 단어를 쓰지 않고 있습니다.

히브리어 성경 원어의 뜻은 '디나를 잡아왔다'입니다. 안 오겠다는 사람을 잡아온 것입니다. 그렇지만 시므온과 레위는 자신들을 꾸짖는 야곱에게 그렇게 말하지 않았습니다. 디나는 잡혀 있었고 억울한 일을 당한 것이라고, 세겜이 자신의 동생을 창녀처럼 대했다고 허황된 말로 자신들을 정당화합니다.

히브리어 원어에 나오는 '창녀'의 뜻은 직업적인 매춘녀를 의미합니다. 그러니까 시므온과 레위는 세겜이 자신의 동생을 데려다가 직업적인 매춘을 시켰다며 억지를 부리는 것입니다. 이 모든 것이 자신들의 폭력을 정당화하기 위함입니다.

공동번역 성경은 이렇게 번역합니다.

> [31] 그러나 그들은 "그자가 우리 누이를 창녀 다루듯이 했는데도 가만히 있어야 한단 말입니까?" 하고 대답하였다. (공동번역 _ 창 34:31)

'그러나'로 시작합니다. '그러자'가 아닙니다. 야곱이 시므온과 레위를 꾸짖자 그들이 순수하게, 조용하게 대답을 한 것이 아닙니다. 화가 잔뜩 나서 왜 아버지가 우리 일에 끼어드느냐고 대드는 장면입니다. 야곱이 회개하라고, 어서 속히 잘못을 인정하고 이제 하나님께 회개하고 용서를 구하라고, 사람들에게도 용서를 구하고 저 포로로 잡아온 사람들을 풀어 주라고, 주변에 있는 성에 가서 책임질 것은 책임지겠다고 이야기해야 한다고 나무랐는데도 펄쩍 뛰면서 절대로 그럴 수 없다고, 우리는 정당하다고 자기들의 무죄를 주장하며 끝까지 자존심을 내세우고 있었다는 말입니다.

저는 이 본문을 읽다가 에덴동산에서 있었던 아담과 하와의 사건이 생각났습니다. 그들은 하나님이 분명히 하지 말라고 한 일을 했습니다. 먹어서는 안 된다고 몇 번씩 강조를 했는데도, 결국 선악과를 따 먹었습니다. 그때 하나님의 꾸지람이 시작되었습니다. 문자적으로는 꾸지람이지만 내용적으로는 회개에 대한 촉구입니다.

"아담아, 아담아, 네가 어디에 있느냐!" 회개할 기회를 주시는 하나님의 음성입니다. 그런데 아담과 하와는 그 음성 앞에서 자신의 옳음을 주장하느라고 회개 대신 핑계를 대고 있습니다. 거짓말을 하고 있습니다.

결국 죄의 원인을 하나님에게 돌립니다. 하나님이 저 여자를 나와 살라고 하셨기 때문에 내가 죄를 지은 것이니 죄인은 맞지만 벌 받기는 억울하고, 원인 제공자는 하나님이시니까 나는 회개할 것이 없다는 말입니다.

하와 역시 똑같은 대답을 합니다.

[13]여호와 하나님이 여자에게 이르시되 네가 어찌하여 이렇게 하였느냐 여자가 이르되 뱀이 나를 꾀므로 내가 먹었나이다 (창 3:13)

여자도 남자도 회개보다는 핑계를 택하고, 모든 원인이 내게 없다며 자신의 정당성을 강조하고 있습니다.

성경에는 이런 사람이 많습니다.

사울 왕도 그랬습니다. 하나님께서는 분명히 아말렉과의 전쟁에서 모든 사람과 짐승을 진멸하라고 하셨습니다. 결국 그들 때문에 너희들이 죄를 더 짓게 될 것이니 전쟁이 일어나게 되면 그들을 살려두지 말고 진멸하라고 말씀하셨습니다.

> ³지금 가서 아말렉을 쳐서 그들의 모든 소유를 남기지 말고 진멸하되 남녀와 소아와 젖 먹는 아이와 우양과 낙타와 나귀를 죽이라 하셨나이다 하니 (삼상 15:3)

그런데 결과는 그렇지 않았습니다.

> ⁹사울과 백성이 아각과 그의 양과 소의 가장 좋은 것 또는 기름진 것과 어린 양과 모든 좋은 것을 남기고 진멸하기를 즐겨 아니하고 가치 없고 하찮은 것은 진멸하니라 (삼상 15:9)

하나님이 모르실까요? 다 아시는 하나님께서는 사무엘을 보내서 사울 왕에게 회개의 기회를 주셨습니다. 그런데 이때 사울 왕은 회개 대신 자신의 정당성을 주장합니다.

> ²⁰사울이 사무엘에게 이르되 나는 실로 여호와의 목소리를 청종하여 여호와께서 보내신 길로 가서 아말렉 왕 아각을 끌어 왔고 아말렉 사람들을 진멸하였으

"다만"이 왜 나옵니까? "예" 하고 100% 순종했으면 됩니다. 혹시 그렇게 하지 못했거든 하나님과 사람 앞에서 솔직히 죄를 인정하고 회개하며 용서를 구하면 됩니다. 그런데 핑계를 대며, 자신의 정당성을 주장하고 자존심을 내세웁니다.

아담과 하와 그리고 사울 왕, 이들은 각각 어떤 결말을 얻게 되었나요?

아담과 하와는 에덴동산을 잃어버렸습니다. 회개하고 행동을 고쳤으면 됐습니다. 용서를 구하고 다시는 선악과를 쳐다보지 않고 말씀에 순종했다면 가시덤불과 엉겅퀴가 있는 땅에서 고생하지 않아도 되었는데, 형제끼리 서로 죽이는 비극을 경험하지 않아도 되었는데 그때 회개하고 돌아서지 않는 바람에 그들은 영영 에덴의 기쁨을 잃어버렸습니다.

사울 왕은 어떠했나요? 하나님께서는 사울을 왕으로 삼으신 것을 후회하십니다. 안 되겠다고 판단하시고는 뒤도 돌아보지 않고 접으십니다.

본문의 주인공, 시므온도 마찬가지입니다.

하나님께서는 회개하지 않는 사람들을 사용하지 않으십니다. 그들에게 축복의 기회를 제공하지 않으십니다. 회개가 없던 시므온과 그 후손들, 과연 잘 살았을까요? 창대케 되었을까요?

시므온의 후예

민수기 1장을 보면, 애굽에서 탈출하는 이스라엘 백성의 숫자가 지파 별로 나옵니다. 르우벤 지파 46,500명, 시므온 지파 59,300명, 갓 지파 45,650명, 유다 지파 74,600명, 므낫세 지파 32,200명입니다. 제일 많은 지파는 유다 지파, 제일 적은 지파는 므낫세 지파로 평균 50,000명가량 됩니다.

시간이 흘러, 40년의 광야생활을 마치고 이제 가나안에 들어가야 할 시점이 되었습니다. 그때 다시 한번 인구조사를 합니다. 르우벤 지파 43,730명, 갓 지파 40,500명, 유다 지파 76,500명, 제일 적었던 므낫세 지파는 52,700명으로 늘었습니다. 그런데 시므온 지파는 22,200명으로 반 이상이 줄어들어 점점 초라해지는 가문이 됩니다.

동생 요셉이 애굽의 총리가 되어 있었던 때, 형들이 곡식을 사러 왔다 가 정탐꾼으로 몰려서 감옥에 갇혔다가 풀려나는 일이 있었습니다. 이때 풀려난 형제들이 아버지 야곱과 식구들을 위해서 곡식을 가지고 갈 때 한 사람만은 끝까지 포로로 잡혀서 고향에 가지 못하고 긴 세월 옥살이를 하 게 되는데, 그가 바로 시므온이었습니다.

이유는 하나입니다. 회개할 기회를 주셨을 때 회개하지 않았기 때문입니다. 회개는 죄를 인정하는 것이고, 행동을 고치는 것입니다. 행동이 고쳐지지 않으면 진정한 회개가 아닙니다.

회개가 얼마나 중요한지, 세례요한의 첫 음성도 회개였고 베드로의 첫 음성도 회개였습니다. 그리고 우리 예수님께서 제일 처음 강조하신 것도 회개였습니다. 회개하지 않으면 천국에 못 들어가니까요.

사람은 완벽할 수 없습니다. 실수 없는 사람이 되는 것도 좋지만 실수 앞에서 인정하고 반성해서 같은 잘못을 반복하지 않는 것이 더욱 중요합니다. 그런데 시므온은 회개가 없었습니다. 절대로 닮고 싶지 않습니다. 행동을 고치려 하지 않고 늘 자신의 정당성만 주장하며 그냥 살던 대로 살아가는 사람, 하나님이 좋아하실까요?

오늘날 우리는 수많은 죄를 지으면서도 회개가 없고, 핑계만 대고, 자신의 행동이나 말을 정당화하는 시므온의 후예로 살고 있음을 생각하게 됩니다. 시므온의 후계가 되지 않으려면 사회, 가정, 교회, 직장 내에서 올바른 회개가 이뤄져야 합니다.

사회

성경은 일하지 않으려거든 먹지도 말라고 말씀하십니다. 게으름을 죄라고 정의하며 쉽게 지나가는 짧은 인생을 낭비하지 말라고 강조합니다. 그러나 우리는 점점 말씀에서 멀어져 더 편하게, 더 쉽게, 더 남에게 폐를 끼치면서도 나만 편하고 싶어 합니다. 분명 죄입니다. 그런데 죄라는 인식조차 없습니다. '남들도 그러는데, 왜 나만?' 이런 식입니다.

현대경제연구원의 경제인구 분석자료를 보았습니다. 코로나19로 인한 경기 충격으로 고용시장이 한파를 맞자 취업 의지도 없이 그냥 쉬는 청년 층인 '니트족Not in Education, Employment or Training; NEET'이 급증한 것으로 조사되 었습니다. 현대경제연구원이 발표한 '국내 니트족 현황과 시사점' 보고서 에 따르면, 국내 니트족은 지난해 43만 6천명으로 전년 대비 24.2%(8만 5천 명) 급증했다고 합니다. 2016년(26만 2천 명)과 비교하면 4년 새 1.7배나 불어 난 것입니다.

이들은 일하지 않고 부모님을 뜯어먹고 사는 사람들입니다. 미혼이면 서 '육아·가사·심신장애·취업이나 진학 준비·군 입대 대기' 등의 상황에 해당하지 않고 '그냥 쉬었음'으로 분류된 사람을 뜻합니다. 니트족이 전체 청년층(15~29세) 인구에서 차지하는 비중도 2016년 2.8%에서 2020년 4.9% 로 2.1%포인트 늘어났습니다. 남성 니트족이 24만 5천 명으로 여성 니트 족(19만 1천 명)보다 5만 4천 명 많은 것으로 집계됐지만, 증가 속도는 여성 니트족이 더 빠르다고 합니다. 이들은 대부분 고학력자들입니다. 하나님 께서 좋아하실까요?

어느 업종에서나 양극화 현상이 심화되면서 사회 전반에 걸쳐서 양극 화가 진행되고 있습니다. 서로 잘 사는 사회가 아니라 일부가 잘 사는 사 회, 대부분은 그 사람들처럼 되고 싶지만 그렇지 못한 현실 속에서 좌절하 고 비난하며 끌어내리려는 사회가 되어갑니다.

왜 이런 사회가 되어가는지 슬프기도 하지만 이런 사회를 만들어가는 사람들이 짓는 죄 역시 하나님의 심판 대상임을 알아야 합니다. 또 혼자 잘 살려고 하면서 많은 이들을 무능한 사람으로 취급하는 사람들 역시 죄 가운데 있음을 알아야 합니다.

어느 통계 조사를 보니, 가수들 중의 '상위 1%'는 연평균 34억 원이 넘는 돈을 벌어들이는 것으로 나타났습니다. 상위 1%가 전체 가수 소득의 53%를 차지할 정도로 '쏠림 현상'이 심하답니다. 연봉 수십억 원, 상상이나 되나요? 연봉 1억 원이 꿈인 사람이 얼마나 많습니까?

가정

이 시대가 직면한 가장 큰 문제 가운데 하나는 아마도 가정문제일 것 같습니다. 어느 선교사의 보고에 따르면, 러시아 하바로프스크의 한 아파트에 40가구가 살고 있는데 그중에 이혼하지 않은 가정은 그 한국인 선교사 한 가정뿐이라고 합니다. 그래서 자녀들도 한 아버지나 한 어머니의 자녀가 아니고 여러 사람의 자녀라고 합니다. 비교적 자유분방한 서구나 미국 사람들의 이야기가 아니라, 한때는 공산주의 종주국이었던 러시아의 이야기라고 보면 입이 다물어지지 않습니다.

우리는 지금 이렇게 가정이 마구 붕괴되는 타락한 시대에 살고 있습니다. 가정생활을 할 때도 감정적으로, 기분에 따라서 하지 말고 말씀을 근거로 사랑하고 섬겨야 합니다. 여러분의 가정은 지금 어떠한가요? 행복하지 않다면, 자녀와의 대화가 끊겼다면, 미래가 불안하다면, 집으로 가는 걸음에 웃음이 없다면 회개할 일이 있는지를 살펴야 합니다. 핑계는 하나님 앞에서 통하지 않음을 알아야 합니다.

부모로서, 자녀로서 내 부족함을 인정하고 서로에게 용서를 빌기도 하고, 대화하면서 같은 곳을 바라보며 나아가고 있지 않다면 이제라도 하나님과 가족들 앞에서 회개하고 행동을 고쳐야 합니다. 그렇지 않다면 하나님의 심판대에 가기도 전에 이 땅에서 불행을 맛보게 될 것입니다.

하나님께서는 가정을 통해서 당신의 일을 이루기 원하시는데, 우리 가정이 하나님께서 주시는 사명을 다하고 있는지 점검해 봐야 합니다. 자녀 교육, 효도, 부부 사랑, 헌신 등등 참 생각해 볼 문제가 많은 시대를 살고 있습니다.

탈무드에 보면 창조주가 사람을 만든 목적에 대해 '아직 완성되지 않은 우주를 사람과 함께 완성하기 위함'이라고 적혀 있습니다. 하나님께서는 미완성적 창조를 하시고, 사람이 그 색깔을 입히기를 원하신다는 것입니다. 선생님이나 부모가 아이에게 밑그림만 그려주고 그 위에 덧칠하라고 하는 것처럼, 하나님께서는 밑그림을 창조하셨고 인간들이 완성해가기를 원하십니다. 그리고 그 과정을 보시면서 흐뭇해하기를 원하시는데, 여러분의 가정은 어떠한가요?

마귀는 하나님의 뜻인 행복을 방해하려고 욕심을 심어 주고, 교만과 거짓을 심어 줍니다. 인간에게 욕심을 주어서 환경을 파괴하게 합니다. 지구온난화, 탄소 배출, 소득 분배, 성장 중심의 삶을 통해서 불행하게 합니다. 저성장이라도 좋으니 행복하게 살아야 하는데 욕심을 자꾸 심어 주어 자족의 은혜를 잊게 합니다.

자족의 은혜를 잊으면 돈을 벌어도 불행하고 아프고, 돈을 벌어도 이혼하고 자녀들에게 따돌림까지 당합니다. 꼭 그렇게까지 해야 할까요? 내가 가정생활을 하는 데 있어서 회개하고 고쳐야 할 것이 있는지를 살펴볼 때가 되었습니다. 만약 회개할 것이 있는데도 핑계를 대며 죄를 인정하지 않는다면, 우리는 시므온의 후계가 되어가는 겁니다.

교회

가정도 중요하지만 교회도 중요합니다. 하나님께서는 가정과 교회가 행복한 곳이 되고 거룩한 사명을 감당하는 곳이 되기를 원하십니다. 교회는 무슨 일을 하든지 좋은 이미지를 심어 주어야 합니다. 만약에 우리가 하는 일이 그렇지 않다면 우리는 다시 한번 스스로를 돌아봐야 합니다. '다른 사람들이 볼 때 나는 좋은 사람인가?' '다른 사람들이 볼 때 우리 교회는 좋은 교회인가?'

물론 기준이 다 다를 수는 있지만 "그 교회는 참 좋은 일 많이 해"라고 인정받는 것, 이게 중요합니다. 만약 그렇지 못하다면 우리는 곧바로 회개해야 합니다. 생각과 언어와 행동을 고쳐나가야 합니다. 하나님의 영광을 가릴 수 있기 때문입니다.

제가 요즘에 회개하는 것 중의 하나는 더 적극적으로 선하게 살면서, 예수님의 모습을 흉내 낼 수 있는데, 이 핑계 저 핑계를 대면서 머뭇거리고 있는 것입니다. 최근 어떤 글을 읽고 스스로를 돌아보게 되었습니다.

폴이라고 하는 한 회사원이 뉴욕에서 중요한 미팅을 마치고 자기 팀 동료와 함께 공항으로 가려고 거리로 나왔다. 그런데 그날이 금요일 오후 저녁 시간이어서 교통체증이 심해 택시 잡는 것이 거의 불가능해 보였다. 그런데 정말 기적적으로 빈 택시 하나가 그들에게 다가오고 있었다. 그 택시를 본 순간, 다른 동료들이 쏜살같이 달려가서 그 택시를 잡아탔다. 그런데 문제가 발생했다. 너무 빨리 달려가는 바람에 바로 길가에서 장사하고 있는 노점상의 채소·과일 박스를 치게 되었고, 과일과 채소가 바닥으로 굴러떨어진 것이다. 폴의 일행 중 어느 누구도 이를 개의치 않고 택시를 탔지만, 폴은 택시를 타지 않고 그 자리에 순간 멈춰 섰다. 택시 안의 동료들이 외쳤다. "빨리 타게." 그리고 이내 덧붙였다. "이 택시를 타지 않으면 비행기를 놓친다고." 그럼에도 불구하고 폴은 일행을 먼저 보냈다. 그러고 나서 노점상 할머니에게 다가갔는데, 그 할머니는 울고 계셨다. 자세히 보니 앞을 보지 못하는 시각장애인이었던 것이다. 눈이 잘 보이는 분이 었더라면 바닥에 흩어진 채소와 과일들을 주우면 그만인데, 앞을 보지 못하니 어떻게 그것들을 주울 수 있었겠는가. 폴은 앉아서 울고 계신 할머니를 위로하면서 땅바닥에 떨어진 것들을 하나씩 줍기 시작했다. 이때도 폴 곁에 수많은 사람들이 바쁘게 지나갔지만, 어느 누구도 노점상 시각장애인 할머니의 울음과 폴의 행동에 관심을 두지 않았다. 폴은 채소와 과일을 다 정리한 후에 지갑을 꺼내 할머니 손에 돈을 쥐여 주면서 이렇게 말했다.

"할머니, 이 돈이면 손해 보신 것 충분히 해결될 것 같습니다."

그러자 그 할머니가 이렇게 물었다. "Are you JESUS혹시 예수님이신가요?"

이 말을 듣고 당황한 폴이 "나는 절대 예수가 아닙니다."라고 대답했다.

그때 시각장애인 할머니가 곧이어 이렇게 말했다. "조금 전 노점 가판대가 넘어지고 과일과 야채가 땅에 떨어질 때 제가 도움을 요청할 분은 예수님 한 분밖에 없었습니다. 그래서 저는 예수님께 이렇게 기도했습니다. 'JESUS please come help me예수님 나에게 다가오셔서 제발 나를 도와주십시오.' 그랬는데 기도의 응답처럼 당신이 와서 나를 도와주었으니까, "You must be JESUS당신은 예수님이 틀림없습니다."

그날 밤 폴은 비행기를 놓치는 바람에 집에 돌아가지 못하고 하룻밤을 더 뉴욕호텔에서 머물면서, 한밤중에 자신에게 이런 질문을 던지게 되었다. '누군가가 나를 예수님 같다고 착각하게 했을 때가 언제인가?' '나는 정말 작은 예수가 맞

나?' '나의 삶의 방향과 목적은 바른가?'

이 글을 읽으면서 참으로 마음에 회개가 많이 되었습니다. '누군가 나를 작은 예수님으로 착각할 정도로 살아본 적이 있을까?' 제 머리에 깊이 남아 있는 문장입니다. 누군가가 당신을 예수님 같다고 착각하게 했을 때가 언제입니까?

직장생활

직장생활을 하는 데에도 내가 예수님의 사람으로 살고 있는지 점검해 봐야 합니다. 물론 100점은 아니라 할지라도 시도는, 노력은 해봐야 하지 않을까요? 좀 더 정직하게, 좀 더 회사를 사랑하는 마음으로, 회사에 도움이 되는 방향으로 최선을 다하는 겁니다. 만약 오늘 내가 직장에 있을 때 예수님이 오신다면, 나를 칭찬해 주실까요?

영국의 사학자 에드워드 기번은 《로마제국쇠망사》에서 위대한 문명이 쇠퇴하고 멸망하는 다섯 가지 이유에 대해 이야기합니다.

첫째, 가정의 존엄이 무너진다. 둘째, 세금이 늘어난다. 국고를 사용해 공짜 음식을 주고, 대중을 위한 서커스를 열어 주면서 세금을 늘린다. 셋째, 쾌락을 미친 듯이 추구한다. 스포츠 경기와 잔인함, 부도덕성이 정당화된다. 코로나 단속을 피해서 유흥주점을 계속 영업한다. 넷째, 내적인 개인의 책임감이 상실되고 동시에 외부의 적을 막기 위한 군사력을 키운다. 다섯째, 종교가 쇠퇴한다. 종교가 형식으로 전락하고 사람들에게 감동을 주지 못하며, 길을 제시하지 못한다.

오늘날 이 사회를 보는 것 같아서 답답함이 밀려오는 내용입니다.

시므온은 회개할 기회가 있었습니다. 아담도 하와도 사울 왕도 회개할 기회가 있었습니다. 그런데 그냥 넘어갔습니다. 핑곗거리를 찾았습니다. '남들도 다 그러는데.' '내가 다음에 하려고 했는데.'

혹시 여러분도 그러고 있습니까? 작은 예수로 살지 못하는 죄를 회개합니다. 죄를 짓지 않을 수 없는 사회라 할지라도, 거룩함과 경건함과 절제를 잊지 말기를 바랍니다. 혹시라도 죄 가운데 있다면 하나님 앞에서 회개함으로써 행동이 고쳐지는 믿음의 사람들이 되기를 바랍니다. 하나님 사랑, 이웃 사랑을 위해 살면서 누군가가 나를 작은 예수님으로 착각할 만큼 선하게 살기를 오늘도 기도합니다.

닭고 싶은 사람들
따라가기

VS

닭기 싫은 사람들
피해 가기

제2장

현명한 아내
리브가

그릇된 사랑을 한
미갈

리브가 따라가기

셈의 족보

구약성경 창세기 11장에 보면 '셈'이라는 사람의 족보가 나옵니다. 노아
에게는 셈, 함, 야벳이라는 세 아들이 있었습니다. 이 중에 아버지의 허물
도 가려주고, 아버지를 이해하며 효도한 인물이 바로 셈입니다. 하나님께
서는 그런 셈에게 땅에서 잘되고 장수하는 복과 자녀의 창대함을 허락하
셨습니다.

노아의 첫째 아들 셈은 아르박삿이라는 아들을 낳았고, 이어서 아르박
삿은 셀라를 낳았고, 셀라는 에벨을 낳습니다. 그렇게 쭉 이어진 후손들
중에 '데라'라는 사람이 있었습니다. 데라가 누구인지 아시나요? 바로 아
브라함아브람의 아버지입니다. 데라는 아브람과 나홀과 하란을 낳습니다.

그들이 살던 곳은 갈대아 사람들이 살고 있던 '우르'라는 땅이었습니다.

세계사에서 메소포타미아의 고대 성읍 중의 하나로 기억되고 있는 곳입니다. 지금으로는 이라크의 수도 바그다드와 페르시아만 사이 어디쯤 되는 도시입니다.

성경은 데라의 가족을 자세히 소개하고 있습니다.

> [29]아브람과 나홀이 장가 들었으니 아브람의 아내의 이름은 사래며 나홀의 아내
> 의 이름은 밀가니 하란의 딸이요 하란은 밀가의 아버지이며 또 이스가의 아버
> 지더라 (창 11:29)

데라의 막내아들 하란은 일찍 결혼하여 롯이라는 아들과 밀가와 이스가라는 딸을 낳고는 일찍 죽었습니다. 하란의 아들 롯은 큰아버지인 아브라함이 맡아서 기르게 되었고, 큰딸 밀가는 둘째 큰아버지와 결혼을 하게 되었습니다. 지금이야 콩가루 집안이니 하며 구설수에 오를 수 있지만, 지금의 법이나 상식으로 그 당시 사회를 평가하는 데는 큰 무리가 있습니다. 당시는 그렇게 살았습니다. 가까운 친족끼리 결혼하던 족내혼의 시대였고, 남자가 턱없이 부족해서 일부다처제 문화가 일상적이었던 시대였습니다.

나홀이 조카인 밀가와 결혼하고 둘 사이에서 아들 8명이 태어나는데, 그중 막내아들이 브두엘입니다. 그리고 이 브두엘이 아들 한 명, 딸 한 명을 낳았는데, 아들이 라반이고 딸이 리브가입니다. 자, 그러면 아브라함과 리브가의 관계는 어떻게 될까요? 동생 나홀의 손녀입니다. 또 아브라함의 아들 이삭과 리브가의 관계는 어떻게 될까요? 이삭 입장에서는 작

은아버지 나홀의 손녀이자, 조카입니다. 그런데 이 리브가와 결혼하는 사람이 바로 이삭입니다. 그리고 두 사람 사이에서 에서와 야곱이 태어납니다.

우리나라는 촌수를 따지고, 누가 형이니 동생이냐를 따지고, 혈연적으로 무슨 관계냐고 따지지만 서양은 그렇지 않습니다. 그냥 나이 많으면 형이고, 나이가 적으면 동생입니다. 그래서 촌수 자체가 없이 그냥 함께 살아갑니다. 성경 역시 복잡한 촌수를 계산하지 않습니다. 그래서 리브가가 누구냐고 정리하면, 바로 이삭의 부인이자 야곱과 에서의 어머니입니다.

리브가를 만나다

천주교에서는 리브가를 '레베카'라고 부릅니다. 서양 여자들 중에 지금도 많이 있는 레베카는 바로 리브가의 다른 호칭입니다. 리브가가 성경에 처음 등장하는 것은 아브라함의 종이 이삭의 신붓감을 찾으러 동생 나홀의 성에 갔을 때입니다.

아브라함이 140세 정도 되었을 때, 그의 집에는 아들 이삭이 함께 살고 있었습니다. 이미 아브라함은 하나님께서 복을 주심으로 당시 성공한 사업가가 되어 돈도, 땅도, 거느리는 사람도 많아 그 지역에서는 최고 유지가 되어 있었습니다.

성경은 이렇게 기록합니다.

¹아브라함이 나이가 많아 늙었고 여호와께서 그에게 범사에 복을 주셨더라

(창 24:1)

그렇게 여유 있게 살던 어느 날 아브라함이 가만히 보니, 부인이던 사라가 127세에 죽고 3년이 지났는데도 마마보이 이삭이 엄마를 잊지 못하고 외로움을 많이 타고 있었습니다. 게다가 이삭은 워낙 조용하고 순종적이며 기가 센 아들도 아니어서, 사내답게 용감하고 씩씩하게 돌아다니면서 아내를 구할 만한 위인도 아니었습니다. 집 안에서 조용히 살고 있는 아들 이삭을 보다가 아브라함은 결심을 합니다. '아들을 위해서 나라도 나서서 이삭의 아내를 찾아봐야겠다.' 누가 좋을까 하고 주변에서 찾아보는데, 마땅한 사람이 없었습니다. 이런저런 고민 끝에 아브라함은 고향에 가면 동생 나홀이 있고, 나홀의 후손들 중에 며느릿감이 있을 것 같단 생각이 들었습니다.

어느 날, 아브라함은 나이도 지긋하고 오랜 세월을 아브라함과 함께 살아와서 그의 마음도 잘 알며, 사람 볼 줄 아는 눈도 있는 늙은 종 한 사람을 불렀습니다. 그는 아브라함의 모든 재산을 관리해 주는 매우 믿음직스러운 사람이었습니다. 아브라함은 종에게 이렇게 말합니다.

"내 아들의 아내가 될 여인은 이 땅 가나안 여자들 가운데서 얻지 않겠다. 내 고향, 내 친척의 땅으로 가서 내 아들 이삭의 아내 될 사람을 데려오너라."

그래서 이제 늙은 종이 짐을 챙기기 시작합니다. 가까운 거리가 아니었습니다. 지금 아브라함이 살고 있는 곳에서 며느릿감을 구하기 위해 가야 하는 나홀의 성, 갈대아 사람들이 살고 있는 이 '우르'라는 땅은 약 800km 떨어진 아주 먼 곳입니다. 혼자 갈 수는 없습니다. 사막을 지날 때 도적떼를 만날 수도 있었기에 호위무사들도 있어야 합니다. 적어도 한 달 이상을 가야 하기 때문에 식량도 많이 필요합니다. 옷과 사막에서 잠을 잘 때 덮어야 하는 이불도 있어야 합니다.

여러분이 만약 40일 정도를 여행한다면, 짐이 어느 정도 될 것 같습니까? 호텔도 없고, 사우나도 없고, 식당도 없습니다. 그래서 모든 것을 다 싸가지고 가야 한다면 어느 정도의 짐이 필요할까요? 거기다 며느릿감을 데려오려면 지참금도 준비해야 합니다.

늙은 종은 이런저런 계산을 한 후에 아브라함이 소유한 낙타 열 마리를 이끌고 길을 떠납니다. 짐을 운반할 때나 사막기후에서도 낙타가 필요했기 때문에 느리지만 오래 걸을 수 있는 낙타와 함께 가는 것입니다. 낙타의 단점이 하나 있다면, 물을 자주 먹지는 않는데 한 번 먹으면 많은 양의 물을 마신다는 것입니다. 한 번에 약 50ℓ의 물을 30분 정도 들이킵니다. 이걸 꼭 기억하십시오. '50ℓ의 물'.

늙은 종은 그렇게 낙타에 여러 가지 좋은 선물을 가지고 나홀이 있는 우르라는 땅으로 출발합니다. 적어도 한 달 이상이 걸리는 거리입니다. 하나님의 인도하심 속에 거의 도착할 때쯤 늙은 종이 기도하기 시작했습니다. '하나님, 이제 하나님께서 인도하셔서 거의 다 도착했습니다. 그런데 하나님께서 준비해 놓으신 며느릿감을, 저의 집안의 안방마님이 될 여인을 어떻게 찾아낼 수 있을까요?' 이렇게 기도하던 중에 하나님이 지혜를 주십니다. 그는 이어 기도합니다.

"하나님, 우리 집안은 커서 다스릴 사람도 많고 살림살이도 많은데 이 큰 살림을 해내려면 아무래도 성실하고 부지런하며 다른 사람들을 잘 챙길 줄 아는, 사랑 많고 너그럽고 넉넉한 마음의 사람이어야 합니다. 몸도 건강해야 할 텐데, 제가 제안을 하나 하겠습니다. 제가 우물가에 가서 앉아 있다가 물을 길러 나오는 여자들을 보고 '나에게 물 좀 주세요!'라고 할 때 단순히 내게 물만 주는 여인이 아니라 '저 낙타들에게도 물 좀 줄까요?'라고 친절하게 말하는 여인이 있으면 그 사람이 며느릿감인 줄 알겠습니다. 제 무지함을 불쌍히 여기시고 그렇게 인도해 주시길 바랍니다."

늙은 종은 그렇게 간절히 기도한 후 우물곁에 앉아 있었습니다.

기도란 이런 것입니다. 솔직하게 하나님께 이야기하는 것이 기도입니다. 어떤 분은 기도가 잘 안 된다고, 어렵다고 합니다. 어렵다고 생각해서 어려운 것입니다. 하나님과 수다를 떤다고 생각해 보세요. 자식 이야기, 직장 이야기, 남편 혹은 아내 이야기 등등 그냥 하나님께 주절주절 이야기하는 것이 기도입니다. 이 늙은 종은 그냥 이야기를 하고 있는 것입니다. 어떤 사람이 우리 집안의 며느리가 되었으면 좋겠는지를 솔직하게 하나님께 이야기하고 있습니다.

보통 우물가에는 여자들이 나옵니다. 특히 젊은 여인들이 물을 길어 우물에 오곤 했습니다. 우리나라처럼 산이 많은 지역은 땅을 깊이 파지 않아도 우물이 터져 나와서 그 깊이가 몇 미터 정도밖에 되지 않지만, 사막은 그렇지 않습니다. 워낙 물이 귀한 곳이라 적어도 10m 이상을 파고 내려가야 물이 모입니다. 때로는 비가 와서 자연스럽게 생기는 우물도 있지만 대부분은 깊이 파서 물을 모아 놓습니다. 그리고 도르래를 설치하고 두레박을 내려서 물을 길어 올립니다.

두레박을 가득 채우면 물이 몇 리터쯤 되는지 아시나요? 우물의 깊이에 따라 다르기도 하지만 두레박에 물을 가득 채우면 5ℓ가 채 되지 않습니다. 10m 깊이의 우물에서 두레박으로 물을 길어 올리려면 꽤 무겁습니다. 1.5ℓ짜리 물병 두 개를 들기도 어렵습니다. 그런데 두레박에 들어가는 물이 5ℓ, 이걸 올리다 보면 물이 찰랑거리고 넘쳐서 두레박의 반 정도 찰 겁니다. 10m깊이의 우물에서 두레박을 이용해 물을 끌어 올리려면 끈을 몇 번 정도 잡아당겨야 할까요? 한 번에 50㎝라고 하면 두 번에 1m이니까 스무 번은 해야 물이 다 올라옵니다. 5ℓ 사이즈 두레박에 3ℓ 정도의 물을 올릴 수 있다고 보면 거의 맞습니다. 양동이 정도가 아니라 바가지보다 조금 큰 정도이니, 한 번에 끌어올릴 수 있는 물의 양이 그렇게 많지 않은 것입니다. 그리고 두레박질도 한두 번이지, 20대 여자가 10번 정도를 이렇게 해야 한다는 것은 정말로 매우 힘든 일입니다.

그런데 낙타가 몇 마리입니까? 10마리입니다. 낙타 한 마리당 몇 리터의 물을 마신다고 했습니까? 50ℓ입니다. 그러니까 10마리의 낙타가 물을 다 마시려면 500ℓ의 물이 필요합니다. 그럼 몇 두레박을 올려야 합니까? 한 두레박에 3ℓ씩이니, 166.6번 정도 두레박질을 해야 합니다. 흘리는 물의 양까지 계산하면, 대략 170번 이상을 계속해서 두레박을 내리고 끌어올려야 가능한 일입니다.

더운 사막 나라에서, 20대 젊은 여자가 가능한 일이었을까요(뭐, 40대 아줌마는 가능했겠습니까)? 이는 혼자서는 감당할 수 없는, 굉장히 힘든 일입니다. 주인이 강제로 시키면 종들이나 하는 일이지, 자원해서 그런 일을 하는 사람은 없습니다.

그렇기 때문에 늙은 종이 불가능할 것 같은 이 제안을 하나님께 하는 것입니다. "제가 물을 달라고 할 때, 낙타에게까지 물을 주겠다는 여자가 있으면 그 사람을 며느릿감으로 생각하겠습니다."

종이 기도를 마치기도 전에 마침 리브가라는 여자가 나홀의 성에서 나왔습니다. 리브가가 성 밖의 우물가로 내려가서 물동이에 물을 채워가지고 올라왔습니다. 리브가의 어깨에 물동이를 메고 있었습니다. 물동이가 무겁다는 뜻이겠지요. 그때 늙은 종이 리브가에게 달려가 말합니다. "당신의 물동이에 있는 물을 좀 먹게 해주시오."

[18]리브가가 말했습니다. "내 주여, 마시세요" 하며 급히 어깨에서 물동이를 내려 종에게 마시게 했습니다. [19]종이 물을 다 마시자, 리브가가 말했습니다. "제가 물을 길어다가 낙타들에게도 마시게 하겠습니다." [20]그리고 나서 리브가는 물동이의 물을 여물통에 쏟아 부은 다음, 다시 우물로 달려가서 물을 길어와 모든 낙타들이 물을 마시도록 했습니다. (쉬운성경_창 24:18~20)

참으로 놀라운 일이 벌어졌습니다. 늙은 종의 기도대로 하나님께서 응답해 주신 것입니다. 그 힘든 시간이 지나고, 낙타들이 물을 다 마신 후에 늙은 종은 리브가에게 반 세겔쯤 나가는 코걸이 하나와 십 세겔쯤 나가는 금팔찌 한 쌍을 주었습니다.

그러면서 이렇게 물었습니다. "아가씨는 어떤 분의 따님이신가요? 아가씨의 아버지 집에 우리가 하룻밤 묵어갈 방이 있겠는지요?"

리브가가 대답했습니다. "제 아버지는 밀가와 나홀의 아들 브두엘입니다. 우리 집에는 낙타에게 먹일 여물도 있고, 여러분이 하룻밤 묵어가실 수 있는 방도 있습니다."

리브가의 대답에 늙은 종은 머리를 숙여 여호와께 감사의 기도를 드렸고, 리브가는 달려가서 식구들에게 이 모든 사실을 알렸습니다. 결국 이것이 인연이 되어 리브가는 늙은 종을 따라 가나안 땅으로 오게 되었고, 이삭의 아내가 되었습니다.

자, 리브가가 도대체 어떤 사람이기에 신앙인으로서 배우고 닮고 싶은 사람일까요? 크게 두 가지를 배우고 싶습니다.

리브가의 자원하는 헌신

사실 그렇게까지 안 해도 됐습니다. 낙타에게 물을 마시지 않게 했다고 누구도 비난하지 않을 겁니다. 그러나 리브가는 힘들고 어렵고 땀이 많이 났지만 그 일을 자원합니다. 왜 그랬을까요? 그것이 이웃을 사랑하라는 하나님의 말씀을 실천하는 일이었기 때문입니다. 자원하는 심령은 하나님 사랑, 이웃 사랑의 마음과 결심이 확실한 사람들에게서 나타나는 현상입니다. 그래서 신실한 신앙인들은 내게도 자원하는 마음을 달라고, 남이 시켜서가 아니라 내 마음속에 자원하는 사랑의 마음을 달라고 기도하곤 했습니다.

¹²주의 구원의 즐거움을 내게 회복시켜 주시고 자원하는 심령을 주사 나를 붙드소서 (시 51:12)

나는 누구입니까? 죄인이었는데 구원을 받았고, 심복이 된 자입니다. 종이었다가 형제가 된 자입니다. 무익한 자에서 유익한 자가 되었습니다. 불행했는데 행복을 알게 되었고, 재미없는 인생을 살다가 삶의 이유와 의미를 알고는 삶이 재밌어졌습니다. 이제는 꼭 살아야 할 이유, 열심히 살아야 할 이유를 깨달아 최선을 다해 살고 있습니다. 나름대로 성실하게 살면서 은혜를 갚고 싶을 때, 자연스럽게 생겨나는 마음이 자원하는 심령입니다.

저는 신앙생활을 하면서 피곤하고 힘들지만 늘 이런 질문을 스스로에게 던집니다. '내게 주신 은혜를 어떻게 보답하며 살까?' 이 질문에 대한 답을 생각하다 보면, 참 행복해집니다. 가정에서, 교회에서, 회사에서…… 모두가 다 힘들게 살아갑니다. '어렵다는 것도, 땀이 나는 것도 다 압니다. 그렇지만 내가 받은 사랑이 있고, 내가 드리는 감사가 있기에 그냥 하고 싶어요.' 그걸 자원하는 마음이라고 합니다. 은혜받은 사람이 은혜를 갚고 싶어 하는 것, 하나님의 사랑을 받은 사람이 그 사랑에 보답하고 싶은 것이 바로 자원하는 마음입니다.

리브가에게는 이 마음이 있었습니다. 그녀도 힘들다는 것을 알았습니다. 허리를 숙여가며 두레박질을 얼마나 많이 해야 합니까? 그렇지만 그렇게 하면 저 사람도 좋을 것 같고, 하나님께서도 흐뭇해하실 것 같으니까 그냥 하고 싶은 것입니다. 이렇게 좀 모자란 듯한, 손해 보는 일을 꼭 자처하는, 계산 능력이 떨어지는 사람들을 '신앙인'이라고 합니다. 하늘에서 상이 큰 사람들이지요. 잠깐 살다 가는 이 세상에서 돈을 벌고 폼 재는 것이 아니라, 영원한 하늘나라에서 상급이 큰 사람으로 살고 싶은 명품 신앙인들입니다. 이런 귀한 일꾼, 참으로 귀한 이런 손길들이 없다면 이 세상이나 우리의 공동체가 얼마나 삭막할까요?

우리 가운데 점점 사라져 가는 것 중에 하나가 바로 이 자원하는 마음임을 생각할 필요가 있습니다. 불쌍한 사람들을 보면 도와주고 싶은 마음, 어려운 상황에 처한 이웃을 보면 도와주고 싶은 마음, 예배시간에 기침을 심하게 하는 분들을 보면 물을 가져다주고 싶은 마음. 그런데 우리는 늘 계산을 하게 됩니다. 내가 손해날 것 같은데, 내가 힘든데, 내가 억울한 일을 당할지도 모르는데……, 그래서 주저합니다.

리브가는 그러지 않았습니다. 두 달 가까이 여행을 했으니 늙은 종의 모습이 얼마나 초췌하고 초라했겠습니까? 그 늙은 할아버지를 보면서, 목말라하고 지쳐 보이는 낙타들을 보면서 자원하는 심령에 불이 붙었습니다. 내가 힘들지만, 어렵지만, 땀도 많이 나고 기운도 빠지겠지만 저분들과 저 낙타들을 살려야겠다는 자원하는 마음을 몸으로 직접 실현해 냅니다. 여기에 그리스도인의 길이 있습니다.

하나님이 강제로 시키셔서 예수님이 십자가를 지신 것이 아니잖아요. 예수님도 알았습니다. 얼마나 힘든 일인지, 누려오던 모든 하늘의 영광을 포기해야 한다는 것을 아셨습니다. 그렇지만 사랑하심이 있기에 자원하는 심령으로 이 땅에 내려오셔서 사람의 몸을 입으셨습니다. 그리고 사람 곁에 오셔서 사람과 함께 사시다가 십자가를 선택하십니다. 사랑하라고,

용서하라고, 도와주라고, 친절하라고 그렇게 말씀하셔도 못 알아듣고 자기 것만 챙기는 이들에게 몸소 보여 주십니다. 이렇게 사랑하는 거라고, 이렇게 용서하는 거라고 하시면서 스스로 십자가를 선택하십니다.

그리고 이렇게 말씀하십니다. "아버지의 뜻이 나를 통해서 이뤄지는 것이라면 저는 죽겠습니다. 저는 손해를 보겠습니다. 저는 아무 말도 하지 않겠습니다." 그분은 당당하게 십자가를 받아들이십니다.

몇 번을 생각해도 예수님의 겟세마네 기도는 감동적입니다. 그분은 십자가의 고통을 다 아셨습니다. 그분은 그 아픔과 비난과 긴 시간의 쓰라린 고통을 아셨습니다. 그렇지만 자원하는 심령으로, 인간을 사랑하셨기에 묵묵히 감당해 내신 것입니다.

> 36이르시되 아빠 아버지여 아버지께는 모든 것이 가능하오니 이 잔을 내게서 옮기시옵소서 그러나 나의 원대로 마시옵고 아버지의 원대로 하옵소서 하시고
>
> (막 14:36)

그렇게 돌아가신 예수님이셨기에, 그분은 부활의 첫 열매가 되십니다. No Cross No Crown, 자원하는 십자가 없는 영광은 없습니다.

그렇게 힘들게 낙타에게까지 물을 주던 리브가는 아주 귀한 두 가지 선물을 받았습니다. 하나는 그날 받은 축복이자 선물입니다. 반 세겔 중 금고리 한 개를 받고, 열 세겔 중 금 팔지 한 쌍을 받았습니다. 금 61돈에 해당하는 것입니다. 2025년 2월 기준, 금 1돈 시세가 약 54만 원입니다. 그럼 대략 3200만 원입니다. 이뿐만이 아닙니다. 가나안의 큰 거부 이삭의

아내가 되었습니다. 게다가 그는 로마서에서도 언급되는, 믿음의 여인으로 추앙받고 있습니다.

그녀는 어떻게 이런 멋진 사람이 되었을까요? 은혜를 받는 것에서, 사랑을 받는 것에서 멈춘 것이 아니라 받은 은혜와 사랑을 누군가에게 돌려주고 싶어 하는, 자원하는 사랑의 마음이 있었기 때문임을 기억해야 합니다.

성경은 늘 자원하는 마음을 강조합니다. 예물을 드릴 때도 자원하는 예물을 강조합니다.

> [10]네 하나님 여호와 앞에 칠칠절을 지키되 네 하나님 여호와께서 네게 복을 주신 대로 네 힘을 헤아려 자원하는 예물을 드리고 (신 16:10)

찬양할 때도 마찬가지입니다. 억지로 입을 벌리는 것이 아닙니다. 하나님이 좋으니까, 천국에 대한 소망이 가득하니까, 예수님에 대한 감사가 넘치니까 저절로 입이 그냥 벌어집니다. 찬양하려고 하면 신이 나는 것, 자원하는 심령입니다.

> [30]내가 노래로 하나님의 이름을 찬송하며 감사함으로 하나님을 위대하시다 하리니 [31]이것이 소 곧 뿔과 굽이 있는 황소를 드림보다 여호와를 더욱 기쁘시게 함이 될 것이라 (시 69:30~31)

봉사와 헌신, 또 남을 도울 때도 그렇습니다. 그동안 무지하고 무식함에도, 연약함에도 도움받으며 잘 살아오지 않았나요? 그러면 이제는 내가 누군가를 도와야 할 차례입니다. 놀 것 다 놀고, 쉴 것 다 쉬고, 나를 위한 삶에는 충실하면서 이웃을 위한 사랑과 봉사와 헌신이 없다면 문제가 심각합니다. 이런 자들은 약속의 축복도, 천국의 상급도 없는 사람들입니다. 선물을 주는 것도 그렇습니다. 뇌물과 선물은 다릅니다. 자원하는 선물에는 그에 따른 이 땅의 보답과 하늘의 상급이 있음을 알아야 합니다.

신앙생활 역시 자원함에서 출발할 때 재미가 있고, 보람도 있습니다. 특히 전도하는 것도 마찬가지입니다. 내가 구원받았다는 감격이 크니까 이 기쁨을 나누고 싶은 것이 아닐까요? 내가 행복하고 좋으니까 이 복된 소식, 천국의 소망, 행복, 평강, 기쁨을 나누고 싶은 것입니다. 자원하는 마음으로, 하나님이 좋아서 그냥 전하고 싶을 때 하나님이 기뻐하시고 열매도 맺게 됩니다. 하나님께서는 자원하는 리브가를 높이 평가하셨고 큰 선물도 주셨음을 기억하길 바랍니다.

말씀이 이루어지도록 살아간 리브가의 삶

믿음의 사람이었던 리브가는 어느 날 남편 이삭이 모든 유산을 큰아들에서에게 상속하려는 것을 알게 됩니다.
창세기 27장은 이렇게 시작합니다.

[1]이삭이 나이가 많아 눈이 어두워 잘 보지 못하더니 맏아들 에서를 불러 이르

되 내 아들아 하매 그가 이르되 내가 여기 있나이다 하니 ²이삭이 이르되 내가 이제 늙어 어느 날 죽을는지 알지 못하니 ³그런즉 네 기구 곧 화살통과 활을 가지고 들에 가서 나를 위하여 사냥하여 ⁴내가 즐기는 별미를 만들어 내게로 가져와서 먹게 하여 내가 죽기 전에 내 마음껏 네게 축복하게 하라 (창 27:1~4)

이 말을 들은 리브가는 일생일대의 큰 고민에 빠집니다. 이삭은 평생 아버지 아브라함을 이어서 믿음으로 살아왔지만, 나이가 들면서 판단력을 잃고 있었습니다. 리브가는 알고 있었습니다. 하나님의 약속이나 축복이 에서가 아니라 야곱에게 향하고 있다는 것을. 오래전 에서와 야곱을 임신했을 때 하나님께 들은 분명한 음성이 있었기 때문입니다.

여호와께서 그에게 이르시되 두 국민이 네 태중에 있구나 두 민족이 네 복중에서부터 나누이리라 이 족속이 저 족속보다 강하겠고 큰 자가 어린 자를 섬기리라 하셨더라 (창 25:23)

"큰 자가 어린 자를 섬기리라." 리브가와 이삭은 이 말씀을 알고 있었습니다. 하나님의 뜻이 야곱을 통해 이루어질 것을, 아브라함에서 이삭으로 내려온 믿음의 계보가 이제 야곱으로 흐를 것을 이삭과 리브가는 분명히 알고 있었습니다.

그런데 나이가 들면서 이삭은 자꾸 에서에게 마음을 두게 되었습니다. 사내답고, 용맹스럽고, 효도할 줄 알고, 지도력도 있는 에서를 더 좋아하게 된것입니다.

²⁸이삭은 에서가 사냥한 고기를 좋아하므로 그를 사랑하고 리브가는 야곱을 사
랑하였더라 (창 25:28)

리브가는 평생 남편만을 사랑하고 존경하며 살아왔지만 남편이 하나님
의 뜻에서 벗어난 행동을 하려고 할 때, 그는 이 남편을 막아야 한다고 생
각했습니다. 말로 해서 들을 수 있는 상황이 아니었습니다. 이미 대화로
문제를 풀 수 있는 때가 지났음을 알았습니다.

적극적으로 자원하는 심정으로 인생을 열심히 살아온 리브가의 유전자
가 다시 돌기 시작했습니다. 이 사건을 어떻게든지 막아야 했습니다. 내
욕심이 아닙니다. 내 뜻이 아닙니다. 하나님의 계획이 늘그막에 판단력을
잃어가는 이삭에 의해 어그러져서는 안 된다고 생각했습니다.

그래서 그는 야곱을 불러서 엄청난 제안을 합니다. 눈이 어두워 안 보
이는 이삭을 속이고, 네가 에서라고 하고 들어가서 대신 축복을 받으라고
합니다. 야곱은 펄쩍 뜁니다. 곧 드러날 범죄라고, 곧 아버지와 형이 다
알게 될 텐데, 절대로 안 된다고 합니다. 그때 리브가는 다시 한번 설명합
니다. "이 모든 것은 하나님의 뜻을 이루기 위한 것이다. 사람들의 눈에는
죄로 보일 수 있지만 하나님의 뜻을 이루기 위해서는 사람들의 법을 어겨
야 할 때가 있다." 리브가에게 있어서 최상위 법은 하나님의 말씀이었습
니다. 여기에 그리스도의 길이 있습니다.

그는 이렇게 표현합니다.

¹³어머니가 그에게 이르되 내 아들아 너의 저주는 내게로 돌리리니 내 말만 따

모든 벌은 내가 받을 것이고, 모든 잘못된 책임도 저주도 내가 받을 것이니 너는 형이나 아버지, 다른 사람들의 눈치를 보지 말고 하나님께서 무엇을 원하시는지를 먼저 생각하고 행동하라고 가르칩니다.

결국 야곱은 자신을 에서라고 속이고, 앞이 잘 안 보이는 아버지 이삭 앞에 가서 에서를 대신하여 축복기도를 받습니다. 종종 사람들은 생각합니다. '그 축복기도가 뭐 그리 대단하다고 그렇게까지 했을까?'

하지만 성경은 그렇게 말하지 않습니다. 하나님께서 그 기도를 들으시고 이루어 주심을 믿는 자들에게 그 기도는 그대로 능력이 됩니다. 제가 가정에서, 사업장에서 간절히 기도하는 이유가 바로 이것입니다. 저는 믿음이 있습니다. 내가 기도한 것이 하나님의 뜻에서 벗어나지 않는다면 하나님께서 반드시 기도대로 이루어 주실 것이라는 믿음이 있습니다.

이삭은 기도했고, 야곱은 축복기도를 받았습니다. 그 후에, 물론 이 엄청난 사기극은 곧 드러납니다. 형 에서가 사냥을 해서 돌아왔을 때, 이삭은 그제야 자신이 속은 줄 알았습니다. 동시에 이삭은 자신의 어리석음과 리브가의 지혜로운 결정을 인정하고 받아들입니다. 하나님의 뜻에서 멀어진 결정과 행동을 할 뻔했던 자신을 일깨워 주고, 사건을 바로잡아 준 리브가를 고맙게 생각했습니다.

만약 이삭이 에서를 끝까지 축복하고 싶었다면, 야곱과 리브가를 불러서 야단을 치고 에서를 위한 기도를 다시 했을 겁니다. 그런데 이삭은 자신의 실수와 오만을 인정하고 에서를 다시 축복하지 않습니다. 에서가 축복기도를 무르고 자기에게 다시 축복해달라고 했을 때, 이삭은 하나님의 뜻을 알았기에 이렇게 대답합니다.

> [37]이삭이 에서에게 대답하여 이르되 내가 그를 너의 주로 세우고 그의 모든 형제를 내가 그에게 종으로 주었으며 곡식과 포도주를 그에게 주었으니 내 아들아 내가 네게 무엇을 할 수 있으랴 (창 27:37)

줄 것이 없다는 말입니다. 냉정하지만, 이삭은 하나님의 뜻을 다시 알게 되었고 그에 순종했습니다.

참 닮고 싶은 리브가의 모습이 여기에 있습니다. 남편의 길을 바로 인도하고, 하나님의 뜻이 바로 서도록 희생하는 것. 때로는 답답해하고 저주를 받더라도, 아들을 잃더라도 하나님의 뜻을 세우고야 말겠다는 리브가의 용기와 결단을 닮고 싶습니다. 참 멋진 여인입니다.

리브가는 아이들을 망치는 엄마가 아닙니다. 내 욕심껏, 내 기분대로 아이들을 키우는 부모가 아닙니다. 남편이, 아들이 하나님의 뜻대로 바로 서도록 기도하고, 현명하고 지혜롭게 행동하는 여장부입니다.

부모가 부모답지 않으면 자녀는 자녀다울 수 없습니다. 엄마 리브가는 옳고 그름을 판단할 줄 알고, 욕심과 사심 없이 하나님의 뜻이 이루어지는 것을 위해 살아갑니다. 그래서 성경은 이삭과 리브가를 믿음의 조상들 명단에 넣은 것입니다.

받은 은혜에 감사하며 보답하는 심정으로 자원하고 이웃 사랑을 실천한 사람, 하나님의 말씀만이 온전히 이루어지기를 바라며 사회적 법 개념과 윤리 개념을 넘어서 하나님의 뜻을 존중히 여기고 그 뜻이 이루어지기 위해 힘썼던 사람. 아직은 아닐지라도 성령님의 도우심 속에 더 노력하면서, 점점 우리 속에 성경에 나오는 위대한 인물들과 예수님의 모습들이 드러나기를 기도합니다.

미갈 피해 가기

사울 왕의 막내딸, 미갈

'미갈'을 아시나요? 그리 유명한 사람은 아니지만, 교회를 오래 다녔거나 성경을 읽는 사람이라면 기억할 만한 이름입니다. 부유한 집에서, 축복받으며 태어났고, 많이 배우고 많이 누리면서 살 수 있었는데 연이은 불행을 경험하며 살던 여인입니다. 절대로 닮고 싶지 않은 초라한 삶을 살았던 한 여인을 소개하며 은혜를 나누고자 합니다.

미갈은 초대 왕이었던 사울의 막내딸로 태어납니다.

> [49]사울의 아들은 요나단과 이스위와 말기수아요 그의 두 딸의 이름은 이러하니 맏딸의 이름은 메랍이요 작은 딸의 이름은 미갈이며 (삼상 14:49)

출신 성분이 좋았습니다. 왕정 시대에 한 나라의 공주로 태어났고, 아버지는 당시 명성을 얻고 있던 사울 왕이었습니다. 성장한 미갈은 사랑하는 사람이 생겼습니다. 바로 아버지 사울의 충성스러운 부하인 다윗이었습니다.

> [20]사울의 딸 미갈이 다윗을 사랑하매 어떤 사람이 사울에게 알린지라 사울이 그 일을 좋게 여겨 (삼상 18:20)

정치란 참 묘합니다. 아버지 사울의 인기는 점점 식어가고 다윗 장군의 인기가 점점 높아지니까, 사울은 다윗을 정치적인 적이라고 여기기 시작했습니다. 그래서 다윗을 제거할 생각을 하고 있었습니다. 이때 다윗과 미갈이 서로 좋아하는 사이인 줄 안 사울은 미갈을 이용해서 다윗을 죽이려고 합니다.

사울은 다윗에게 이런 제안을 합니다. "네가 우리나라의 적군인 블레셋 사람 200명을 죽이고 온다면 딸 미갈을 네게 주겠다." 물론 다윗 혼자 가는 것이 아니라 다윗의 충성스러운 부하들 몇 명과 함께 갈 것이긴 하지만, 한 여자를 얻기 위해 블레셋 군사 200명을 죽인다는 것은 쉬운 일이 아니었습니다. 오히려 블레셋 군사들에게 죽임을 당할 확률이 더 높은 아주 위험한 임무였습니다. 그러니까 이는 블레셋 사람들의 손으로 다윗을 죽이려는 사울의 계략이었습니다. 그럼에도 불구하고 다윗은 미갈을 얻기 위해서 이 모험을 시작합니다. 그리고 그 불가능한 임무를 성공리에 마치고 미갈과 결혼하게 됩니다.

²⁷다윗이 일어나서 그의 부하들과 함께 가서 블레셋 사람 이백 명을 죽이고 그들의 포피를 가져다가 수대로 왕께 드려 왕의 사위가 되고자 하니 사울이 그의 딸 미갈을 다윗에게 아내로 주었더라 (삼상 18:27)

아버지 사울은 막내딸의 행복보다는 자신의 승리가 더 중요했던 사람입니다. 딸이 불행해지더라도 일단 본인이 살고 싶어 했습니다. 그래서 사울은 사위 다윗을 죽이기로 결심하고, 다윗이 잠자고 있는 딸의 집으로 자객을 보냅니다. 그때 그 계획을 미리 알게 된 미갈이 남편을 살리기 위해 창에 끈을 달고 도망갈 수 있도록 돕게 됩니다.

또한 군사들이 왔을 때 시간을 끌기 위해 다윗이 병이 들어 잠을 잔다고 속입니다. 그러고는 다윗의 침대에 사람 크기의 인형을 누이고 염소 털로 엮은 것을 그 머리에 씌우고 의복으로 덮어 놓았습니다. 꼭 진짜로 다윗이 자고 있는 것처럼 보이게 한 것입니다. 감쪽같이 속은 군사들이 돌아가서 사울에게 "다윗 장군이 병이 들어 자고 있습니다"라고 보고하자, 사울 왕은 당장 침상째로 들고 오라고 명령을 내립니다. 결국 병사들이 침상째로 사울 왕 앞으로 들고 갔지만 사람이 아니라 인형이었고, 이미 다윗은 멀리 도망간 상태였습니다.

그렇게 다윗과 강제로 헤어지게 된 미갈은 다윗을 그리워하며 살았습니다. 하지만 곧 아버지 사울에 의해 발디라는 사람에게 다시 시집을 가게 됩니다. 어쩌면 아버지 사울은 다윗이 왕의 사위라는 신분으로 세력을 더욱 공고히 할까 봐, 미갈을 불행으로 몰아넣으면서도 다른 사람에게 시집을 보내고 싶었는지 모릅니다.

⁴⁴사울이 그의 딸 다윗의 아내 미갈을 갈림에 사는 라이스의 아들 발디에게 주었더라 (삼상 25:44)

다윗과 미갈의 재회

그로부터 10여 년의 세월이 흘렀습니다. 이제 사울은 죽었고, 다윗은 유다 나라의 왕이 되어 있었습니다. 당시 이스라엘이란 나라는 12개 지파가 모여서 한 나라를 이룬 것이 아니었습니다. 처음에는 12지파가 이스라엘을 세웠는데 내분이 있고 사울 왕이 죽으면서 베냐민 지파를 중심으로 이스라엘이라는 나라를 유지했고, 나머지 지파들은 다윗을 중심으로 유다라는 나라를 만들고 있었습니다. 시간이 흐르며 힘이 다윗 쪽으로 기울었습니다. 사울 왕의 측근들과 후손들은 여전히 나라를 세우고는 있었지만, 군사력으로 버텨 내지를 못해서 이제는 항복하는 분위기였습니다.

사울의 아들 이스보셋이 40세에 왕이 되어 2년을 버티고 있었지만, 그는 백성들의 지지를 얻지 못하고 있었습니다. 게다가 당시 군사력을 장악하고 있던 아브넬이 이스보셋을 위협하고 있었습니다. 이스보셋은 왕위도 싫고, 일단 살고 싶었습니다. 그래서 다윗에게 몰래 사람을 보냅니다. "항복하겠소. 그러니 나를 살려주고 우리나라의 왕이 되어 주시오."

그 이야기를 전해 들은 다윗이 한 가지 제안을 합니다. "그럼 만납시다. 단, 만나서 이야기할 때 내 부인이었던 미갈을 다시 데려오시오."

¹⁴다윗이 사울의 아들 이스보셋에게 전령들을 보내 이르되 내 처 미갈을 내게로 돌리라 그는 내가 전에 블레셋 사람의 포피 백 개로 나와 정혼한 자니라 하니 ¹⁵이스보셋이 사람을 보내 그의 남편 라이스의 아들 발디엘에게서 그를 빼앗아 오매 (삼하 3:14~15)

다윗은 이미 미갈이 다른 사람의 아내가 되어 있음을 알고 있었지만, 그래도 미갈을 잊지 못해 보고 싶어 했습니다. 다윗이 200명의 목숨으로 바꾸었던 여인이 아닙니까. 그래서 이스보셋은 사람을 보내 10년 동안 발디의 아내로 살던 미갈을 남편에게서 강제로 빼앗아 왔습니다.

그렇게 미갈은 사랑하는 다윗과 재회하였고, 함께 살게 됩니다. 그런데 10여 년 동안 미갈에게도 다른 남편이 있었지만, 다윗에게도 많은 부인들이 있었습니다. 그들은 다윗이 사울을 피해 광야를 유랑할 때 다윗의 아내가 되었습니다. 어쩌면 이들과의 결혼은 사랑으로 맺었다기보다, 어려운 상황을 타개하려는 목적이 더 컸으리라 여겨집니다. 먹고살기 위해, 더 많은 힘을 얻기 위해, 더 많은 백성들을 내 편으로 만들기 위해서 정략결혼을 했던 것입니다.

²다윗이 헤브론에서 아들들을 낳았으되 맏아들은 암논이라 이스르엘 여인 아히노암의 소생이요 ³둘째는 길르압이라 갈멜 사람 나발의 아내였던 아비가일의 소생이요 셋째는 압살롬이라 그술 왕 달매의 딸 마아가의 아들이요 ⁴넷째는 아도니야라 학깃의 아들이요 다섯째는 스바댜라 아비달의 아들이요 ⁵여섯째는 이드르암이라 다윗의 아내 에글라의 소생이니 이들은 다윗이 헤브론에서 낳은

자들이더라 <small>(삼하 3:2~5)</small>

　다윗에게는 아히노암, 아비가일, 마아가, 학깃, 아비달, 에글라 등 이미 6명의 부인이 있었습니다. 이들 중에는 다윗을 군사적으로 돕던 이의 딸도 있었고, 힘든 시절 경제적으로 도움이 되었던 사람도 있었고, 피난길의 길동무도 있었습니다. 다윗이 나라를 이끌어가는 데 꼭 필요한 어느 정도의 영향력을 가지고 있던 이들이었습니다.

　과연 미갈은 이 6명의 여자들과 함께한 남편을 사랑하며 사는 것이 행복했을까요? 어쩌면 이미 6명의 여자들은 한 편이었을 수도 있습니다. 꽤 오랜 세월을 함께 지낸 동지들일 수도 있습니다. 서로 이해하고 협력하며 함께 살던 사람들이지요. 반면 다른 남자와 결혼했다가 다시 돌아온 왕족 미갈은 어땠을까요? 다윗의 첫사랑이기도 하지만, 공주였던 미갈이 과연 이 6명의 부인들과 친하게 지낼 수 있었을까요?

　미갈은 첫사랑 다윗과 다시 재회했지만, 두 사람은 서로의 아픈 감정을 추스르고 따뜻한 마음을 나눌 수 있는 충분한 시간을 갖지 못했습니다. 다윗은 너무 바빴습니다. 할 일이 많아서 집에 들어올 시간도 없었습니다. 영토 확장을 위해 전쟁터를 다녀야 했습니다. 사울을 죽인 세력이 블레셋 부족인데, 이들은 이미 이스라엘의 영토를 위협하며 세력을 너무 많이 확장 하고 있었습니다. 그들을 막아야 했습니다.

　아무래도 가정에 소홀해지고 일에 정진하고 있는 다윗과 남편만을 기다리는 미갈 사이에 어떤 오해와 아픈 감정들이 자라지 않았을까요? 게다가 다윗의 다른 아내들은 다윗이 사울을 피해 도망 다니던 어려운 시절에

만난 사람들이니, 7명의 아내들이 6대 1로 편을 나누지 않았을까요? 미갈은 그렇게 다시 외로운 사람이 됩니다. 그러다 보니 다윗이 믿는 하나님에 대해서도 신뢰가 가지 않습니다. 미갈은 믿음도 잃고, 점점 외롭고, 미래가 더욱 불안해집니다.

미갈의 실수, 다윗의 분노

어느 날, 큰 사건 하나가 벌어집니다. 블레셋과의 전쟁에서 크게 이긴 다윗이 승리케 하신 하나님께 감사하며 하나님의 말씀을 더 가까이하고 싶어서 십계명 돌판 두 개가 들어 있는 법궤를 수도 예루살렘으로 옮겨올 계획을 세웁니다. 그런데 불행하게도 옮기던 중에 사람이 죽는 사고가 생겨 잠시 중단하게 됩니다. 그리고 다시 두 번째 계획을 세워서 법궤를 예루살렘으로 옮겨오게 되었습니다. 전국에서 3만 명이 모였습니다. 법궤를 예루살렘으로 옮기는 일이 전국적인 행사가 되었고, 나라는 온통 축제 분위기였습니다.

첫 번째 법궤를 옮기던 일이 사고로 인해서 멈추어진 후 다윗은 회개하며 하나님께 꽤 오랜 세월을 기도하며 살았습니다. 그는 회개 기도를 할 때 입는 베옷을 입고 살았습니다. 그러니 법궤가 무사히 예루살렘 궁에 들어왔을 때 얼마나 기뻤겠습니까? 다윗은 그날 너무 기쁜 나머지 춤을 추게 됩니다. 많은 여인들, 남자들, 아이들, 노인들, 군사들이 다 함께 기뻐하는 그 자리에서 법궤가 들어오는 것을 보면서 다윗은 이성을 잃고 기뻐합니다.

> ¹⁴다윗이 여호와 앞에서 힘을 다하여 춤을 추는데 그 때에 다윗이 베 에봇을 입
> 었더라 ¹⁵다윗과 온 이스라엘 족속이 즐거이 환호하며 나팔을 불고 여호와의 궤
> 를 메어오니라 ¹⁶여호와의 궤가 다윗 성으로 들어올 때에 사울의 딸 미갈이 창
> 으로 내다보다가 다윗 왕이 여호와 앞에서 뛰놀며 춤추는 것을 보고 심중에 그
> 를 업신여기니라 (삼하 6:14~16)

여기에 몇 가지 중요한 구절이 나옵니다. 첫 번째는 "다윗이 베 에봇을
입었더라"입니다. 다윗이 입고 있었던 것은 '베 에봇'입니다. 에봇은 요즘
으로 하면 앞치마 같은 것입니다. 제사장들이 옷을 입고 그 옷 위에 입는
앞치마라고 할 수 있습니다. 제사장들이 입는 에봇은 금실과 청색, 자색,
홍색실과 가늘게 꼰 베실로 정교하게 짜서 만들게 되어 있었습니다. 그리
고 그 앞치마 어깨 쪽에는 군대의 계급장처럼 두 패를 달고 그곳에 12지
파의 이름을 한쪽에 6개씩 적게 되어 있었습니다. 또 앞치마의 가슴 쪽에
는 보석 12개에 12지파의 이름을 써서 매달아야 합니다. 그래서 에봇은 재
료도 찬란하고 어깨와 가슴 쪽에 보석까지 달린 아주 눈에 확 띄는 화려한
겉옷입니다.

그런데 다윗은 제사장들이 입는 그 겉옷이 아닌 베 에봇을 입고 있었습
니다. 회개할 때 하나님 앞에서 스스로 만들어 입은 옷이 베 에봇입니다.
이 옷은 왕복 속에 입는 속옷입니다. 그러니까 베 에봇이 보였다는 말은
너무 기쁜 나머지 땀을 흘리며 춤을 추면서 왕복을 벗어던지고, 속에 입고

있던 앞치마 사이즈의 속옷이 다 보였다는 말입니다. 다시 말해, 왕이 많은 여자들 앞에서 정강이와 허벅지 살을 다 드러냈다는 뜻이기도 합니다.

두 번째는 "힘을 다하여 춤을 추는데"입니다. 여기서 춤을 춘다는 말의 히브리어 말뜻은 '빙빙 돈다'는 말입니다. 그러니까 다윗은 계속 법궤를 빙빙 돌며 너무 좋아서 춤을 멈추지 않았다는 것입니다. 왕인데, 체면도 잊고 지위도 잊고 그냥 하나님 앞에서 어린아이가 된 것입니다. 하나님께서 내 집에 들어오신다는 감격에 마냥 즐거워했던 다윗입니다.

그런데 그 분위기에 어울리지 않는 한 사람이 있었습니다. 바로 미갈입니다. 다른 부인들, 신하들, 군사들은 왕과 함께 법궤를 맞이하러 나갔는데 미갈은 혼자 방에 있었습니다. 함께 즐거워하지 못하고 있습니다. 이미 믿음도 사라졌고, 하나님 임재에 대한 감격도 잊었습니다. 그저 우울합니다. 그들의 즐거움이 자기와는 아무런 관계도 없고, 오직 다윗을 잃어버렸다는 박탈감이 그를 사로잡았습니다.

미갈은 지나온 삶에 대한 후회와 절망 속에서 우울한 여인이 되어 있었습니다. 친구도 없고, 함께 이야기를 나눌 사람도 없습니다. 자신이 제일 불행한 사람인 것 같습니다. 게다가 남편마저 우습게 보이기 시작했습니다. 교만해진 것입니다. 내가 사울의 딸이던 시절에 저 사람은 일개 군인이었는데, 내가 사울의 딸이던 시절 저 여인들은 내 앞에서 고개도 들지 못하던 것들이었는데. 이런 생각으로 교만해지고, 우울하고, 슬프고, 분노가 일어납니다. 여러 가지 통제되지 않는 감정들이 미갈의 삶을 이끌어 갑니다.

그날 다윗은 기쁨이 가득했고, 백성들을 축복하고 음식을 나누어 주었습니다. 그러고는 가족이 생각났습니다. 여기, 오늘 이 행복에 이르도록 함께해 준 고마운 사람들, 사랑하는 사람들이 생각났습니다. 그래서 그들을 축복하고 싶었습니다. 사무엘하 6장 20절 말씀은 이렇게 시작합니다. "다윗이 자기의 가족에게 축복하러 돌아오매"

그날은 다윗에게 있어서 합격의 날이자, 승진의 날이자, 당선된 날이자, 대박이 난 날입니다. 그래서 기쁨으로 감사와 감격의 마음을 가지고 집에 들어왔습니다. 그것도 6명의 부인을 제쳐두고 첫사랑인 미갈의 방으로 들어갔습니다. 그런데 첫사랑을 회복하고 싶어서 돌아온 다윗에게 마땅히 함께 기뻐할 줄 알았던 미갈이 절대로 해서는 안 되는 말을 지껄입니다.

[20]다윗은 자기 집 사람들을 축복하기 위해 집으로 돌아갔습니다. 그런데 사울의 딸 미갈이 다윗을 맞으러 나와서 말했습니다. "오늘은 이스라엘의 왕이 체면을 잃었군요. 당신은 당신 신하들의 여종이 보는 앞에서 몸을 드러내었어요. 당신은 부끄러움도 모르고 몸을 드러내는 바보 같았어요." (쉬운성경_삼하 6:20)

미갈의 말을 들은 다윗은 갑자기 분노하기 시작했습니다. 자신의 예상을 완전히 뒤집는, 들어서는 안 되는 소리를 들었기 때문입니다. 미갈의 말 속에는 그동안 다윗이 다른 여자들을 아내로 삼은 것에 대한 분노가 들어 있었습니다. 또한 다윗에 대한 업신여김이 들어 있었습니다. '권위도 없고, 체면도 없는 형편없는 왕 다윗, 부끄러움도 모르는 바보 다윗'이란 말과도 같았습니다.

그러자 다윗은 미갈에게 아주 냉정하게 이야기합니다.

²¹다윗이 미갈에게 말했습니다. "나는 여호와 앞에서 그런 일을 했소. 여호와께서는 당신 아버지가 아니라 나를 선택하셨소. 여호와께서는 사울의 집안사람 중에서 그 누구도 선택하지 않으셨소. 여호와께서는 나를 여호와의 백성인 이스라엘의 지도자로 세워 주셨소. 그러므로 나는 여호와 앞에서 즐거워할 것이오. ²²앞으로 더 낮아져서 체면을 잃는 일이 많을지라도, 여호와 앞에서는 그렇게 되고 싶소. 그러나 당신이 말한 그 여종들은 나를 존경할 것이오." ²³이런 일 때문에 사울의 딸 미갈은 죽는 날까지 자식을 낳지 못했습니다. (쉬운성경_삼하 6:21~23)

참 슬픈 구절입니다.

이날 이후로 다윗은 미갈을 두 번 다시 보려고 하지 않았고, 그와 함께 한 방을 사용하지도 않았습니다. 사랑했던 사람이고, 사랑한 사람이고, 사랑하고 싶었던 사람이었지만 미갈 스스로 자신에게 들어온 복을 다 차버린 것입니다.

미갈은 왜 그랬을까요? 자신의 외로움을, 자신의 분노를, 자신의 억울함을, 자신의 불신앙을 꼭 그렇게 표현해서 스스로의 길을 다 막아야 했을까요? 미갈은 다윗을 무척 사랑했습니다. 그런데 지혜롭지 않았습니다.

사랑하되 지혜롭게 하라

성경에서 이야기하는 참 사랑의 특징이 몇 개 있습니다.

지혜는 여러 가지 측면이 있지만 그중의 하나가 '때를 구분하는 능력'을 말합니다. 지혜가 있는 사람은 들어가야 할 때와 나올 때를 구분합니다. 말을 할 때와 하지 말아야 할 때를 구분합니다. 그냥 생각나는 대로 막 하는 것이 아닙니다. 때가 있습니다. 행동해야 할 때와 하지 말아야 할 때, 물건을 구입해야 할 때와 구입하지 말아야 할 때가 있는 것입니다.

전도서는 이렇게 표현합니다.

[1]범사에 기한이 있고 천하 만사가 다 때가 있나니 [2]날 때가 있고 죽을 때가 있으며 심을 때가 있고 심은 것을 뽑을 때가 있으며 [3]죽일 때가 있고 치료할 때가 있으며 헐 때가 있고 세울 때가 있으며 [4]울 때가 있고 웃을 때가 있으며 슬퍼할 때가 있고 춤출 때가 있으며 [5]돌을 던져 버릴 때가 있고 돌을 거둘 때가 있으며 안을 때가 있고 안는 일을 멀리할 때가 있으며 [6]찾을 때가 있고 잃을 때가 있으며 지킬 때가 있고 버릴 때가 있으며 [7]찢을 때가 있고 꿰맬 때가 있으며 잠잠할 때가 있고 말할 때가 있으며 [8]사랑할 때가 있고 미워할 때가 있으며 전쟁할 때가 있고 평화할 때가 있느니라 (전 3:1~8)

지혜는 바로 이 '때'를 구분하는 능력인데, 미갈은 이게 없었습니다. 사랑은 하는데, 지혜가 없었습니다. 그러니 사랑하는 사람을 밀어내는 꼴이 되었습니다.

성경은 지혜를 매우 강조합니다. 하나님께서 사용하시기 원하는 사람들에게 주시는 선물 중의 하나가 지혜입니다. 하나님께서는 성막을 만드는 일꾼들에게 지혜를 주셨습니다. 지혜가 있어야 계획을 잘하고, 진행을 잘하고, 마무리를 잘할 수 있기 때문입니다. 일의 우선순위, 먼저 할 일과 나중에 할 일을 구분하는 능력도 지혜입니다. 분간하는 능력, 분별하는 능력이 바로 지혜인 것입니다.

> ³하나님의 영을 그에게 충만하게 하여 지혜와 총명과 지식과 여러 가지 재주로 ⁴정교한 일을 연구하여 금과 은과 놋으로 만들게 하며 (출 31:3~4)

의롭게 살고 선하게 살려면 세상 풍조를 따르면 안 됩니다. 하나님께서 주신 구분하는 능력, 그 지혜를 따라야 합니다.

> ⁷여호와의 율법은 완전하여 영혼을 소성시키며 여호와의 증거는 확실하여 우둔한 자를 지혜롭게 하며 (시 19:7)

왜 우리가 성경을 읽어야 하고 하나님의 말씀을 가까이해야 합니까? 그 지혜가 성경 안에 있음을 믿길 바랍니다.

> ¹⁶지혜가 또 너를 음녀에게서, 말로 호리는 이방 계집에게서 구원하리니 ²⁰지혜가 너를 선한 자의 길로 행하게 하며 또 의인의 길을 지키게 하리니 (잠 2:16, 20)

다윗이 그렇게 기분이 좋아서, 하나님이 좋아서, 가족들이 좋아서 축복하고 싶어 했는데……. 모든 것을 미갈이 잃게 되었으니, 참으로 어리석은 여인입니다.

사랑하되 이해하며 품으라

참사랑을 하게 되면 이해하고 싶어집니다. 그런데 거짓 사랑, 나 중심의 사랑, 내 욕심을 채우기 위한 욕망은 소유하고 강요하고 싶어집니다. 이해 대신 강요하고, 이해 대신 대립합니다.

미갈은 그날 다윗을 이해하려고 하지 않았습니다. 왜 다윗이 안 하던 짓을 하는지, 한 번쯤 더 생각해 보았다면 어땠을까요? 미갈은 그냥 정죄하고 싶었습니다. 자신의 속상함을, 서운함을 그냥 다 풀어버리고 싶었습니다. 야속함을 분노로 표현해 버리고 말았습니다.

그날 미갈은 다윗이 왜 그렇게 춤을 춰야 했는지, 왜 그렇게 노래해야 했는지, 왜 그렇게 옷이 벗겨지는 줄도 모르고 즐거워했는지를 생각하지 않았습니다. 그의 행동이나 그의 언어, 그의 마음을 이해하려고 하지 않은 것입니다. 여기에 그릇된 사랑의 출발이 있습니다. 여기에 모든 것을 잃게 된 미갈의 출발이 있습니다.

사랑하는데 이해하지 않으려고 하는 것, 경험해 본 적이 있나요? 남편이 이해가 안 되고, 아내가 이해가 안 되고, 자녀들이 이해가 안 되나요? 살다 보면 이해되지 않을 때가 많습니다. 동의가 되지 않습니다. 야단을 치고 싶고, 멀어지고 싶을 때 저는 그런 생각을 합니다. '어차피 평생 볼 사람인데, 이해되지 않지만 그냥 외우자!'

'이해가 안 되면 그냥 외우자!' 이해하셨나요? '2×2=4' '2×3=6' 우리가 처음 구구단을 외울 때 이해를 했나요, 아니면 그냥 외웠나요? 그냥 외웠습니다. 이해는 안 돼도, 반복해서 외우다 보니 나중에 이해가 된 것입니다. 이해가 안 되면 그냥 외우십시오. 저 사람이 정말 이해가 안 된다면, 그 사람은 그런 사람이라고 다시 외우는 겁니다. 그럼, 사람을 잃지도 않고 하나님의 복에서 멀어지지도 않습니다.

그러나 그날 미갈은 다윗을 이해하려고 하지 않았습니다. 그의 언어와 행동, 그의 마음 어느 것도 받아들일 준비가 되어 있지 않았습니다.

남자가 여자를 이해한다는 것, 결코 쉬운 일이 아닙니다. 여자가 남자를, 부모가 자녀를, 자녀가 부모를 이해한다는 것도 결코 쉬운 일이 아닙니다. 그렇지만 함께 살아갈 결심이 있다면 이해하고 받아들이는 훈련을 할 필요가 있습니다. '아, 저 사람은 저런 사람이구나.' 기대치를 조금 낮추고 이해하고 받아들이려고 해야 합니다.

에덴동산에서 그 많은 혜택을 누리면서도, 또 선악과를 탐내는 하와가 이해가 되시나요? 인간이 어떻게 감사 한마디 없이 그럴 수 있을까요? 이해가 안 된다고 하나님께서 인연을 끊으셨나요? 아닙니다. 용서하시고 살 길을 열어 주셨습니다. 인간의 약함과 죄됨, 욕심을 이해하시니까요.

모세의 누나였던 미리암은 모세를 염려했지만 이해하려고 하지 않았습니다. 구스 여인을 모세가 아내로 맞이하자 펄쩍 뛰며 반대했습니다. 또한 아내 십보라가 죽은 후 모세의 힘듦을 생각하지 못했습니다. 히브리인들과 섞여 사는 구스인들 사이의 갈등을 해결하고 싶어서 심사숙고하는 모세를 이해하지 못하고는, 일단 비난부터 했습니다. "마누라가 죽은 지 얼마나 되었다고, 네가 어떻게 또 아내를 맞을 생각을 하느냐. 왜 또 하필 구스 여인이냐."

사실 그 모든 일을 시작하고 진행하신 분은 하나님이셨는데, 미리암은 지혜도 없었고 이해하려고도 하지 않았던 것입니다. 그냥 무작정 들이대고 따졌습니다. 모세는 많은 사람 앞에서 망신을 당했고 난감해졌습니다. 그러자 미리암은 더 의기양양하게 동생을 몰아세우며 야단을 치려고 합니다. 참으로 답답한 여인입니다. 그냥 입을 꾹 다물고나 있지. 이해하려고 하면, 못할 것이 없는데 왜 그렇게 정죄하려고 할까요?

성경을 읽다가 이해하지 못하고 넘어가곤 하던 본문이 있었습니다. 모세가 하나님의 말씀을 따라 애굽으로 가고 있었습니다. 아내 십보라와 아들이 동행을 합니다. 그런데 갑자기 하나님께서 모세를 죽이려고 하십니다. 왜 그러셨는지 몰랐는데, 나중에야 알게 되었습니다.

십보라는 모세의 아내이지만 이방 여인이었습니다. 할례가 무엇인지 모르는 사람이었고, 정결함이나 거룩함에 대하여 배우지 못한 여인입니다. 그런데 이제 광야가 아닌 모세의 아내로 살아야 했습니다. 모세의 아내로 살려면 모세가 믿는 하나님과 남편인 모세를 신뢰하며 이해하고 따라야 했습니다. 그러나 십보라는 준비가 되어 있지 않았습니다. 그동안 모세는 데릴사위, 즉 십보라의 아버지 집에 얹혀살던 무능한 사위였을 뿐입니다.

그런데 이제는 상황이 달라졌습니다. 무능력한 목동이 아니라 한 민족의 지도자가 되어야 할 사람이 된 것입니다. 하나님은 십보라에게 이것을 알려 주고 싶으셨습니다. 때로는 가정에 소홀할 수도 있고, 때로는 아내보다 백성들이 우선이어야 하고, 때로는 자녀들보다 다른 사람들이 우선이어야 하는 모세의 길을 알려 주고 싶으셨던 것입니다.

하나님께서 갑자기 모세를 죽이려고 하실 그때, 십보라는 알았습니다. '아, 하나님께서 모세를 그분의 소유로 삼기를 원하시는구나. 이제 모세는 내 남편이 아니라 하나님의 심부름꾼이구나. 이제 자녀들도 내 뜻이 아니라 하나님의 뜻대로 키워야 하는구나.'

십보라는 출전하는 모세를 사랑하기도 했지만, 이제는 이해하게 되었습니다. 그래서 십보라는 할례받지 못하고 살았던 아들의 할례를 결심합니다. 이제 이 아들은 내 아들이 아니라 하나님의 아들임을 선언하면서 하나님께 아들을 드립니다. 그러자 하나님께서 모세를 살려 주시고, 그 가정을 온전히 축복해 주십니다.

> ²⁴모세가 길을 가다가 숙소에 있을 때에 여호와께서 그를 만나사 그를 죽이려 하신지라 ²⁵십보라가 돌칼을 가져다가 그의 아들의 포피를 베어 그의 발에 갖다 대며 이르되 당신은 참으로 내게 피 남편이로다 하니 ²⁶여호와께서 그를 놓아 주시니라 그 때에 십보라가 피 남편이라 함은 할례 때문이었더라 (출 4:24~26)

할례는 소유권을 넘기는 의식입니다. 내 아들에서 하나님의 자녀로, 내 소유에서 하나님의 것으로! 십보라는 그날 하나님을, 그리고 남편 모세를 이해하게 되었고, 아들마저 하나님의 사람으로 드리게 되었습니다. 자기를 포기하고 모세를 놓아 줍니다. 덕분에 모세는 자신을 이해해 주는 아내의 사랑 속에 한 민족의 지도자로 우뚝 서게 되었습니다.

나 자신보다 다른 사람을 더 사랑하라

거짓 사랑은 자기중심성이 커지는 사랑이고, 참 사랑은 나를 향한 사랑이 작아지고 하나님 사랑과 이웃 사랑이 커지는 것입니다.

미갈은 자신을 사랑했지만 하나님과 남편, 남편의 다른 아내들과 백성들을 사랑하지 못했습니다. 사랑의 대상이 자신에게 집중되어 있었습니다. 나만 제일 불쌍한 것 같고, 내가 제일 외로운 것 같고, 내가 제일 억울한 것 같았습니다. 그러니 자기 연민에 빠져 다른 사람의 아픔을 보지 못합니다. 사실 그만큼 행복한 사람이 없는데도 말이죠.

혹시 여러분은 어떠십니까? 자기 사랑, 자기 연민에 빠져 지혜도 잃고 이성도 잃고 모든 것을 잃게 되는 미갈의 후예들은 아닙니까? 사울 왕이 다윗을 죽이려 했다가 미갈의 방해로 실패한 적이 있습니다. 그때 사울 왕이 미갈에게 묻습니다. "왜 네가 다윗을 숨겨 주고 도망가게 해주었느냐?" 결국 그 때문에 우리 가문이 멸망할 것이라며 딸을 야단칩니다.

여러분이라면 아버지에게 뭐라고 대답하시겠습니까? 막내딸입니다. 어떤 경우에도 예쁜 막내딸 미갈입니다. 아빠가 그런 딸을 죽이겠습니까? 그러니 솔직하게, "아빠도 좋고 오빠도 좋지만 지금은 다윗을 사랑한다, 그 사람이 없으면 죽을 것 같다. 그러니 아빠가 그 사람을 용서해 주고 품어 주면 안 되겠느냐"라고 하소연했다면 어땠을까요?

그러나 미갈은 아버지를 설득할 생각을 하지 못합니다. 내가 다윗을, 그리고 다윗이 믿는 하나님을 사랑한다고 고백하지 못합니다. 그냥 아빠에게 혼이나는 게 싫었던 미갈은 나도 다윗이 싫은데 아빠가 결혼하라고 하지 않았느냐고, 오늘도 그 사람이 나를 협박해서 억지로 시키는 대로 한 것이라고 대답합니다. 왜 이렇게 대답했을까요?

미갈은 목숨을 걸고 다윗을 사랑하지 않았기 때문입니다. 사랑하지만, 내가 먼저였고 그다음이 남편이었습니다. 그러니 강력하게 아빠를 설득하지 못하게 됩니다. 내 자존심이 귀하고, 내 체면이 더 귀하고, 내 소유가 더 귀한 것입니다.

하나님께서는 아들 예수님보다 우리를 더 사랑하셨기에 독생자 아들을 잃으면서까지 우리를 사랑해 주시고 구원하시고 행복하게 해주시는데, 왜 우리는 여전히 자기 사랑의 굴레에서 벗어나지 못하고 있을까요? 하나님은 아낌없이 사랑하시는데, 왜 우리는 아깝지 않은 만큼만 사랑할까요?

점점 초라해져갔던 미갈, 정말 닮고 싶지 않은 여인입니다. 사랑하는데 지혜가 없었고, 이해심도 부족했으며, 자기 연민과 자기 사랑이 너무 컸던 여인입니다. 그래서 결국 모든 축복을 저주로 바꾸고 초라한 삶을 살았습니다. 오늘 나의 사랑과 미갈의 사랑은 어떻게 다른가요?

닦고 싶은 사람들
따라가기

VS

닮기 싫은 사람들
피해 가기

제3장

자신을 속인
동생을 용서한

에서

시기심 때문에
동생을 죽인

가인

에서 따라가기

에서, 그는 누구인가?

이번 장에서 함께 살펴볼 인물은 '에서'라는 인물입니다. 그는 이삭과 리브가의 쌍둥이 아들 중 첫째 아들이자 둘째인 야곱의 형입니다. 성경에 나오는 에서의 이야기를 몇 토막 정도 알고 있습니다. 보통 긍정적인 측면 보다는 부정적인 측면에서 많이 등장하고, 동생보다 여러 면에서 부족한 형으로, 혹은 동생을 괴롭히는 형으로 우리는 알고 있습니다. 그런데 과연 그것이 에서의 참 모습일까요? 약속의 사람인 아브라함의 손자이자 이삭의 아들, 에서의 진짜 모습을 살펴보고자 합니다.

에서는 이삭의 쌍둥이 아들 중 형으로 태어났습니다.

[25]먼저 나온 자는 붉고 전신이 털옷 같아서 이름을 에서라 하였고 [26]후에 나온

아우는 손으로 에서의 발꿈치를 잡았으므로 그 이름을 야곱이라 하였으며 리브
가가 그들을 낳을 때에 이삭이 육십 세였더라 (창 25:25~26)

에서는 아버지 이삭의 사랑을 받은 사냥꾼이었습니다.

²⁷그 아이들이 장성하매 에서는 익숙한 사냥꾼이었으므로 들사람이 되고 야곱
은 조용한 사람이었으므로 장막에 거주하니 ²⁸이삭은 에서가 사냥한 고기를 좋
아하므로 그를 사랑하고 리브가는 야곱을 사랑하였더라 (창 25:27~28)

에서는 젊은 날에, 동생 야곱에게 팥죽 한 그릇에 장자의 명분을 판 사
람으로 유명합니다.

²⁹야곱이 죽을 쑤었더니 에서가 들에서 돌아와서 심히 피곤하여 ³⁰야곱에게 이
르되 내가 피곤하니 그 붉은 것을 내가 먹게 하라 한지라 그러므로 에서의 별명
은 에돔이더라 ³¹야곱이 이르되 형의 장자의 명분을 오늘 내게 팔라 ³²에서가 이
르되 내가 죽게 되었으니 이 장자의 명분이 내게 무엇이 유익하리요 ³³야곱이
이르되 오늘 내게 맹세하라 에서가 맹세하고 장자의 명분을 야곱에게 판지라 ³⁴
야곱이 떡과 팥죽을 에서에게 주매 에서가 먹으며 마시고 일어나 갔으니 에서
가 장자의 명분을 가볍게 여김이었더라 (창 25:29~34)

진정으로 가치 있는 것이 무엇인지 분별하지 못하여 욕심쟁이 동생에
게 장자의 명분을 주어버린 사람이 에서입니다. 그 결과로 나중에 이삭의

축복을 받지 못하고 분노한 사람입니다.

³⁵이삭이 이르되 네 아우가 와서 속여 네 복을 빼앗았도다 ³⁶에서가 이르되 그의 이름을 야곱이라 함이 합당하지 아니하니이까 그가 나를 속임이 이것이 두 번째니이다 전에는 나의 장자의 명분을 빼앗고 이제는 내 복을 빼앗았나이다 또 이르되 아버지께서 나를 위하여 빌 복을 남기지 아니하셨나이까 ³⁷이삭이 에서에게 대답하여 이르되 내가 그를 너의 주로 세우고 그의 모든 형제를 내가 그에게 종으로 주었으며 곡식과 포도주를 그에게 주었으니 내 아들아 내가 네게 무엇을 할 수 있으랴 ³⁸에서가 아버지에게 이르되 내 아버지여 아버지가 빌 복이 이 하나 뿐이리이까 내 아버지여 내게 축복하소서 내게도 그리하소서 하고 소리를 높여 우니 ³⁹그 아버지 이삭이 그에게 대답하여 이르되 네 주소는 땅의 기름짐에서 멀고 내리는 하늘 이슬에서 멀 것이며 ⁴⁰너는 칼을 믿고 생활하겠고 네 아우를 섬길 것이며 네가 매임을 벗을 때에는 그 멍에를 네 목에서 떨쳐버리리라 하였더라 ⁴¹그의 아버지가 야곱에게 축복한 그 축복으로 말미암아 에서가 야곱을 미워하여 심중에 이르기를 아버지를 곡할 때가 가까웠은즉 내가 내 아우 야곱을 죽이리라 하였더니 (창 27:35~41)

자, 여기까지 보면 에서는 미래가 어두운 사람입니다. 살면서 사람 구실하면서 여러 사람을 이롭게 하기는 틀린 사람이지요. 그런데 성경은 에서의 이야기를 여기에서 마치지 않습니다. 사람들이 기억하려고 하지 않는 아주 밝고 배움직한 에서의 몇 가지 모습을 우리는 생각할 필요가 있습니다.

용서하는 사람

세상에서 제일 힘든 것이 '용서'라는 말이 있습니다. 가족 간에 용서가 안 되는 경우도 많고, 친구들 간에, 선후배 간에, 혹은 교인들 간이나 매우 친했던 사람들 간에도 용서가 안 돼서 서로 꼴도 안 보고, 고소·고발하여 법정에 서는 경우도 종종 보게 됩니다. 이는 용서하지 못하고, 용서받지 못하는 사람들의 삶입니다.

야곱은 형 에서에게 도저히 용서받을 수 없는 죄를 지었습니다. 배고픈 형의 상황을 이용해서 형의 장자권을 탈취한 것입니다. 무지한 형이 그게 무엇인지 그 중요성을 알지 못할 때 장자권의 특별한 힘을 알게 된 야곱은 이 사실을 형에게 이야기해 준 것이 아니라 형을 속이고 빼앗았습니다. 빼앗긴 장자권이 무엇인지도 몰랐던 무지한 에서는 그렇게 당하고서도 한참이 지난 후에야 자기가 빼앗긴 것이 무엇인지 알게 되었습니다.

나이 든 아버지 이삭이 유산 상속을 해야 하는 순간이 왔습니다. 그의 할아버지 아브라함에게 받았던 많은 축복을 아버지 이삭이 누려왔는데, 이제는 그것을 대물림해 주는 순간에 당연히 자신의 것인 줄 알았던 축복들이 동생에게 넘겨지는 과정을 지켜봐야만 했습니다.

그동안 아버지 이삭에게 효도한 것은 에서였습니다. 그동안 아버지에게서 암묵적으로 당연하게 상속을 약속받은 사람도 에서였습니다. 그런데 동생 야곱이 어머니와 짜고 아버지를 속여서, 아니 어쩌면 아버지 이삭마저도 자신을 버리고 야곱을 선택했을 수도 있습니다. 얼마나 황당하고, 배신감이 들고, 버림받은 것 같은 절망감이 들었을까요?

따라가기 vs 피해 가기

나름 열심히 했는데, 너에게는 단 1원도 물려줄 것이 없다는 아버지의 말을 들은 에서는 분노하기 시작했습니다. 이 모든 일을 꾸민 동생 야곱이 미웠습니다. 그렇다고 해서 에서가 그렇게 막무가내의 사람은 아닙니다. 아버지 앞에서 동생과 다투면서 아버지의 마음을 아프게 하고 싶지 않았습니다. 그래서 그는 참았습니다. 아버지가 돌아가시면 그때 동생을 죽이겠다고 다짐하며 살았습니다. 그런데 어느 날 동생이 사라졌습니다. 어머니와 아버지가 동생을 빼돌린 것입니다.

자, 만약 여러분이라면 이 상황에서 어떻게 하시겠습니까? 유산 상속에서 제외되고, 자신을 무시하는 늙은 아버지와 어머니를 모시고 살아야 할까요? 아니면 다른 방법을 써야 할까요? 상식선에서 이해되지 않지만, 에서는 자신에게 아무것도 내주지 않는 그 늙은 부모님을 돌아가실 때까지 모십니다. 그러면서 동생 야곱을 그리워하며 삽니다.

이해가 되시나요? 이토록 착한 에서입니다. 욕심도 없고, 원한도 없고, 그냥 순진한 사람입니다. 절제 능력이 부족하고, 기분에 따라 좌우되어 살기도 하고, 육신의 정욕을 따라 살기는 하지만 악의는 없는 착한 형입니다. 저는 이 멍청한 에서가 참 마음에 듭니다. 닮고 싶어요.

자신을 비난하고 배신하는 사람들을 용서하셨던 예수님의 이야기가 문득 생각납니다. 자신을 그렇게 따르겠다고 달라붙어 있다가 더 이상 이용 가치가 없다고 판단되자 돌을 던지며 야유하고 십자가에 못 박으라고 소리 지르는 악한 사람들, 무지한 그들을 향해 용서를 구하시던 예수님의 모습이 생각납니다. "너희가 사람의 잘못을 용서하면 너희 하늘 아버지께서도 너희 잘못을 용서하시려니와(마 6:14)"라고 말씀하시면서, 그러니 주저

하지 말고 먼저 용서하라고 하셨던 예수님이 생각납니다.

⁴에서가 달려와서 그를 맞이하여 안고 목을 어긋맞추어 그와 입맞추고 서로 우니라 (창 33:4)

원한은 세월이 지날수록 깊어져 갑니다. 분노는 그렇게 쉽게 가라앉는 것이 아닙니다. '눈에 흙이 들어가도 용서 못 한다'라고 하는 사람이 참 많습니다. 그런데 에서는 그렇지 않았습니다. 언제부터인가 동생 야곱이 궁금해졌습니다. 어디선가 잘 살기를 바라게 되었습니다. 만약 그가 믿음의 사람이었다면 그는 날마다 하나님께 자신을 속이고 버리고 훔쳐서 달아난 동생을 위해 기도하는 사람이었을 것입니다.

그러던 어느 날, 기쁜 소식이 들려옵니다. 동생 야곱이 결혼을 해서 자식들도 있고 아내들도 있는 가장이 되었고, 가문을 이루었다는 소식이었습니다. 돈도 많이 벌어서 낙타, 소, 양, 염소도 많고 훌륭한 목축업자가 되었다는 이야기였습니다. 더 반가운 소식은 그 야곱이 지금 아버지의 집으로 돌아오고 있다는 것이었습니다.

에서는 반갑기도 했지만 걱정도 됐습니다. 세상이 너무 악해져서 약탈하려는 자들이 늘어나고 있음을 익히 알고 있었습니다. 그래서 에서는 갑작스레 사람들을 모으기 시작했습니다. 동생이 오는 것을 기다릴 수만은 없었습니다. 보고 싶은 마음에 마중을 나가고 싶었습니다. 누군가에게 피해를 당하기 전에 속히 가서 지켜 주고 싶었습니다. 어릴 때부터 여성스러운 성격이었던 야곱이 아무래도 불안했습니다. 그래서 그는 가까이에 있는 장정들을 모읍니다. 에서도 아버지 이삭을 도와 열심히 일해서 이제 한 부족의 족장이 되어 있었습니다. 양도, 소도, 낙타도, 염소도 많았습니다. 아브라함의 후손답게 부유함이 있었습니다. 창대하게 해주겠노라 약속 하셨던 하나님께서 그 후손들을 넉넉함의 복으로 살게 하셨습니다. 가까이 있는 사람들 중에 강도들과 맞서 싸울 만한 사람들을 모아보니 어느새 400명이나 되었습니다. 에서는 서둘러 그 장정들이 며칠을 먹을 수 있는 음식과 낙타를 준비하고는 야곱을 맞으러 떠났습니다. 그리고 며칠이 걸려서 마침내 야곱을 만나자, 그리움에 야곱을 끌어안고는 눈물을 흘립니다.

여러분은 이렇게 하실 수 있나요?

에서는 이야기합니다. "네가 온다는 소식을 듣고 단숨에 달려왔다. 여기서 집까지 가는 길이 험하니 우리가 안내해 줄 것이다. 그러니 걱정 마라."

¹²에서가 이르되 우리가 떠나자 내가 너와 동행하리라 (창 33:12)

저는 이 에서가 참 좋습니다. 최근 다양한 각도에서 코로나 속에 숨겨진 하나님의 뜻을 찾았듯이, 성경을 통해 다양한 각도에서 에서를 읽으면서 용서의 기쁨과 용서의 비밀을 배웁니다. 나도 아버지의 자식이고 야곱도 아버지의 자식임을 알기에, 우리가 한 형제요 천국 백성임을 알기에 아무 조건 없이 그를 받아들이는 에서의 이야기 속에서 예수님의 사랑의 이야기를 떠올리게 됩니다. 중심으로 형제를 용서하라고 하시는 예수님의 말씀도 생각납니다. 우리가 그토록 나쁘다고 여겼던, 바로 그 에서가 이 정도의 사람이라면 우리는 어떠해야 할까요?

양보하고 떠나는 사람

양보하고 떠나는 에서를 저는 참 좋아하고, 본받으려고 합니다. 야곱은 긴 길을 돌고 돌아서 아버지 이삭에게로 왔습니다. 이미 야곱은 큰 부자가 되어 있었습니다. 에서도 부자였고, 야곱도 넉넉했습니다. 그들이 함께 살아갈 만한 충분한 땅이 그들 앞에 있었지만, 에서는 그 땅이 왠지 야곱의 것이 되어야 할 것 같다는 생각이 들었습니다. 그게 에서입니다.

자기가 나고 자란 땅입니다. 여기가 고향이고, 여기에서 성공했습니다. 한 번도 이곳을 떠난다고 생각해 본 적도 없고, 이곳에서 벗어난 삶을 생각한 적도 없습니다. 그런데 기도하면 자꾸 이곳을 야곱에게 주라고 하시는 하나님의 음성이 들립니다. 그것이 아버지 하나님의 뜻이고, 아버지 이삭의 뜻임을 그는 알고 있었습니다. 어떻게 해야 할까요?

에서는 어지간한 사람은 감히 할 수도 없는 대단하고도 엄청난 결심을 합니다. 아버지의 뜻을 받들기로 한 것입니다. 힘으로 하면, 에서가 야곱을 몰아낼 수도 있습니다. 지역 주민들이 투표를 해도 당연히 에서에게 몰표가 나올 상황입니다. 이미 에서에게는 많은 부인과 아이들이 있었습니다. 창세기 36장은 1절부터 마지막 절까지가 에서의 가족들 명단으로 채워져 있을 정도입니다. 그에게는 3명의 부인과 5명의 아들 그리고 11명의 손자가 있습니다. 그들과 함께 일구며 살아온 곳이 바로 그 땅이었습니다. 그럼에도 에서는 지역 주민들의 뜻보다도, 다수결에서 이기는 것보다도, 자신의 욕심보다도, 가족들의 생각보다도 아버지의 뜻을 먼저 생각합니다. 그러고는 결단합니다.

> [6]에서가 자기 아내들과 자기 자녀들과 자기 집의 모든 사람과 자기의 가축과 자기의 모든 짐승과 자기가 가나안 땅에서 모은 모든 재물을 이끌고 그의 동생 야곱을 떠나 다른 곳으로 갔으니 [7]두 사람의 소유가 풍부하여 함께 거주할 수 없음이러라 그들이 거주하는 땅이 그들의 가축으로 말미암아 그들을 용납할 수 없었더라 (창 36:6~7)

서부영화를 보면 마지막 장면이 참 인상 깊습니다. 어느 마을에 악당들이 득세하고, 혼란스러운 상황에서 사람들이 죽어가고, 억울한 사람들이 생겨나는 그때 외부에서 흘러 들어온 총잡이가 나타납니다. 사랑하는 여자가 생기고, 그를 반대하는 사람들과 좋아하는 사람들로 나뉩니다. 이 총잡이는 비겁하게 숨어 있는 사람들과 달리, 거룩한 뜻을 품고 공의를 위해 당당하게 악당들과 맞서 싸웁니다. 그 과정에서 부상을 입기도 하고 아픔을 겪고 때로는 오해와 멸시를 받으면서도 꿋꿋하게 악당들과 대결하고는 결국 모두 다 물리칩니다. 자, 한국 영화라면 어떻게 마무리가 될까요? 아마도 그 영웅은 마을에서 집을 짓고 권력과 재력을 누리며 살게 되는 경우가 허다할 겁니다. 그런데 서부영화는 그렇게 끝나지 않습니다. 모든 일을 다 처리한 후에 휘파람을 불면서 말을 타고 흙먼지를 일으키며 처음

왔던 것처럼 그 마을을 떠납니다. 아무것도 가지지 않은 채로, 왔던 모습 그대로 떠납니다.

바로 그 사람이 에서입니다. 아버지의 뜻에 따라 모든 것을 동생에게 양보하고 조용히 떠나는 에서, 저는 이 에서의 모습이 너무 아름답고 감동스럽게 느껴집니다.

'국민은행 경영연구소'에서 낸 2020년 〈한국부자보고서〉에 따르면, 주택이나 땅과 관련된 재산 말고 현금성 재산, 현금이나 주식이나 보험 같은 자산이 10억 이상인 사람이 35만 4천 명이라고 합니다. 이는 총 인구의 0.7% 정도인데, 부부가 있고 자녀가 있다고 보았을 때 2% 정도의 사람들에 해당됩니다. 100가구 중에 두 가구가 현금 10억 이상을 보유하고 있다는 이야기입니다. 이들이 보유한 현금성 자산은 전체 자산의 57.3%였습니다. 자, 그러면 이들은 어떻게 부자가 되었을까요? '사업 수익'이라고 말한 사람은 37.5%, '부동산 투기' 덕분이라고 한 사람들이 25.5%, '상속이나 증여'라고 대답한 사람은 19%였습니다.

여러분의 아버지가 200억 원 정도 재산을 보유한 이름난 부자라고 합시다. 상속도 가능하고, 돌아가시기 전에 증여도 받을 수 있습니다. 아들이 둘인데, 만약 100억 원씩 상속을 받으면 세금 50억 원 정도 내고 50억원이 남습니다. 이걸 포기할 사람이 있을까요? 500만 원도 포기 못해서피 터지게 싸울 겁니다. 형제간의 의도 끊을지 모릅니다. 제 친구도 아버지가 돌아가신 후에 아버지가 살던 집 때문에 형제들 간에, 조금이라도 더가져가려고 법정 다툼을 하는 것을 보았습니다.

그런데 에서는 그 엄청난 재산을 깨끗이 포기하고, 동생에게 다 주고는 조용히 떠납니다. 형의 힘에 밀려 이를 갈면서 떠나는 동생의 이야기가 아니라, 힘도 있고 동생을 떠나보낼 수도 있는 상황임에도 불구하고 모든 현금성 자산과 부동산을 동생에게 양보하고 길을 떠나는 형의 이야기가 성경에 기록되어 있습니다.

이 모습이 어쩌면 저의 은퇴 후의 모습일지 모르겠습니다. 요즘 추한 모습으로 은퇴하면서 교회와 교인들에게 상처와 피해를 주는 목사님들의 소식을 들으면서 다짐을 하곤 합니다. 에서처럼, 서부의 총잡이처럼 그렇게 떠나야 한다고요. 사람의 몸을 입고 이 땅에 오신 예수님께서는 많은 것을 누리실 수 있었고 누리셔야 했습니다. 그런데 그분은 그냥 떠나셨습니다. 부활하신 후에 사람들을 선동하지도 않으셨고, 힘을 모으려고도 하지 않으셨습니다. 그저 오셨던 하늘로, 그렇게 아무것도 가지지 않고 떠나셨습니다.

아는 목사님의 장인어른이 돌아가셔서 문상을 간 적이 있었는데, 그 목사님의 얼굴에 웃음이 떠나질 않았습니다. 엄숙한 척이라도 하셔야 하지 않겠냐고 했더니, 지금은 그럴 수가 없다면서 이야기 하나를 해주었습니다. 목사님이 30년도 더 전에, 30대 후반쯤 어떤 교인이 와서 어렵게 돈을 빌려달라고 해서 주었답니다. 한 달쯤 있다가 다시 와서 또 빌려가고, 그래서 물 위에 씨앗을 던지는 마음으로 넉넉하게 주었답니다. 그런데 그 교인의 회사가 부도가 나서 연락도 없이 사라져 버렸답니다. '에잇, 돈 떼었네'라는 생각보다 '그 사람, 천국에는 가야 하는데'란 생각이 먼저 났답니다. 그런데 몇 년 후 새벽기도 때 그 사람이 찾아왔더랍니다. 새벽기도 후에 아침을 먹으면서 말하기를, 죄송하다면서 이거라도 받으시라고 서류

봉투 하나를 주었답니다. 이게 뭐냐고 물으니, 목사님께 손해를 끼쳐서 너무 죄송한데 자꾸 꿈에 목사님이 보이시기에 뭐라도 드려야 할 것 같아서 이번에 자기가 돈 꿔준 사람에게 받은 것이라면서 땅문서를 하나 주더랍니다. 구로구에 있는 300평 도로용지 땅이었습니다. 30여 년 동안 아무 짝에도 쓸모없는 그 땅에 대한 세금을 조금씩 내면서 살았는데, 이번에 그 땅에 아파트가 들어오게 되면서 건설업자가 땅을 팔라고 하여 장례를 치르다 말고 만나고 온 것이었습니다. 얼마나 값이 나가느냐고 했더니, 최소 60억 원에서 최대 90억 원 가까이 될 거 같다고 합니다. 그러니 장례식 내내 목사님의 입이 안 다물어지고 웃음이 떠나질 않고 있던 것입니다.

예수 믿는 사람들은 조금 다른 사람들이어야 합니다. 손해도 볼 줄 알아야 합니다. 이 모양, 저 모양으로 채우시는 하나님을 경험하고 고백도 해봐야 합니다. 용서할 준비, 손해 볼 준비, 양보할 준비가 되었나요?

가인 피해 가기

마귀가 뿌려 놓은 독초 씨앗, 시기심

창세기 4장, 가인의 이야기를 읽으면서 새롭게 알게 된 은혜가 있습니다. 천국 백성으로 살아가는 우리의 삶에서 마땅히 뽑아져 나가야 하는 독초 씨가 있음을 알게 되었습니다.

예수님께서 하늘 보좌를 버리시고 낮은 자의 모습으로 이 땅에 오신 가장 큰 이유는 사람들을 구원하시기 위해서입니다. 흑암 속에서, 공허함 속에서, 외로움 속에서, 혼돈 속에서, 질병 가운데 사는 그분의 자녀들을 구원하셔서 빛 가운데로, 평안 가운데로, 의로움 가운데로, 건강함 가운데로, 부유함 가운데로 인도하시기 위해 오신 것입니다. 예수님은 우리에게 영생과 천국을 선물로 주시기 위해 오셨습니다.

그런데 마귀는 우리가 행복하게 사는 것, 천국에 가는 것을 엄청 싫어

합니다. 그래서 이런저런 수많은 방해들로 우리를 하나님에게서 떼어놓으려고 합니다. 아예 안 믿는 사람이면 상관없지만, 믿는다고 하는 사람들 속에도 마귀는 엄청나게 많은 독초 씨들을 뿌려 놓았습니다. 이 씨들이 안 자라면 좋을 텐데, 자꾸만 자랍니다. 나 스스로 이 씨들을 키웁니다. 그래서 결국 삶에 기쁨이 없고 기분에 따라 좌우로 흔들리는 불행 속에서 믿는 척하며 살게 됩니다.

물론 예수님을 믿지 않는 사람들에게도 이 독초는 자라고 있습니다. 그런데 예수님을 믿는다고 하는 사람들 안에도 이 시기심의 독초 씨가 뿌려지고 자라면, 그 사람은 여러 불행들을 경험하다가 삶이 비참해지고 초라해지는 것을 알아야 합니다.

시기심은 참 무서운 질병입니다. 제 주변에도 유난히 시기심이 많은 사람들이 있습니다. 그분들을 위해 더러 기도할 때가 있습니다. 그들은 불행하며, 웃을 일이 없는 사람들입니다. 한번은 아픈 분들을 위해 기도하는데, 성령님께서 가르쳐 주십니다. '육신의 몸이 아픈 사람들만을 위해서 기도하지 말고, 정신적으로 병든 사람들을 위해 기도하라.' 그래서 제가 섬기고 있는 교회의 교인들을 떠올려 보았습니다. 몇 사람의 얼굴과 이름이 스쳐 지나갔습니다. '아, 그렇구나. 몸 아픈 것만 아픈 것이 아니고, 마음이 아프고 정신이 제대로 자리 잡지 못해서 공동체를 파괴하고 상처를 주는 사람들도 병자구나.' 그래서 그 이후로 하나님께서 고쳐 주실 줄로 믿고 그런 분들을 위해서도 기도하고 있습니다.

시기심이 많은 분들은 늘 다른 사람과의 비교에서 열등감을 느끼며 속상해하고 우울해합니다. 내가 아무리 시기를 해도 그 시기하는 대상이 달라지는 것은 없습니다. 시기심의 결과는 나 자신의 파괴라는 것을 알아야 합니다. 내가 이상해지는 것입니다. 나 스스로 영적, 정신적, 육체적인 건강을 잃습니다. 신앙생활이 무너지고, 가정생활에 활력과 사랑이 없고, 사회생활이 어려워지며 혼자가 됩니다. 백설공주가 있는 한 계모는 행복하지 않습니다. 시기심 때문이지요. 인정할 것을 인정하면 되는데, 그게 잘 안 됩니다. 그 못난 자존심 때문이지요. 시기심이 있다면 절대 행복할 수 없습니다.

영혼이 잘됨 같이 범사가 잘되고 강건한 것이 아니라, 내 영혼이 안 되고 범사가 안 되고 건강도 잃어버립니다. 이렇게 무서운 독초가 바로 시기심입니다. 그런데 이 시기심이 있는 사람들은 자기가 시기심이 많다는 것조차 모릅니다. 차라리 인정하며 자기의 참 모습을 볼 수 있으면 좋으련만, 시기심이 많은 사람들은 자신을 몰라도 너무 모릅니다. 알려줄 수도 없는 것이, 알려주는 순간 원수가 되기 때문입니다.

시기심의 배후

가인은 아담의 첫째 아들로, 이 세상이 시작된 후로 엄마의 배를 통해 이 땅에 나온 첫 사람입니다. 자신이 최고인 줄 알았을 겁니다. 유일한 아들이었으니까요. 그런데 얼마 후 동생 아벨이 태어납니다. 먹을 것을 나누어야 했고, 엄마와 함께 있는 시간도 줄어들었습니다. 모두 다 내 것이었는데, 동생의 몫이 생겼습니다.

이때 마귀는 가인 속에 시기심을 뿌리기 시작합니다. 자기 사랑이 활성화되고, 동생을 미워하게 됩니다. 내 불편함의 시작이 바로 저 동생 놈 때문이라는 엉뚱한 생각을 하게 합니다. 동생으로 인해 행복한 일들이 엄청나게 많은데도 그것은 생각하지 않고 내 것을 빼앗겼다는 생각을 하게 되고, 어떻게든지 동생을 자기 앞에 꿇어앉히고 싶어집니다. 동생이 눈앞에서 사라졌으면 좋겠다고 생각하게 됩니다.

이런 시기심의 배후에는 상실감이 있습니다. 빼앗겼다는 생각이 드는 것입니다. 원래부터 내 것이 아니었는데도, 그 사람이 가지고 누리는 모든 것들이 내 것일 수 있었다는 착각에 빠지게 되는 것이지요. 이게 시기심의 시작입니다. 내 실력이 모자라고, 내 인격이 모자라고, 내 수준이 안 되는 것에는 전혀 관심이 없습니다. 그냥 외모도, 목소리도, 그에 관한 모든 이야기도 싫어집니다. 이유는 단 하나, 내 안에 마귀가 뿌려 놓은 시기심이라는 독초 때문입니다.

이것을 키우면 안 되는데, 사람들은 이것을 키웁니다. 악은 그 모양이라도 버리고 처음에 시기심이 생길 때 예수님의 말씀을 의지해서 깨끗이 잘라내야 하는데, 이것을 키웁니다. 비교하면서 열등감을 키웁니다.

결국 가인은 아벨이 싫어졌습니다. 하나님도 내 독차지였는데, 아벨이 하나님께 예배만 드리면 자기가 왠지 밀려나는 기분이 들었습니다. 아빠와 엄마가 오직 나 하나만을 위해 존재하는 줄 알았는데, 아벨 때문에 자신의 삶에 외로움과 불편함과 부족함이 생겼습니다.

시기심이 큰 사람들의 특징은 자기 사랑이 큰 사람들입니다. 나밖에 모르지요. 내가 편해야 하고 내가 좋아야 하고 내가 인정받아야 합니다. 상대방을 인정하고 그로부터 배우려는 자세가 없습니다. 같은 날, 같은 장소에서 예배를 드렸는데 하나님께서는 끝내 가인의 예배를 받지 않으셨습니다. 그의 불결함, 그의 죄, 그의 악한 행실이나 시기심 때문에 하나님께서 준비되지 않은 그의 예배를 받지 않으신 것인데도 가인은 그렇게 생각하지 않았습니다. 생각이 삐뚤어진 사람은 자신의 좁은 소견에 정당성을 부여합니다. '저 아벨 때문에, 저 동생 때문에!' 이렇게 남 탓만 합니다. 행복할까요? 지옥의 난민들입니다. 시기심은 모든 것을 앗아갑니다.

창세기 4장 5절에 보면 "가인이 몹시 분하여 안색이 변하니"라고 했습니다. 시기심은 분노와 함께 시작됩니다. 안색이 달라지고, 눈동자가 미움으로 가득 찹니다. 내가 불행한 이유는 그 사람 때문이 아니고 나 자신 안에 있는 '시기심' '사랑하지 못함'인 것을 그들은 알지 못합니다. 그래서 더 불행해집니다.

가인을 불쌍히 여기시는 하나님이 어느 날 가인을 달래십니다.

"네가 왜 분노하는데?"

"네가 왜 안색이 변하고 눈동자에 힘이 생기는 건데?"

"자, 생각해 보렴. 네가 선한 사람이었다면, 네가 죄를 미워하는 사람이었다면 지금 그런 자세가 나오겠니? 마귀가 너를 지배하려고 하지만 너는 마귀에게 지배당하면 안 돼. 네가 죄를 다스려야지."

"사랑하며 살기도 짧은 세상에 웬 시기심? 왜 밀어내려고 그러니? 함께 살아야지!"

그러나 참으로 묘한 일은 시기심에 불타면 제대로 된 이성이나 영성이 작동하지를 않는다는 것입니다. 바이러스에 점령당한 컴퓨터처럼 분별력을 잃어버립니다. 하나님의 말씀도 소용이 없고, 그저 내가 제일이어야 합니다. 내 뜻이 이루어져야 하고, 내 뜻대로 안 되면 분노가 시작됩니다. 그 인간이 내 앞에서 사라져야 합니다. 자기 스스로도 무척 괴롭습니다. 착한 척하고 살아야 하는데, 이게 잘 안 되니까요.

그래서 가인은 그냥 아벨을 죽여 버립니다. 자기 사랑입니다. 나 살자고 남을 죽입니다. 그가 없어져야 내가 편하기 때문입니다. 나보다 칭찬받는 그가 없어져야 내가 칭찬받을 수 있다고 생각한 것입니다. 시기심의 근원 중 하나가 바로 이 인정욕구입니다. 이생의 자랑이지요.

자기 사랑, 인정욕구, 열등감, 이생의 자랑, 자기 견적을 잘 못내는 것, 자존심, 상실감, 승부욕 등 이 모든 것들이 시기심의 배후입니다. 그가 없어졌기에 이제 내가 1등이라고 착각합니다. 여기에 오늘 우리의 모습이 있습니다.

시기심의 또 다른 대표 인물들

사울 왕도 그랬습니다. 다윗이 자기보다 더 훌륭한 사람인 것이 인정이 안 되었습니다. 자존심 때문에, 자기 사랑이 너무 커서, 때로는 승부욕 때문에 이게 인정이 안 됩니다. 자기의 실력으로는 다윗을 이길 수 없으니 다윗이 사라지길 바랐습니다. 그래서 자객을 보냈는데, 실패하자 직접 죽이러 찾아다닙니다. 도망 다니는 다윗도 힘들고, 쫓아다니는 사울 왕도 힘듭니다. 그래도 멈추지는 않았습니다.

이것이 바로 마귀가 뿌려 놓은 독초의 효과입니다. 내가 사는 것이 아니라 내 안에 마귀가 살아갑니다. 나는 어느새 마귀의 하수인이 되어 있습니다. 시기심의 결과는 너무 비참합니다. 결국 하나님께서는 그런 사울 왕을 버리시고 블레셋 사람들의 손을 통해서 죽이십니다.

이런 자들은 예수님의 시대에도 있었습니다. 마태복음 13장에 보면 예수님께서 고향 나사렛에 가신 이야기가 나옵니다. 번화한 도시였던 가버나움에서 말씀을 전하시고 귀신을 내쫓으시며 병을 고치신 예수님은 고향으로 발길을 옮기셨습니다. 이제 고향에 가서 어려운 사람들과 병든 이들을 돌아보고 싶은 마음이 생기신 것입니다. 어렸을 때부터 함께 지낸 친구들, 형들, 동생들, 아저씨, 아주머니들을 치료해 주고 천국을 설명해 줘야겠다고 생각합니다. 그래서 제자들과 더불어서 큰 사랑의 마음을 가지고 가셨습니다.

예수님은 회당에 들어가셔서 복음을 증거하셨습니다. 그동안 고향 사람들에게 하지 않았던 가르침을 전해 주시고, 몇 사람의 병도 고쳐 주시며 귀신을 쫓아 주셨습니다. 그랬더니 갑자기 고향 사람들이 이상한 말을 하기 시작했습니다. '이 사람이 정말 예수냐'라는 것입니다. 그러면서 그 아버지 요셉이 목수이고, 모친이 마리아, 그 형제들과 누이들의 가족인 예수가 맞느냐며 예수님을 믿지 않고 배척했습니다. 그러자 예수님께서 그 이외의 행동에 대하여 구약의 선지자 예레미야를 떠올리시면서 말씀하십니다. "선지자가 자기 고향과 자기 집 외에서는 존경을 받지만 고향에서는 맞아 죽는구나!" 하시고는 그곳에서 더 이상 능력을 나타내지 않으시고 떠나십니다.

⁵⁴고향으로 돌아가사 그들의 회당에서 가르치시니 그들이 놀라 이르되 이 사람의 이 지혜와 이런 능력이 어디서 났느냐 ⁵⁵이는 그 목수의 아들이 아니냐 그 어머니는 마리아, 그 형제들은 야고보, 요셉, 시몬, 유다라 하지 않느냐 ⁵⁶그 누이들은 다 우리와 함께 있지 아니하냐 그런즉 이 사람의 이 모든 것이 어디서 났느냐 하고 ⁵⁷예수를 배척한지라 예수께서 그들에게 말씀하시되 선지자가 자기 고향과 자기 집 외에서는 존경을 받지 않음이 없느니라 하시고 (마 13:54~57)

구약의 선지자 예레미야의 고향은 아나돗이었습니다. 예레미야가 나라의 죄악으로 인해 하나님의 심판을 선포하는데, 아무도 믿지를 않자 이 사람들만이라도 살려야 한다 싶어 고향으로 갑니다. 그리고 고향에서 하나님의 심판과 회개를 촉구하는 메시지를 선포하는데, 그 말씀을 듣던 아나돗 사람들이 예레미야를 돌로 칩니다.

왜 그랬을까요? 시기심 때문입니다. 그가 나보다 유명해지는 게 싫은 겁니다. 그가 나에게 하나님의 말씀을 증거하는 것도 잔소리로만 들립니다.

예수님을 죽이려고 달려들었던 종교 지도자들은 자신의 무능력함이나 세속화된 삶을 회개하지 않고, 시기심에 예수님을 죽였습니다. 자신들이 하지 못하는 일을 하는 예수님을 시기하다 죽인 것입니다. 자기 사랑 때문에, 내 자존심을 지키기 위해……. 그들은 참 멍청한 지옥백성들입니다.

로마의 총독이었던 빌라도도 이것을 알았습니다.

¹⁸이는 그가 그들의 시기로 예수를 넘겨 준 줄 앎이더라 (마 27:18)

따라가기 vs 피해 가기

이런 시기심의 모습은 우리 주변에도 아주 가까이 있습니다. 그리고 그에 따른 결과도 우리는 알고 있습니다. 영혼의 파괴, 육신의 파괴, 생각의 파괴입니다. 결국 주변에 남는 사람은 없어지고 혼자가 됩니다. 이 시기심은 미성숙함의 표본적 증거이자, 결정적인 증거입니다.

시기심의 결과

성경은 시기심의 결과를 아주 자세하게 나열합니다. 첫째, 가인과 같이 시기심을 품은 사람은 하나님의 나라에서 멀어집니다.

> [19]육체의 일은 분명하니 곧 음행과 더러운 것과 호색과 [20]우상 숭배와 주술과 원수 맺는 것과 분쟁과 시기와 분냄과 당 짓는 것과 분열함과 이단과 [21]투기와 술 취함과 방탕함과 또 그와 같은 것들이라 전에 너희에게 경계한 것 같이 경계하노니 이런 일을 하는 자들은 하나님의 나라를 유업으로 받지 못할 것이요
>
> (갈 5:19~21)

우리는 이단들도 미워하고, 술 취함도, 음행도 다 싫어합니다. 그러면서 우리 자신은 시기심을 놓지 않고 있습니다. 성경은 이 죄들에 대하여 경중을 따지지 않습니다. 따돌림을 시키는 것이나, 음행이나, 우상숭배나, 이단에 빠지는 것이나, 시기하는 것을 같은 죄로 취급합니다. 어차피 하나님의 나라에 들어가지는 못할 사람들입니다. 시기심을 작은 죄로 여

기면 안 됩니다. 음행이나 시기심이나 같고, 우상숭배와도 같은 급의 죄임을 명심해야 합니다.

가인이 그랬고, 사울 왕이 그러했습니다. 자신도 죽였고, 남도 죽였습니다. 자손들도 저주를 받게 했습니다. 예수님께서 직접 찾아가셨는데도, 나사렛 사람들은 시기심 때문에 내려오는 축복을 걷어차는 불행한 사람들이 되었습니다. 대제사장이나 종교 지도자들도 이 시기심을 이겨내지 못해서 예수님을 죽였고, 수천 년이 지난 지금까지도 이어서 욕을 먹고 있습니다.

둘째, 가인과 같이 시기심을 품은 사람들은 공동체 속에서 늘 분쟁을 일으킵니다. 하나 됨을 파괴하지요.

> ³너희는 아직도 육신에 속한 자로다 너희 가운데 시기와 분쟁이 있으니 어찌 육신에 속하여 사람을 따라 행함이 아니리요 (고전 3:3)

시기심이 많은 사람들은 분쟁을 일으키고 따돌림을 시키고 분파를 만들어 내 편 네 편을 가릅니다. 성령께서는 하나가 되라고, 함께 살고 함께 죽으라고 하시는데 자꾸 편을 가릅니다. 그가 나보다 잘 되는 것에 대해 못 견딥니다. 그래서 끌어내려야 하고, 방해해야 합니다. 그가 나보다 돈을 더 많이 버는 것 같으면 모함을 해서라도 그 길을 막으려 합니다. 결국 나 좋다고 공동체를 무너뜨립니다. 이들은 마귀의 하수인들입니다. 트러블메이커가 됩니다. 이 마귀가 뿌려 놓은 시기심이라는 독초가 내 안에는 없는지 살펴봐야 합니다.

셋째, 가인의 후예들에게는 혼란과 악한 일이 이어지며 행복하지 않습니다.

¹⁶시기와 다툼이 있는 곳에는 혼란과 모든 악한 일이 있음이라 (약 3:16)

시기심은 혼란스럽게 합니다. 나 자신을 제일 혼란스럽게 하고, 남들도 어렵게 합니다. 가인의 시기심은 아벨을 죽이게도 하지만, 가인 스스로를 죽게 만듭니다. 공동체를 오염시킵니다. 요셉의 형들은 요셉을 시기하다가 분열이 일어났고 가족 공동체를 큰 위기에 빠뜨리고 말았습니다.

창세기 4장 12절을 보면 하나님께서 가인에게 이렇게 말씀하십니다. "네가 밭을 갈아도 땅이 다시는 그 효력을 네게 주지 아니할 것이요, 너는 땅에서 피하며 유리하는 자가 되리라!"

아무리 일을 하고, 아무리 돈을 많이 벌어도 행복하지 않고 만족이 안 됩니다. 자족의 은혜를 알지 못합니다. 2천만 원을 투자해서 천만 원을 벌어 총 3천만 원이 통장에 있는데도, 자꾸 감사가 안 되는 겁니다. 자꾸 나보다 더 많이 번 사람이 있는 것 같아 불안하고 부럽고 욕심이 생겨납니다. 그리고 그런 사람들이 미워집니다. 이렇듯 어느 한 곳에 마음이 정착되지 않고 이리저리 방황하다 보니, 몸도 피곤하고 마음도 지쳐가는 자신을 바라보게 됩니다. 그게 가인의 후예입니다.

넷째, 시기심을 품은 사람들은 두려움도 커져갑니다. 하나님의 심판이 선포되자 가인은 두려워하기 시작했습니다. 누군가 자신을 죽일 것 같은 불안함에 두려워졌습니다. 당시 사람들이 왜 가인을 죽이겠습니까. 그가 무슨 짓을 했는지도 몰랐을 텐데요. 오늘날처럼 뉴스가 있는 것도 아니고 인터넷으로 소식을 나르던 시대도 아닌데, 왜 사람들이 멀쩡한 가인을 죽이겠습니까? 그런데도 가인은 불안합니다. 자기가 악한 사람이니까 남도 악한 사람이라고 판단하는 것입니다. 자기가 시기심이 많으니 남들도 자기처럼 시기하며 사는 줄 압니다. 착각이지요.

나와 그가 다른데도 불구하고 가인은 자신의 악함이, 자신의 분노와 시기심이 다른 사람에게도 있다고 생각합니다. 그래서 혹시 그가 나를 죽일지도 모른다는 불안감을 감추지 못합니다. 시기심이 많은 사람들은 늘 불안하게 삽니다. 평안이 없습니다.

마귀는 자꾸만 우리 마음속에, 삐뚤어지게 하는 시기심이란 독초를 심어 놓습니다. 이것을 내 안에서 키우면 우리는 그것으로 끝납니다. 하나님의 축복에서 멀어지지요. 오히려 우리는 성령님을 의지하며 이 옳지 못한 본능과 싸워야 합니다. 하나님을 배척하려고 하는 본능을 꼭 배척해야만 합니다.

다섯째, 시기심을 품은 사람들은 미래가 막힙니다.

창세기 4장을 읽어보면 가인의 후손들 사이에는 일부다처제가 생겨났고, 약육강식의 시대가 열려 서로를 죽이는 살인이 이어졌으며, 결국 하나님께서는 장자이지만 시기심 많은 가인을 버리십니다. 사랑의 하나님께서 포기하신 사람이 바로 가인입니다.

가인과 아벨, 두 사람뿐이었습니다. 그런데 가인이 아벨을 죽였고, 이제 더 이상 남은 사람은 없습니다. 하나님께서 복을 주셔야 하고 관심과 사랑을 부어 주셔야 하는 사람은 오직 가인뿐이었습니다. 그런데 가인이 자기 사랑에, 이생의 자랑에, 인정 욕구에 빠지고 시기심, 자존심, 열등감 때문에 분노하여 살인하고 불행을 이어가자 하나님께서는 전혀 다른 제3의 길을 모색하십니다. 아담과 하와 사이에서 '셋'이라는 아들을 낳게 하시고 그를 통해서 인류를 이어가신 것입니다.

시기심으로 인해, 박수 쳐야 할 때 박수 치지 못해서 가인은 그렇게 못난이의 삶을 마감합니다. 약속을 유업으로 받았지만 그 약속이 거두어지는 비참한 삶을 살아갑니다. 참으로 아쉽고, 닮고 싶지 않은 사람입니다.

오늘도 가인의 후예들이 있습니다. 마귀가 뿌려 놓은 시기심의 씨를 가꾸는 사람들이 많습니다. 우리는 기억해야 합니다. 사울 왕의 이기심 때문에 사울 왕만 죽은 것이 아닙니다. 그의 아들 요나단과 그의 가문 전체가 무너져 내렸습니다.

시기심을 없애는 방법

그렇다면 이 시기심을 어떻게 없앨 수 있을까요? 나의 힘으로는 어림도 없습니다. 성령님을 의지해야 합니다.

첫째, 그 마음에 하나님을 모셔야 합니다. 하나님이 나의 주인이 되셔서 그 말씀이 나를 지배하도록, 나를 부인해야 합니다.

28또한 그들이 마음에 하나님 두기를 싫어하매 하나님께서 그들을 그 상실한 마음대로 내버려 두사 합당하지 못한 일을 하게 하셨으니 29곧 모든 불의, 추악, 탐욕, 악의가 가득한 자요 시기, 살인, 분쟁, 사기, 악독이 가득한 자요 수군수군하는 자요 ³⁰비방하는 자요 하나님께서 미워하시는 자요 능욕하는 자요 교만한 자요 자랑하는 자요 악을 도모하는 자요 부모를 거역하는 자요 ³¹우매한 자요 배약하는 자요 무정한 자요 무자비한 자라 ³²그들이 이 같은 일을 행하는 자는 사형에 해당한다고 하나님께서 정하심을 알고도 자기들만 행할 뿐 아니라 또한 그런 일을 행하는 자들을 옳다 하느니라 (롬 1:28~32)

왜 이런 죄들이 생긴 걸까요? 그 마음에 하나님 두기를 싫어하기 때문입니다. 그 마음에 하나님의 말씀이 자리 잡을 공간을 두지 않기 때문입니다. 내가 제일이고, 내가 가장 중요하고, 내 몸이 편해야 하고, 내 생각대로 움직여져야 하는 겁니다. 그래서 하나님이 들어오실 자리가 없습니다. 이제는 나를 치우고 하나님을 내 마음의 주인으로 모셔야 합니다.

하나님의 말씀이 나를 지배할 때 시기심이 없어지는 것이지 내 능력으로 안 됨을 알아야 합니다. 그 말씀이 나를 지배해가도록 나를 부인할 줄 알아야 합니다. 자기 충족이 아니라 자기 부인이 하나님을 모시는 비법입니다. 그 사람을 사랑하라고 하시면 "예, 아멘!", 그 사람을 용서하라고 하시면 "예, 아멘!", 그 사람과 친해지라고 하시면 "예, 아멘!" 하는 것입니다. 여기에 행복이 있습니다.

시기심을 없애는 두 번째 방법은 '감사하는 것'입니다.

¹⁶항상 기뻐하라 ¹⁷쉬지 말고 기도하라 ¹⁸범사에 감사하라 이것이 그리스도 예수 안에서 너희를 향하신 하나님의 뜻이니라 (살전 5:16~18)

많이 감사하는 사람은 시기심이 자리 잡을 틈이 없습니다. 감사는 마귀가 뿌리는 모든 독초를 죽이는 명약입니다. 시기심이 많은 사람들은 기분에 좌우되며, 기분이 나의 태도가 되어 나도 힘들고 남도 힘들게 합니다. 특히 주변 가족들이 우울해지고, 웃음이 사라집니다.

주님은 말씀하십니다. "기분에 따라 기뻐하지 말고 항상 기뻐하라! 네 욕심을 채우려고 기도하지 말고 쉬지 말고 하나님의 영광을 위하여, 이웃 사랑을 위하여 기도하라! 그리고 꼭 감사하라!"

다시 말하지만, 감사는 마귀가 뿌리는 모든 독초의 씨를 제거하는 만병통치약입니다.

가인은 정말 닮고 싶지 않은 사람입니다. 시기심 때문에 불안하게, 불행하게, 두려워하며 살면서도 회개하지 않고 계속 시기만 하던 사람입니다. 결국 나도 죽고 남도 힘들게 하고 자녀들의 앞길까지 막은 못된 사람입니다.

시기심은 나를 하나님 나라에서 멀어지게 하고, 내가 속한 공동체를 혼란스럽게 하고, 악을 이어가게 하고, 회개의 기회도 막아버립니다. 이 시기심을 없애려면 내가 내 삶의 주인이어서는 안 되고, 자기를 부인하며 예수님의 말씀이 내 주인이 되어야 합니다.

무엇보다 감사하는 사람은 마귀가 뿌리는 시기심이란 독초 씨가 자라지 않습니다. 시기심은 나도 죽고 남도 죽이고 자손들의 길도 막아버리는 마귀의 독초입니다. 하나님을 마음에 모시고 범사에 감사하며 시기심의 씨를 말려버리는 지혜로운 사람들이 되기를 바랍니다.

제4장

구원의 감격으로
헌신했던
루디아

선지자로 세워졌지만
교만했던
미리암

루디아 따라가기

바울과 루디아의 첫 만남

바울이 왕성하게 활동하던 때는 45년경이었습니다. 그때는 세계의 중심이 로마였고, 로마가 세계의 맹주 역할을 하면서 많은 정복 국가들을 거느리고 있던 시기였습니다. 위치적으로도 이탈리아가 지중해의 북쪽이라 지중해를 중심으로 전도가 이뤄졌습니다. 지중해의 오른쪽은 아시아였고 위쪽은 유럽이었는데, 바울은 특히 아시아에 관심이 많았습니다. 아시아에는 이스라엘이 있었고, 베드로가 목회하는 예루살렘교회가 그 중심에 있었습니다.

어느 날, 바울은 전도하기 수월할 것 같은 아시아에서 복음을 전하기로 마음먹고 밤에 기도하던 중 환상을 보았습니다. 꿈은 아닌데 생생한 장면이 보였습니다. 유럽 사람! 그 백인이 서서 바울을 부르며 이곳에 와서 우리를 도와달라고 하는 모습이었습니다.

당시 바울은 드로아라는 도시에 있습니다. 드로아는 지중해의 북쪽에 있는 에게해의 동쪽 도시입니다. 아시아에 속해 있는 도시, 지금의 튀르키예에 있는 도시입니다. 아시아 땅에서 기도를 하는데 유럽 사람이 나타나 "나를 도와주세요"라고 한 것입니다.

기도를 마친 후에 바울은 결심을 합니다. '아, 이 환상이 보이는 것을 보니 하나님께서 우리의 발걸음을 아시아가 아니라 유럽으로 인도하고 계시는구나.' 바울은 하나님의 뜻이, 아시아로 가서 이스라엘, 레바논, 중동을 지나 인도로 가는 것을 원하지 않으시고 유럽으로 가기를 원하신다고 믿게 되었습니다.

이에 대해 성경은 이렇게 표현합니다.

[10]바울이 그 환상을 보았을 때 우리가 곧 마게도냐로 떠나기를 힘쓰니 이는 하나님이 저 사람들에게 복음을 전하라고 우리를 부르신 줄로 인정함이러라 (행 16:10)

"인정함이러라" 이는 대단히 중요한 단어입니다. 환상을 본 후에 그 내용을 하나님의 계시로 인정하고 행동했다는 것입니다. 그래서 그는 지중해의 서북쪽인 유럽으로 방향을 정하고 향합니다. 지중해라는 바다는 북쪽으로 유럽에 맞닿아 있는데, 지중해 중에서도 유럽에 해당하는 그리스와 아시아에 해당하는 튀르키예 사이에 있는 바다를 '에게해'라고 부릅니다. 이 에게해의 서북쪽에 위치한 도시가 바로 빌립보이고, 이 에게해의 오른쪽에 있는 도시가 드로아입니다. 그래서 바울 일행은 드로아에서 배를 타고 유럽으로 건너갔는데, 그 유럽의 첫 도시가 바로 빌립보였습니다. 당시 이 빌립보는 로마의 식민지였고, 유대인들도 살고 있었으며, 예수님을 믿는 이들이 간혹 있었습니다.

안식일이 되어 바울 일행이 예배를 드리려고 회당을 찾았지만 회당이 없었습니다. 유대인들은 남자 10명 이상이 모이면 무조건 회당으로 쓸 장소를 구하고 회당 중심의 삶을 사는데, 그때까지 빌립보에는 유대인 남자들이 거의 없었다는 이야기입니다.

회당이 없어서 강가로 나가 예배를 드리려고 하는데, 그곳에서 어떤 여자들을 만나게 됩니다. 그들도 예배를 드리기 위해 그곳에 나와 있던 것입니다. 바울 일행이 예배를 드리니까 그 여자들도 함께 예배를 드리게 되었습니다. 모두 한 하나님 아버지의 자녀들입니다. 그들 중에는 하나님의 말씀을 자세히 풀어서 설명해 줄 수 있는 사람이 없었습니다. 바울의 인도로 예배가 드려졌고 다 마쳤을 때 거기에 있던 사람 중에 '루디아'라는 여인이 마음을 열고 이야기를 시작합니다.

"목사님, 저는 오늘 큰 은혜를 받았습니다. 그동안 흐릿하게 알았던 것들에 대하여 명확해진 부분이 있고, 하나님 나라에 들어가는 것이 내 혈통이나 내 행위가 아니라 믿음으로 구원받음이란 사실이 믿어졌습니다. 오직 예수님을 통해서만 천국의 길이 열린다는 것도 믿어지고, 이 땅에서의 행복이나 사명 역시 내 능력이 아니라 성령님의 도우심 속에 이루어져 간다는 것도 알게 되었습니다. 그래서 부탁을 드리고 싶습니다. 여기서 하셨던 그 말씀을 우리 집에 가서서 한 번 더 해주셨으면 좋겠습니다. 저뿐만이 아니라 제 가족들도 다 구원받고 천국에 가기를 원합니다.

그 길로 바울 일행은 루디아의 집으로 갔습니다. 그리고 그곳에서 예배를 다시 드렸고, 말씀을 들은 그의 가족들이 예수님을 내 인생의 주인으로 모시겠다며 결단하게 되었습니다. 그러자 바울은 망설임 없이 세례를 베풀었고, 그의 온 가족이 하나님과 사람들 앞에서 이제 예수님을 내 인생의 주인으로 모시고 살겠다는 결심을 하게 됩니다.

구원의 기쁨을 알고, 이 땅이 끝이 아님을 알게 된 루디아는 기쁨이 충만해졌습니다. 그래서 바울과 그 일행에게 이야기합니다. "나도 이제 예수를 믿는 사람이니 바울 목사님의 아버지와 나의 아버지가 같습니다. 우리는 다 하나님의 자녀들입니다. 그러니 어색해하지 마시고 우리 집에서 묵으십시오. 나그네 신분이고 경제적으로도 넉넉하지 않아 보이는데, 우리의 도움이 필요하실 것 같습니다. 그러니 사양하지 마시고 이곳에 계실 동안에는 저희 집에서 머무시는 것이 좋겠습니다."

바울 일행은 감사하기도 했지만 약간은 당황스러웠습니다. 처음 만나 잘 알지도 못하는 사람의 집에서 머무는 것이 조심스럽기도 했습니다. 그래서 망설이는데, 루디아가 다시 한번 강권합니다. "목사님 일행을 모시는 것이 저희에게 복이 되고 하나님께서 기뻐하실 일이라 생각되니 사양하지 마시고 꼭 제 집에서 묵으세요."

결국 루디아의 강권에 못 이겨 바울 일행은 그녀의 집에서 머물렀습니다. 그러자, 이렇게 훌륭한 목사님이 우리 동네에 오셨다며 사람들이 찾아와 성경을 배우고 기도회도 가졌습니다. 부흥회가 열렸고, 먹을 것을 싸 와서 나누며 사랑의 공동체도 만들어졌습니다. 초대교회 중에서 에게해를 중심으로 아주 크게 번성했던 교회인 빌립보교회는 그렇게 생기게 됩니다.

우리는 '빌립보서'라는 신약 성경 속에 있는 편지를 기억하면서 빌립보라는 도시를 떠올리기도 하는데, 그 빌립보교회를 자기 집에 처음 세웠던 루디아를 기억하는 사람은 거의 없습니다. 루디아는 어떤 사람이었을까요?

구원의 확신을 가진 사람

루디아는 구원의 확신을 가진 사람이었습니다. 유추해 보면, 그는 하나님을 믿는 사람이었습니다. 그분의 살아계심과 역사하심을 믿는 사람이었습니다. 비록 나라는 망하고 식민국가로서 로마 사람들의 눈치를 보며 살아도, 여전히 하나님께서 나를 사랑하고 계심을 의심하지 않은 사람입니다. 그는 구약에 약속된 구원자를 기다리던 사람이었고, 예배 중심의 사람이었습니다. 어쩌면 행위구원론자였을 수도 있습니다. 예배를 잘 드려야 구원받고, 예물을 잘 드려야 축복받는다는 생각이 있었을 수도 있습니다. 그래서 빌립보 성에 살면서 예배를 드리기 위해 강가로 나아갔는지도 모릅니다.

행위구원론, 혈통구원론을 주장하는 사람들은 늘 불안함이 있습니다. 구원의 확신이 약합니다. 우리 중에도 모태신앙인들, 어려서부터 교회생활을 해온 사람들은 의외로 구원의 확신이 정확하지 않은 경우를 종종 보게 됩니다. 과거 구원파라거나 신천지라거나 하는 이단들이 득세하는 원인 중 하나는, 교회는 오래 다녔지만 구원의 확신이 없는 사람들을 집중적으로 공격하기 때문입니다. 이론적인 토대가 없습니다. 천국이나 지옥이 있다는 것에 대한 막연한 생각은 있지만 내가 어떤 경로를 통해서 천국에 가게 될 것인지에 대한 구체적인 설명에 취약한 사람들입니다. 착하면 천국 가고, 교회 잘 다니면 천국 가고 뭐 이런 엉터리들이지요.

이들은 언제 구원을 받았냐고 물어보면 망설입니다. 저도 교회를 다니고 수십 년이 지나서야 이 구원의 확신이 생긴 경험이 있습니다. 왜 우리는 적극적인 신앙생활을 하지 못하고, 망설이고 주저하며 천국과 지옥의 경계선에서 이리저리 흔들릴 수밖에 없을까요? 덕스러운 생활, 하나님 사랑, 이웃 사랑의 삶에 왜 적극적으로 나서지 못할까요?

아직 구원의 확신이 없는 경우가 대부분입니다. 그래서 성경은 우리에게 말씀합니다.

> [5]여러분은 자신이 믿음 안에 있는지 점검하고 자신을 시험해 보십시오. 예수 그리스도께서 여러분 안에 계신다는 사실을 알지 못합니까? 이것을 모르면 여러분은 시험에서 불합격한 사람들입니다. (쉬운 성경_고후 13:5)

스스로 알고 있습니다. 단지 스스로 속이는 것입니다. 구원의 확신도 없으면서 마치 천국 백성인 것처럼 스스로를 속이는 것입니다. 이는 대단히 위험한 일이며, 빨리 해결해야 하는 최우선 과제입니다. 성경은 분명히 강조합니다. 그런 사람들은 천국에 못 들어간다고 말합니다. 교회는 다녔어도 지옥에 갈 거라는 말입니다. 이러한 사람이 혹시 있다면 다시 한

번 기회를 가져야 합니다. 내가 죄인임을 고백하는 기회, 죄를 진정으로 회개하는 기회, 내 죄를 예수님 앞에 고하고 예수님의 사랑과 십자가에서 흘리신 보혈의 피로 내 죄를 다 지워 주심을 믿어야 합니다. 내가 죄인이지만 용서받은 죄인이라는 확신이 있어야 합니다. 내가 지금 죽어도 천국에 간다는 믿음이 없으면 가짜입니다.

루디아는 그날 빌립보 강가에서 바울을 만나 자신의 믿음이 송두리째 흔들리는 경험을 합니다. 자신이 가짜였음을 알았습니다. 자신이 천국 백성이 아님을 알게 되었습니다. 그렇지만 이제 내가 예수님의 사랑 안에 하나님의 자녀가 되고 천국 백성이 되었다는 믿음이 생겼습니다. 이것을 구원의 감격, 구원의 확신, 구원의 기쁨이라고 표현합니다.

다른 것은 몰라도 구원에 대하여 자신이 있었습니다. 그러자 가족 중에 지옥 갈 사람들이 보였습니다. '아! 우리 어머니, 우리 언니가 지옥에 가겠구나.' 절대로 안 될 일이었습니다. 그래서 그는 염치불고하고 바울을 붙잡고 매달립니다. "우리 집에 가서서 우리 가족들에게도 구원의 말씀을 전해 주시고 천국 갈 수 있도록 세례를 베풀어 주십시오!"

여기에 구원받은 사람의 삶이 있습니다. 그는 구원의 확신이 있었던 사람이었고, 그 결과로 영혼 구원에 대한 열정이 생겨난 사람입니다. 참 부럽습니다.

저도 처음 구원의 확신을 가진 후에 지하철이나 버스를 타면, 거기에 있는 사람들이 다 지옥에 가면 어쩌나 걱정되었던 적이 있습니다. 은행에 가도 기다리는 사람들을 보면서 걱정이 되었습니다. 그렇다고 그 자리에서 예수 믿으라고, 아니면 지옥 간다고 외칠 수도 없었습니다. 내용도 중요하지만 방법이 잘못되면 오히려 욕을 먹고 비난의 대상이 되기 때문입니다.

오늘날 우리에게 전도에 대한 열정이 왜 안 일어날까요? 내 구원의 확신이 흔들리기 때문입니다. 전도하는 것이 왜 창피할까요? 내 구원의 확신이 흔들리기 때문입니다. 적어도 루디아는 이 '구원의 확신'이 있었습니다. 그러니까 망설임 없이 주변에 있는 사람들에게 하나님의 말씀을 전하고 천국을 전하는 자가 된 것입니다.

헌신의 사람, 루디아

구원의 확신이 생기면 왠지 헌신하고 싶어집니다. 내 것이 없어지고 내 몸과 마음과 예물과 솜씨를 드려서 누군가를 섬기고 싶어집니다. 하나님 나라에 가서 받을 상급도 생각하게 되고, 손해를 보더라도 착하게 살고 싶어집니다. 이 땅이 끝이 아님을 알기 때문입니다.

교회를 오래 다녀도 왜 헌신이 안 되고, 게을러지는 걸까요? 구원받지 못했기 때문입니다. 구원의 확신이 없는 것이지요. 이 믿음이 생기지 않으면 헌신은 불가능합니다. 스스로 자아실현의 욕구를 실현하기 위해, 자랑하기 위해, 자기만족을 위해 한두 번 좋은 일을 할 수는 있습니다. 스님이나 신부神父나 목사 중에서도 몇몇 이들은 술에, 여자에 흥청거리다가 뉴스에 나오곤 합니다. 왜일까요? 사람은 스스로 아무리 도를 닦고 수련해도 넘지 못하는 벽이 있습니다. 그것은 바로 죄의 본능, 우리의 힘으로는 이길 수 없는 마귀의 유혹입니다. 쉽지 않습니다.

그런데 구원의 확신이 생기면 성령님을 늘 의지하게 되고 도움을 구하며 천사의 보호를 받음으로써 바른 삶을 추구하게 됩니다. 말씀이 믿어지니 헌신이 자연스럽고, 또 일순간이 아니라 지속성을 띠게 됩니다. 이것이 가장 중요합니다. 한 번의 헌신이 아니라 꾸준한 헌신!

요한계시록에 보면 에베소교회를 향한 하나님의 책망과 서머나교회를 향한 칭찬이 대비되어 나옵니다. 에베소교회를 향한 질책의 내용은 바로 첫사랑을 버렸다는 것입니다. 처음에는 잘할 수 있습니다. 그런데 지속성이 없는 것, 바로 이게 구원의 확신이 없다는 증거들입니다.

⁴그러나 너를 책망할 것이 있나니 너의 처음 사랑을 버렸느니라 (계 2:4)

반면 서머나교회를 향하여는 이런 말씀을 주십니다.

¹⁰너는 장차 받을 고난을 두려워하지 말라 볼지어다 마귀가 장차 너희 가운데에서 몇 사람을 옥에 던져 시험을 받게 하리니 너희가 십 일 동안 환난을 받으리라 네가 죽도록 충성하라 그리하면 내가 생명의 관을 네게 주리라 (계 2:10)

언제까지 헌신해야 하나요? '죽을 때까지'라고 합니다. 참 부담스럽지만 정곡을 찌르는 말씀입니다. 한두 번이 아니라 지속적으로 헌신하고 충성하는 삶, 그것이 흔들리지 않는 구원의 확신을 가진 사람들의 삶일 것입니다.

하나님께서는 이런 사람들에게 다음과 같이 약속하였습니다.

²¹이기는 그에게는 내가 내 보좌에 함께 앉게 하여 주기를 내가 이기고 아버지 보좌에 함께 앉은 것과 같이 하리라 (계 3:21)

또 하나님께서는 구원의 확신을 가지고 끝까지 헌신하는 자들에게 다음과 같이 약속하였습니다.

¹⁶그들이 다시는 주리지도 아니하며 목마르지도 아니하고 해나 아무 뜨거운 기운에 상하지도 아니하리니 ¹⁷이는 보좌 가운데에 계신 어린 양이 그들의 목자가 되사 생명수 샘으로 인도하시고 하나님께서 그들의 눈에서 모든 눈물을 씻어 주실 것임이라 (계 7:16~17)

축복입니다. 감격이지요. 내가 헌신할 수 있다는 것 자체가 구원의 확신이 있다는 증거인 셈입니다. 했다가 안 했다가, 그건 안 됩니다. 그건 가짜입니다.

루디아는 헬라어로 '생산'이라는 뜻을 가지고 있습니다. 그녀는 두아디라 성의 여인으로 빌립보에 와서 자주 장사를 하고 있었습니다. 어쩌면 '루디아'라는 그녀의 이름은 개인의 이름이 아닐 수도 있습니다. 당시 고대 루디아 왕국의 영토였던 그 지방에 살던 사람들을 다 '루디아'라고 불렀기에, 루디아에서 온 여인이란 뜻으로 그렇게 불렸을지도 모릅니다. 우리나라로 하면 '철원댁' '화천댁' '영월댁' 같은 것입니다.

‘루디아’가 살던 두아디라는 소아시아의 서쪽, 고대 루디아의 북부 지방에 있었던 성읍입니다. 이 지역은 버가모의 동남쪽 약 60km 지점, 헤르무스강의 지류인 루키스 강의 북방에 펼쳐져 있는 기름진 평야 지역으로 버가모와는 간선 도로로 연결되어 있었습니다. 이 도로를 타고 옷감 장사를 하던 사람이 ‘루디아’입니다. 당시 두아디라는 루디아 왕국 전체가 그런 것처럼 염색으로 유명하였습니다. 그래서 ‘루디아’도 이러한 직업에 종사하게 되었던 것 같습니다.

　자주색 물감은 두아디라 호수에 있는 조개에서 나오는 투명하고 하얀 분비물인데, 조개 한 마리의 입에서 한 방울의 물감을 얻을 수 있었다고 합니다. 이러한 분비물이 일단 햇볕에 노출되면 진홍빛으로 변하는 강한 염료가 되기 때문에 옷감에 영구히 물들일 수가 있었습니다. 당시로서는 파격적인 기술과 재료였습니다. 그래서 옷감 장사도 잘 되었고, 돈도 많이 벌었습니다.

　아마도 ‘루디아’는 남편이 죽자, 루디아 국경 근처에 있는 두아디라의 자기 집을 떠나 유럽의 마게도니아에 있는 빌립보로 이사하였던 것 같습니다. 이 빌리보라는 도시는 마게도니아의 고대 도시로, 유럽에서 가장 먼저 복음이 전해진 곳입니다. ‘루디아’는 이곳에서 염색업을 했으며, 아직 완전히 유대교로 개종하지는 않았지만 유대인들과 함께 예배를 드리던 이방인 여인이었습니다.

　이 믿음의 사람 ‘루디아’의 위대함은 구원의 확신을 얻게 된 후에 선교를 위해서 자신의 집을 교회가 되게 하였다는 것에 있습니다. 집을 교회로, 예배의 장소로, 교인들의 모임방으로 내놓는 것, 가능한 사람이 얼마나 될까요? 오직 하나님의 선하신 구원의 사역을 위해 자신의 개인 생활을 포기한 사람만이 할 수 있을 겁니다. 성경은 이렇게 표현합니다.

> [13]우리는 안식일에 기도처가 있을 만한 곳을 찾아 성문 밖 강가로 갔습니다. 우리는 그곳에 앉아, 모여든 여자들에게 말하기 시작하였습니다. [14]그 여자들 중에 두아디라라는 도시에서 온 루디아라는 여자가 있었습니다. 루디아는 자주색 옷감 장수였으며, 하나님을 섬기는 사람이었습니다. 루디아가 바울의 말을 귀담아 들을 수 있도록 주님께서 그녀의 마음을 여셨습니다. [15]루디아와 그 집안 식구들이 다 세례를 받았습니다. 그리고 루디아는 "제가 참으로 주님을 믿는 사람이라고 생각하신다면, 저희 집에 오셔서 머물러 주십시오"라고 간청하면서 우리를 자기 집으로 데리고 갔습니다. (쉬운성경_ 행 16:13~15)

또한 바울과 실라가 빌립보에서 전도하다가 오해가 생겨 감옥에 갇혔다가 풀려났을 때도, 루디아의 집으로 제일 먼저 갔습니다. 그곳이 바로 교회로 사용되고 있었기 때문입니다.

> [40]감옥에서 나온 바울과 실라는 루디아의 집으로 갔습니다. 그들은 거기서 신자들을 만나 격려하고 그곳을 떠났습니다. (쉬운성경_ 행 16:40)

자신의 집을 교회로 내어 준 헌신의 사람들

성경에 보면 많은 헌신의 일꾼들이 나오는데 그들 중의 최고는 자신의 집을 교회로 내어 준 사람들이 아닐까 싶습니다.

예루살렘에서 교회가 처음 시작될 때 그곳에는 자신이 집을 교인들의 모임 장소로 내어 준 '마리아'가 있었습니다. 마가의 어머니 마리아, 그녀는 자신의 집을 통째 교회로 쓸 수 있도록 헌신했습니다.

에베소에 교회가 세워질 때는 '브리스길라와 아굴라 부부'가 자신의 집을 교회로 내놓았습니다.

> [19]아시아의 교회들이 너희에게 문안하고 아굴라와 브리스가와 그 집에 있는 교회가 주 안에서 너희에게 간절히 문안하고 (고전 16:19)

라오디게아에 교회가 세워질 때도 '눔바'라는 여자 집사님의 헌신이 있었습니다. 그도 자신의 집을 목사님과 교인들의 쉼을 위해 내어놓았고, 예배 처소로 내어놓았습니다.

> [15]라오디게아에 있는 형제들과 눔바와 그 여자의 집에 있는 교회에 문안하고 (골 4:15)

골로새라는 도시에 교회가 세워질 때는 부유한 장로님이셨던 '빌레몬'의 헌신이 있었습니다. 또한 그의 아내 '압비아'와 그의 아들 '아킵보'의 헌신이 있었습니다.

> [1]그리스도 예수를 위하여 갇힌 자 된 바울과 및 형제 디모데는 우리의 사랑을
> 받는 자요 동역자인 빌레몬과 [2]자매 압비아와 우리와 함께 병사 된 아킵보와 네
> 집에 있는 교회에 편지하노니 (몬 1:1~2)

우리나라도 이렇게 헌신하는 자들이 있었습니다. 지금 이름만 대면 알만한 큰 교회들의 시작이 어떤 평범한 분들의 절대적인 헌신에 의해서 시작되었다는 것을 아시나요?

부산에서 제일 큰 수영로교회는 1975년에 그 당시 교회 건물이 지어지지 않아 정필도 목사님 중심으로 목재소 건물의 한 편을 빌려서 두 가정과 한 분의 전도사님과 함께 예배를 드리기 시작한 교회입니다.

서울 신사동에 있는 소망교회는 1977년에 현대아파트 11동 1101호 집에서 11명의 성도들이 곽선희 목사님 중심으로 모여 시작한 교회입니다. 새벽기도도, 수요예배도, 주일예배도 그 집에서 하였습니다. 교인이라야 총 11명이었지요. 30평대 아파트를 교회로 내놓았는데, 그 집주인은 얼마나 힘들었겠습니까?

여의도 순복음교회는 1958년에 조용기 전도사님과 최자실 전도사님이 순복음신학교를 졸업하면서 대조동에서 천막을 치고 시작한 교회입니다. 5명이 시작한 교회이지요.

교회와 집이 하나라는 것은 목사의 입장에서는 참 불편한 현실입니다. 돈이 없으니까 어쩔 수 없이 선택하는 경우가 대부분입니다. 저는 개척 초

기에는 집과 교회가 따로 있었습니다. 1993년 4월에 태어난 지 6개월 된 딸아이와 아내와 함께 상가 지하에서 교회를 시작했는데, 아주 작은 상가 주택 2층이었지만 교회하고 떨어져 있었습니다. 걸어서 10분 안쪽 거리에 전세를 얻어 살면서 목회를 시작했습니다. 하루에도 몇 번씩 왔다 갔다 해야 하는 게 힘들어서 교회와 2~3분 거리의 더 가까운 곳으로 이사하게 되었습니다. 그곳에서 둘째 아이가 태어났고, 교회가 점점 나아지면서 다시 이사를 하였습니다. 가락동 지하에 교회를 얻고 전셋집도 얻었는데, 다시 교회를 이사하게 되어 건물 3층에 70여 평 교회를 얻었습니다.

2001년경에 교인들이 늘면서 4층을 또 얻어야 할 상황이 되었는데 당시 돈이 없어서, 전셋집을 빼서 다 헌금하고 교회 4층에 칸을 막아서 살기 시작했습니다. 그러니까 예배당은 3층, 제 사무실도 3층, 주방과 식당겸 교육관은 4층이고, 저희 집을 4층 한구석에 방 두 칸으로 꾸몄습니다. 한 칸은 제가 책을 볼 수 있는 공간이었고, 나머지 한 칸에는 가족이 다 함께 잠을 자고 아이들이 공부할 수 있는 자그마한 앉은뱅이책상을 놓았습니다. 식탁이나 주방은 없었기에 교회 주방을 같이 써야 했습니다. 살림살이도 따로 없어 교회 수저, 젓가락, 식기를 그냥 썼고, 상에 김치 깍두기만 놓고 방으로 들고가서 먹다가, 나중에는 교회 주방에서 그냥 냉장고에서 반찬을 꺼내 상을 펴고 교육관 바닥에 앉아서 식사하곤 했습니다. 집 안에 화장실도 물론 없었습니다. 집이 아니라 칸을 막아서 사는 것이니 공용화장실을 사용했습니다. 4층 계단 옆에 붙은 화장실에 가야 하는데, 지나가던 사람들이나 교회에 오신 분들과 마주칠까 봐 꼭 옷을 입고 가야 했습니다. 늦은 시간에 교인들이 오셔서 주방을 쓰시거나 교육관에서 행사가 있는 날이면, 정리해 놓고 자야 했기에 그분들이 집에 가실 때까지 잠을 잘 수도 없었습니다. 시도 때도 없이 사람들이 들락거리니, 4층 철문을 잠그지도 못한 채, 늘 열려 있는 상태로 자야 했습니다. 어느 날은 새벽기도를 하러 방문을 열고 나왔는데, 누가 4층에 앉아 있어 정말 깜짝 놀랐습니다. 어떻게 오셨냐고 물었더니, 잠잘 곳이 없어 들어왔다며 한숨 자고 가겠답니다. 정말 별일이 많았습니다. 거지들이 많이 올 때는 일주일이면 거의 100명 이상이 1000원이라도 달라고 왔었습니다.

저희들만의 공간이 없으니 늘 열려 있어야 했고 지저분했었지요. 주일 저녁이면 우리 아이들이 참 많이도 울었습니다. 자기 공간이 없으니까 주일 예배를 드리러 온 아이들이 교육관에 왔다가 방에 들어와서는 낙서해 놓고, 찢어 놓고, 부숴 놓고 가면 아이들이 속상해서 그렇게 울었습니다. 그렇지만 어쩌겠습니까. 가난한 목사가 사는 것이 다 그렇지요. 아이들은 무능력한 아빠를 만난 덕에 자기 공간, 자기 책상, 자기 의자 하나 없이 살았습니다. 아내는 또 어땠겠습니까. 지금의 교회 건물을 짓고도 그 4층 구석방에서 아내와 7년을 살았습니다. 4층에 식당이 없으니 3층에 내려와서 밥을 담고 상에 김치 놓아서 4층으로 가지고 올라와 먹고, 다시 상을 들고 내려가고. 우리는 당연한 듯 살았는데, 한번은 외국에서 오신 목사님이 놀라시면서, 이건 사람 사는 게 아니라고 하셨습니다. 당장 4층에 주방을 만들고 식탁을 놓고 밥을 먹어야지 이게 뭐하는 짓이냐고, 없어도 이렇게 사는 것은 아니라고 하셨습니다.

교회와 집이 같다 보니 이처럼 옷 입는 것도, 먹는 것도, 말하는 것도, 손님을 초대하는 것도 모두 다 어려웠던 기억이 있습니다. 만약, 여러분의 집에 교회를 개척해야 한다면 어떻게 하시겠습니까? 새벽기도를 해야 합니다. 새벽기도가 5시면, 집주인은 4시 30분에는 일어나서 치우고 예배드릴 수 있게 거실을 깨끗하게 만들어 놓고 기다려야 됩니다. 혹시 예배 후에 기도가 좀 길어지시는 분들이 계시면 6시고 7시고 기다려야 됩니다. 배고픈 사람들, 출근해야 하는 분들 위해서 매일 아침을 제공해야 할 수도 있습니다. 수요예배가 있는 날 저녁에는 식사를 제공해야 하고, 예배 후에 몇 안 되는 교인들과 같이 이야기하다 보면 밤 11시가 될 수도 있습니다. 주일은 아이들이 와서 떠들고, 부서지고, 깨지고, 낙서가 되어 있을 수도 있습니다. 하루도 피곤하지 않은 날이 없습니다. 자, 가능하시겠습니까?

루디아가 왜 존경받는 사람인지 아십니까? 바로 이 일을 처음 시작한 사람이기 때문입니다. 그는 사업가였습니다. 여유 있게 살 수 있었습니다. 그런데도 나만의 공간, 나만의 시간, 이 모든 것을 다 포기한 것입니다. 천국이 보이니까 그까짓 것이 별게 아님을 알았기 때문입니다. 한 번쯤 생각해 보십시오. '우리 집에서 매일 예배를 드릴 일이 생긴다면 어떨까? 매일 교인들이 10여 명씩 왔다 갔다 하면 어떨까? 사랑으로 감당할 수 있을까?' 그래서 루디아가 더 위대해 보입니다.

교회가 부흥하는 비결

사도행전을 보면, 그 당시 교회는 두 가지 형태로 이루어진 것을 알 수 있습니다. 하나는 마가의 집이나 루디아의 집에서 모인 것 같은 가정교회의 모습이고, 또 다른 하나는 오늘날의 교회와 같은 건물 있는 교회의 모습입니다. 그런데 이 두 교회 중에 더 오래 지속된 교회는 가정교회였습니다. 헌신하는 사람들을 통해서 이루어진 가정교회, 예루살렘교회는 마가의 다락방에서, 라오디아교회는 눔바 집사님의 집에서, 골로새교회는 빌레몬의 집에서, 빌립보교회는 루디아의 집에서 시작되었습니다. 이런 헌신하는 사람들 덕분에 하나님의 일이 진행되고 있음을 기억해야 합니다.

오늘날에도 중국은 기독교를 핍박하고 있고, 모택동 시절에는 모든 교회들이 철저히 폐쇄되었고 선교사들은 모두 강제로 추방당했었습니다. 그래서 대부분의 사람들은 '중국의 기독교는 끝났다'라고 생각했습니다. 그러나 모택동이 죽고 다시 중국이 개방되었을 때, 기독교인은 없어진 것이 아니라 지하 가정교회를 통해 더욱 크게 부흥되어 있었습니다. 그 당시 3백만 명 정도의 교인이 최소 5천만 명에서 최대 8천만 명으로 증가해 있었습니다. 어떻게 이런 일이 가능했을까요? 처소교회 또는 지하교회라고 하는 가정교회가 있었기 때문입니다. 비록 성경책도 없고 교역자도 없었지만 한 가정 혹은 두세 가정이 모여 기도하고 찬송하고 예배를 드렸습니다. 그 가정을 제공한 사람은 또 얼마나 힘들었겠습니까?

이런 일은 아프리카의 에티오피아에서도 일어났습니다. 미국 선교사님들이 에티오피아에서 교회를 개척한 지 오래지 않아 에티오피아의 교인들은 5천 명까지 성장했습니다. 그러나 에티오피아에 정치적인 위기가 왔습니다. 공산주의자들이 나라 전체를 장악한 것입니다. 뒤이어 교회에 대한 핍박이 시작되었습니다. 어쩔 수 없이 선교사들은 모든 일을 내려놓고 본

국으로 돌아가야만 했습니다. 교회 건물은 압수당하고 지도자들은 투옥되었으며, 교인들 간에도 접촉이 금지되었습니다. 자연스레 교인들은 모두 지하로 숨어들었고 10년이나 감시를 받아야 했습니다. 그러나 정치적 혁명으로 공산주의가 무너지고 드디어 에티오피아에 자유가 찾아왔습니다. 그 후 교회에 남아 있던 지도자들이 예전의 교인들을 다 모았습니다. 그런데 놀라운 것은 십여 년 전에 5천 명으로 끝났던 교회가 자그마치 5만 명으로 폭발적인 부흥이 일어난 것입니다.

그동안 공식적인 집회도 없었고, 성경도 목회자도 없이 어떻게 이런 일이 가능했는지 학자들이 연구하기 시작했습니다. 연구 결과 '소그룹'이 그 원인이라는 결론에 이르렀습니다. 나라가 공산화되자 그들은 공식적인 모임을 다 내려놓고 가정으로 들어갔습니다. 5~6명씩 모여 과거 교회에서 훈련받았던 내용들을 기억하고 성령님을 의지하며, 기도하고 서로 격려하며 또 다른 사람을 전도했던 것입니다. 이 소그룹을 위해서는 반드시 누군가의 자발적인 헌신과 구원의 확신을 가진 사람의 희생이 뒤따릅니다.

여기서 우리는 이 마지막 때에 건강한 교회가 되고 또 어떤 환난과 핍박이 와도 계속해서 교회가 부흥하는 비결이 무엇인지 깨닫게 됩니다. 그것은 성도들이 가정을 중심으로 해서 신앙으로 무장한다면 가능한 일이라는 것입니다. 비대면 시대에 구원의 확신을 가진 사람들이 믿음을 잃어버리지 않고 사랑이 식지 않고 구령의 열정을 피워나갈 수 있는 길은, 헌신한 사람들을 통한 가정예배의 회복이라는 것을 기억할 필요가 있습니다.

두세 가정이 한 가정에 모여 함께 예배를 드립니다. 서로 가져온 음식을 나누며, 식탁 공동체를 유지합니다. 서로가 기도의 동지가 되고, 등을 기댈 수 있는 든든한 버팀목들이 되어 줍니다. 함께 죽고 함께 살려면, 하나님 사랑과 이웃 사랑이 가능하려면, 이 힘든 세상에서 평강과 기쁨과 소망과 행복을 누리려면 헌신하는 누군가가 있어야 합니다.

> [8]내가 또 주의 목소리를 들으니 주께서 이르시되 내가 누구를 보내며 누가 우리를 위하여 갈꼬 하시니 그 때에 내가 이르되 내가 여기 있나이다 나를 보내소서 하였더니 (사 6:8)

> ♪누가 내 뜻 전하리 누굴 보낼까
> 나의 주여 내니이까 주여 나를 보내주소서
> 말씀따라 순종하리다 주의 사랑 널리 전하리
>
> (찬양 _ 주여 내니이까)

사도행전 2장 46절 말씀을 보면 "날마다 마음을 같이하여 성전에 모이기를 힘쓰고 집에서 떡을 떼며 기쁨과 순전한 마음으로 음식을 먹고"라고 했습니다. 초대 예루살렘교회 성도들은 성전에서 모이고 또 각 가정에서 모였습니다. 만남이 어색해지는 시대에 교회가 갈 길입니다. 이것을 시작한 사람이 루디아이고, 그의 헌신 속에 빌립보교회는 든든히 세워져 갔음을 기억해야 합니다.

TV 프로그램 중 〈동물의 왕국〉을 보면, 사자들이 먹이를 사냥할 때 사자들의 출동을 눈치 챈 초식동물인 얼룩말이나 누gnu가 잡혀 먹히지 않기 위해 전력질주를 하는 것을 볼 수 있습니다. 그러나 아무리 힘이 강한 사자라 해도 절대로 초식동물의 무리 속으로 돌진하지는 않습니다. 그들의 뿔에 받히거나 다리에 걷어차여 자칫하면 생명을 잃어버릴 수 있기 때문입니다. 그러므로 사자들은 무리로부터 이탈되어 혼자 된 놈을 집중적으로 공격하여 잡아먹는 것을 볼 수 있습니다. 마찬가지로, 우리 성도들도 신앙의 동지들과 떨어져 혼자될 때가 가장 위험합니다.

마귀는 비대면 시대라는 이름으로 사람들을 흩어 놓으려고 하지만 성령님은 하나 될 것을 강조하고 계십니다. 대그룹은 아니지만 소그룹이라도 모여서 함께 기도하고 함께 고민하고 함께 미래를 계획하는 것은 하나님의 뜻이고, 우리의 갈 길임을 꼭 알아야 합니다.

문제는, 필요성은 느끼지만 루디아처럼 구원의 확신을 가지고 헌신하려는 사람들이 있느냐는 것입니다. 미래 교회의 새로운 모델을 제시한 루디아를 생각합니다. 구원의 확신을 가지고 헌신 속에서 소그룹을 이끌었던 여인, 루디아를 닮고 싶습니다.

미리암 피해 가기

미리암의 등장

어느 날, 애굽 왕 바로가 명령을 내립니다. 앞으로 애굽이라는 이 큰 나라에 히브리 사람들이 강성할 가능성이 있으니, 아이들이 태어나면 태어나자마자 남자 아기들은 죽이고 여자 아기들만 살려서 노예로 살게 하라는 것이었습니다. 마귀는 하나님의 자녀들이 창성하게 될 것을 알고 있습니다. 그래서 믿음 생활을 잘 하려고 하면 수단 방법을 가리지 않고 방해를 합니다. 그렇다고 해서 하나님의 자녀들이 다 죽는 것은 아닙니다. 하나님께서는 지혜롭고 하나님을 두려워할 줄 아는 산파들을 준비하셔서 당신의 자녀들을 보호해 주셨습니다. 성경은 이렇게 기록합니다.

[20]하나님이 그 산파들에게 은혜를 베푸시니 그 백성은 번성하고 매우 강해지니

라 ²¹그 산파들은 하나님을 경외하였으므로 하나님이 그들의 집안을 흥왕하게 하신지라 (출 1:20~21)

결코 망할 수 없고, 결코 패배자의 자리에 설 수 없는 사람들이 하나님의 자녀들입니다. 저는 말씀을 믿습니다.

¹³사람이 감당할 시험 밖에는 너희가 당한 것이 없나니 오직 하나님은 미쁘사 너희가 감당하지 못할 시험 당함을 허락하지 아니하시고 시험 당할 즈음에 또 한 피할 길을 내사 너희로 능히 감당하게 하시느니라 (고전 10:13)

미리암이라는 사람이 성경에 처음으로 등장하는 때는 애굽의 바로 왕이 이스라엘 사람들을 포로로 잡고 학대하던 때입니다. 그러니까 이스라엘 사람들이 노예로 살던 때, 미리암 역시 노예였습니다. 그의 아버지 아므람과 어머니 요게벳은 이스라엘의 12지파 중에 레위 지파 사람들이었고, 레위의 아들들 중에서도 성전의 일을 하던 고핫 자손이었습니다. 미리암 아래로 열 살 이상 차이 나는 두 동생이 있었는데, 첫째 동생이 아론이며 막내 동생이 모세입니다.

애굽 왕 바로가 말도 안 되는 유아 살해 명령을 내리자 임신 중인 어머니 요게벳은 근심이 커져갑니다. 이제 아이가 태어나면 이 아이를 강물에 던져 죽여야 할 상황이 오기 때문입니다. 드디어 아이는 태어났고, 강한 모성애로 아이를 무려 100일이 다 되도록 숨겨서 길렀지만 더 이상 숨길 수가 없었습니다. 아이의 울음소리는 커져갔고, 이웃들 중에는 수상히 여겨 고발하는 사람들이 생겼습니다. 미리암은 엄마와 함께 급하게 갈대 상자를 만들어 갓난아기인 동생 모세를 눕히고 강물에 띄워 보냈습니다.

미리암은 궁금했습니다. '저 갈대 상자를 악어가 물어가지는 않을까? 빠른 물살을 만나 뒤집어지지는 않을까?' 물가로 따라가며 상자를 보고 있는데, 한 무리의 여자들이 강에서 목욕을 하고 있다가 상자를 발견하고는 뚜껑을 열고 있었습니다. 어린 미리암이 가까이 가보니 신분이 높은 사람이었고, 그들이 아이를 바라보고 있었습니다. 바로 왕의 딸 공주가 시녀들과 함께 나와 있던 것입니다. 소문에 따르면, 그 공주는 얼마 전에 아이를 유산한 슬픔에 잠겨 있었다고 합니다.

"어쩌면 이 아이는 히브리 노예로 태어난 사내아이인데 왕의 명령에 따라 강에 던져졌나보다. 왕의 명령을 어기고라도 이 아이를 기르고 싶다."

수군대는 여자들의 소리를 듣던 미리암은 공주에게 다가가 용기 있게 말을 건넵니다.

[7]그의 누이가 바로의 딸에게 이르되 내가 가서 당신을 위하여 히브리 여인 중에서 유모를 불러다가 이 아기에게 젖을 먹이게 하리이까 [8]바로의 딸이 그에게 이르되 가라 하매 그 소녀가 가서 그 아기의 어머니를 불러오니 [9]바로의 딸이 그에게 이르되 이 아기를 데려다가 나를 위하여 젖을 먹이라 내가 그 삯을 주리라 여인이 아기를 데려다가 젖을 먹이더니 [10]그 아기가 자라매 바로의 딸에게로 데려가니 그가 그의 아들이 되니라 그가 그의 이름을 모세라 하여 이르되 이는 내가 그를 물에서 건져내었음이라 하였더라 (출 2:7~10)

처음 성경에 등장하는 미리암은 굉장히 닮고 싶은 사람이었습니다. 동생을 살려내는 지혜로운 어린이였습니다. 모세의 친어머니 요게벳을 공주에게 소개해 주어 자기가 낳은 아들에게 젖을 먹이면서 제삼자에게 돈까지 받는 기가 막힌 사연을 만들어 낸 사람입니다. 덕분에 요게벳은 유모가 되어 아들을 기를 수 있었고, 아들의 마음속에 하나님을 심어 놓을 수 있었습니다.

두 번째로 미리암의 이야기가 등장하는 곳은 홍해를 건넌 직후입니다. 이스라엘 민족들이 하나님의 인도하심 속에 애굽에서 탈출하여 홍해를 건넜을 때, 그들은 너무 감격스러웠고 전능하신 하나님을 깊이 경험하게 되었습니다. 그때 그 벅찬 가슴을 찬양으로 바꾸어 놓은 사람이 미리암입니다.

[20]아론의 누이 선지자 미리암이 손에 소고를 잡으매 모든 여인도 그를 따라나오며 소고를 잡고 춤추니 [21]미리암이 그들에게 화답하여 이르되 너희는 여호와를 찬송하라 그는 높고 영화로우심이요 말과 그 탄 자를 바다에 던지셨음이로다 하였더라 (출 15:20~21)

성경은 미리암을 선지자라고 소개합니다. 아버지와 어머니처럼 그도 레위 지파였고, 어려서부터 하나님 중심으로 살아온 사람이었습니다. 많은 사람을 모아서 함께 하나님을 찬양하던 사람이었습니다.

마음 밭에 뿌려진 '교만'이란 씨

그 후로 미리암의 삶에 묘한 변화가 일어납니다. 성경은 아주 귀한 말씀을 우리에게 주고 있습니다.

[12]그런즉 선 줄로 생각하는 자는 넘어질까 조심하라 (고전 10:12)

마귀는 아무나 시험하고 아무나 넘어뜨리지 않습니다. 잡아 놓은 고기를 다시 낚시하는 사람은 없습니다. 다시 말해, 마귀는 자기 식구들을 시험하고 넘어뜨리지 않습니다. 하나님의 자녀들을 넘어뜨리려고 하지요. 그래서 마귀는 선지자 미리암의 마음속에 '교만'이라는 씨를 심었습니다.

교만은 자기의 정당성을 주장하게 합니다. 교만은 다른 사람들을 무시하게 합니다. 교만은 그 누구의 이야기도 듣지 않게 합니다. 교만은 내 경험만을 최고의 경험으로 여기게 합니다. 교만은 하나님을 끌어내리려 하고, 나를 그 자리에 놓으려 합니다. 교만은 그릇된 선택을 하게 하고 하나님의 뜻에서 멀어지게 합니다. 그래서 마귀는 교만이라는 못된 씨를 우리의 마음 밭에 뿌리고 다닙니다. 겸손하면 되는데, 감사하며 살면 되는데, 마귀는 우리들의 마음을 교만으로 채워갑니다.

하와도 그렇게 무너졌습니다. 모든 것을 누리며 살았는데 당연한 듯이 여겼습니다. 그 많은 사랑을 받으며 살았는데 감사를 표현하지 않고, 고백하지 못했습니다. 감사와 겸손은 마귀의 유혹을 이기게 하려는 하나님의 대비책이었습니다. 감사할 줄 아는 사람과 겸손한 사람은 마귀가 아무리 건드리고 씨를 뿌려도 넘어지지도 않고, 그 씨가 자라지도 않습니다. 그런데 감사와 겸손을 잃으면 마귀는 당장에 우리에게 교만의 씨를 뿌리고 키워서, 결국 넘어뜨리고 맙니다.

어느 날, 미리암의 동생 모세가 재혼을 하게 되었습니다. 일부다처제 시대였습니다. 본 부인 '십보라'는 미리암과 사이가 나쁘지 않았습니다. 40년 동안 광야 생활을 함께하던 사람들 중에는 순수하게 이스라엘 12지파만 있었던 것이 아니었습니다. 이집트에서 종살이를 함께하던 부족들이 섞여 있었습니다. 애굽 사람들 중에 하나님을 믿는 사람들도 광야 생활에 함께하고 있었습니다. 지도자 모세에게는 이들이 늘 골칫덩어리였습니다. 대부분의 불만이 이 사람들 속에서 튀어나왔기 때문입니다.

한번은 식사 문제로 큰 소동이 있었습니다. 매일 하나님께서 주시는 만나를 먹으며 살았는데, 이에 불만을 품은 사람들이 생겨난 것입니다. 매일 내가 심지 않은 것을 거두고 있음에도, 감사하는 것이 아니라 더 많은 것을 요구하기 시작했습니다.

이스라엘 사람들은 어렴풋이나마 하나님을 알고 있었습니다. 10가지 재앙을 겪으면서 안전하게 보호하시는 하나님을 경험했습니다. 홍해도 건넜습니다. 그 강한 애굽의 군사들을 꺾으시는 하나님을 경험했고 고백했고 찬양도 드렸습니다. 그래서 비록 지금 맛은 좀 없을지 모르지만 200만 명에 달하는 큰 무리를 매일 먹이시는 하나님을 향한 원망은 없었습니다. 큰 감사는 없었지만 그런대로 견디고 있었습니다.

그런데 이방인들은 그렇지 않았습니다. 믿음의 뿌리가 없는 사람들입니다. 그들은 하나님을 잘 알지 못했습니다. 심고 수고하지도 않았으면서 더 좋은 것을 달라고 원망하기 시작했습니다. 애굽에서 먹던 오이, 참외, 부추, 파, 마늘을 내놓으라며 요구하기 시작했습니다. 성경은 이렇게 기록합니다.

> [4]그들 중에 섞여 사는 다른 인종들이 탐욕을 품으매 이스라엘 자손도 다시 울며 이르되 누가 우리에게 고기를 주어 먹게 하랴 [5]우리가 애굽에 있을 때에는 값없이 생선과 오이와 참외와 부추와 파와 마늘들을 먹은 것이 생각나거늘 (민 11:4~5)

애굽에서는 노예로 살면서도 이것저것 먹었는데, 이제 자유는 있지만 먹을 것이 만나밖에 없느냐 하면서 더 좋은 것들을 달라고 요구하기 시작한 것입니다. 어림잡아 이들의 숫자는 10만 명 이상입니다. 감사할 줄 모르고, 자기 분수도 모르고 교만해졌습니다. 겸손이 없었습니다. 결국 진노하신 하나님께서는 감사를 잃은 그들을 치셨습니다. 수많은 사람들이 식중독을 비롯한 여러 병으로 죽었습니다.

이 일 후에 모세는 섞여 사는 무리들을 다스리기 위해 '결혼 정책'을 선택합니다. 하나님께 기도했고, 하나님의 허락이 있었습니다. 주신 사명을 더 잘 감당하기 위해 부득이 구스 여인을 부인으로 얻게 되었습니다. 이 과정에 누나인 미리암과 형 아론이 섭섭한 병에 걸렸습니다. 자신들과 상의하지 않았다는 이유였습니다. 더군다나 어떻게 이 큰 무리의 지도자가 혈통의 순수성을 지켜야지, 저 이방인들과 결혼할 수 있느냐고 반기를 들었습니다. 모세 결혼 반대 추진위원회를 만들고 순수 혈통을 강조하는 무리들을 모아 파당을 만들었습니다. 그리고 섞여 사는 사람들을 모두 몰아낼 심산으로 모세를 대적하기 시작했습니다.

하나님께서는 함께 살아가라고, 백인종이건 흑인종이건 황인종이건 다 하나님의 자녀라고 하시는데 미리암은 동의할 수 없었습니다. 이 기회에 섞여 사는 사람들을 끊어내고 싶었습니다. 이는 욕심이요, 무지함이요, 교만입니다. 더불어 살아가라고 말씀하시는 하나님의 말씀을 거역하고, 미리암은 네 편 내 편을 만들려고 하면서 편 가르기를 시작하고 있습니다. 선지자인데, 마귀의 하수인이 된 것입니다.

자, 여러분이 미리암의 동생 모세라면 어떻게 하시겠습니까? 모세는 답답한 마음에 하나님께 기도했고, 하나님의 개입이 시작되었습니다. 데모의 주동자인 미리암에게 문둥병이 생긴 것입니다.

> ⁹여호와께서 그들을 향하여 진노하시고 떠나시매 ¹⁰구름이 장막 위에서 떠나갔고 미리암은 나병에 걸려 눈과 같더라 아론이 미리암을 본즉 나병에 걸렸는지라 (민 12:9~10)

광야 생활 중에 하루라도 빨리 가나안에 도착해야 하는데, 문둥병에 걸린 미리암은 진 밖으로 쫓겨나 그곳에서 7일간 격리를 해야 했습니다. 한 사람 때문에 이스라엘 전체의 진행이 멈추게 된 것입니다.

> ¹⁵이에 미리암이 진영 밖에 이레 동안 갇혀 있었고 백성은 그를 다시 들어오게 하기까지 행진하지 아니하다가 (민 12:15)

마귀의 부추김을 이겨낼 수 있는 사람은 없습니다. 그래서 성경은 말씀합니다.

²기도를 계속하고 기도에 감사함으로 깨어 있으라 (골 4:2)

교만해지면 그릇된 선택을 하게 됩니다. 잘못된 선택을 하고 불행하게 살며 힘들게 사는 데는 이유가 있습니다. 성경에 보면 그릇된 선택을 한 사람들이 참 많이 나옵니다. 복 받을 기회를 놓친 사람들입니다. 미리암처럼 더 겸손하지 못해서, 감사하지 못해서, 하나님의 뜻을 인정하지 못해서, 나 잘났다고 날뛰다가 무너지고 복을 놓친 사람들입니다.

첫 번째, 아담과 하와입니다. 그들은 그릇된 선택을 하였습니다. 감사할 줄 모르고 겸손하지 않으며 당연한 듯이 그릇된 선택을 하게 됩니다. 마귀가 그런 사람들을 좋아하거든요.

두 번째, 노아 시대의 사람들입니다. 노아는 수도 없이 많이 외쳤습니다. "하나님의 때가 온다, 회개하고 이제라도 하나님의 뜻대로 사랑하며 살아야 한다, 겸손한 마음으로 감사하고 사랑하며 살아야 한다"라고요. 그렇지만 사람들은 교만했습니다. 노아가 무식해 보였습니다. 내 경험이 노아의 경험보다 더 좋아 보였습니다. "내가 노아보다 돈이 더 많아. 내가 노아보다 더 힘이 세!" 그들의 교만은 결국 하나님의 뜻을 거절하게 만들었고 그렇게 홍수 속에서 물에 빠져 신음하며 허우적대다 죽게 했습니다. 그때 노아의 설교를 들으면서 회개하고, 겸손하게 감사하며 살았다면 살았을 겁니다.

세 번째, 아브라함의 두 번째 부인이었던 하갈입니다. 아브라함의 첫 번째 부인이자, 자신의 주인이었던 사라가 자신을 어여삐 여기고 아브라함의 첩이 되게 해주었습니다. 아이도 낳게 해주었습니다. 그럼 감사하며 더욱 겸손하게 사라를 잘 모셨어야 했는데, 마귀가 그렇게 두지를 않았습니다. 하갈의 마음속에 교만을 심었습니다. 교만의 씨가 자랐습니다. 자기가 사라를 몰아내고 본부인이 될 거라고 착각했습니다. 착각은 자유이지만 그 책임은 스스로 져야 합니다. 하갈은 결국 쫓겨났고, 방황하며 신음하다 통곡했습니다. 하갈은 왜 사라에게 감사를 표현하지 않았을까요? 하갈은 왜 사라 앞에서 더 겸손해지지 않았을까요? 끝까지 예쁨 받으며 살 수 있었을 텐데요. 무지해서가 아닙니다. 경험이 없어서가 아닙니다. 교만했기 때문입니다.

네 번째, 민수기에 나오는 사람들입니다. 민수기는 잘못된 선택을 한 사람들의 이야기를 생생하게 들려줍니다. 민수기 11장에서는 섞여 사는 무리들로 인한 불만이 폭발하면서 이스라엘 민족에게도 파급이 미쳤고, 하나님의 진노와 심판이 있었습니다. 민수기 12장에는 미리암과 아론의 교만으로 인한 저주와 문둥병 이야기가 있었습니다. 민수기 13장에는 그 유명한 12명의 정탐꾼 이야기가 나옵니다. 하나님을 절대적으로 신뢰했던 두 명의 정탐꾼과 자신을 의지하고 하나님을 계산에 넣지 않았던 열 명의 정탐꾼들 이야기입니다. 이들과 이들에게 동조한 사람들에게도 하나님의 진노가 이어집니다. 민수기 14장에서는 감사를 잃은 사람들, 마귀의 꼬임에 넘어가 교만해진 사람들의 슬픈 역사가 나옵니다. 민수기 15장에는 사랑이신 하나님께서 사랑하시는 자녀들의 배신에도 불구하고 또 사랑하시기에 그들에게 정결 예법을, 회개의 방법을 가르쳐 주시는 내용이 나옵니다. 그럼에도 불구하고 마귀가 뿌려 놓은 교만의 씨를 품고 살던 사람들, 특히 고라 자손들을 중심으로 한 반역의 이야기가 민수기 16장에 이어집니다.

왜 그러고들 살까요? 왜 그렇게 불만도 많고 원망도 많고 대적하며 싸움닭처럼 살까요? 감사를 잃었기 때문입니다. 겸손하지 않으며, 자신을 너무 과대평가했기 때문입니다. 성경은 이를 "분수에 지나치다"라고 표현합니다. 모두 다 미리암의 후예들입니다.

고라의 반역 사건

이스라엘 사람들이 애굽에서 떠나 가나안에 들어가는 데 걸린 기간이 40년이었습니다. 이 40년의 긴 여정 중에는 아주 많은 사건과 사고들이 있었는데, 그중 아주 유명한 것이 바로 고라의 반역 사건입니다.

당시 200만 명에 달하는 이스라엘 민족의 지도자는 모세였고, 그를 돕는 대제사장은 아론이었습니다. 이 사람들은 하나님께서 친히 임명하신 자들이었고, 나름대로는 하나님의 말씀에 기준해서 최선을 다해 그들을 가나안으로 인도해 들이고 있었습니다. 그렇지만 그 와중에도 모세의 반대파는 있었습니다. 모세의 통치 방법이나 재판 결과에 대해 불복하며 원망하는 사람들 중에는 '다단'과 '아비람'과 '온'이라는 사람이 있었습니다. 그들은 이스라엘의 장자 지파라고 불리는 르우벤 지파의 자손들이었고,

특별히 뽑아 세우신 레위 지파의 사람도 있었습니다. 르우벤 지파의 사람들은 자기들이 장자의 가문에 속해 있으니까 당연이 자신의 가문에서 지도자가 나와야 한다고 착각을 하고 있었습니다. 그러니 세 번째 지파인 레위 지파 출신의 모세와 아론이 싫었던 것입니다. 그래서 르우벤 지파 중에 아주 유력한 지도자인 다단, 아비람, 온 등은 자신의 지파들 중의 중간 지도자들을 선동하기 시작했습니다. 그러자 이런 날이 올 줄 알았다며, 당연히 지도자는 르우벤 지파에서 나와야 한다고 원망에 동조하며 모세에게 반기를 들고 싶은 사람 250여 명이 모아졌습니다.

이제 든든한 우군이 생긴 다단과 아비람, 온과 같은 우수한 사람들이 또 동조세력을 모으러 다닙니다. 그랬더니 자신들과 같이 모세와 아론에게 불만이 있는 사람들이 더 보였습니다. 그뿐만 아니라, 레위 지파 중에서도 "나도 레위 지파인데 왜 모세와 아론만 대장이야? 나도 더 잘할 수 있다고!" 하는 사람들이 나오기 시작했습니다. 그중 한 사람이 모세와 아론과는 먼 친척 되는 '고라'라는 사람입니다. 그는 레위 지파였지만 제사에 직접 참여하지는 않고 찬송하는 일을 맡았던 사람이었습니다.

그렇게 250여 명의 주동자들과 그냥 맹목적으로 따르는 만여 명이 모여 지도자 모세의 장막으로 찾아가서는, 요즘으로 하면 현수막을 들고 구호를 외치면서 데모를 하게 됩니다. "모세 물러가라! 아론 물러가라!" 이런 겁니다. 물러가라고 하는 이유는 단 하나입니다. 기분 나쁜 겁니다. "나보다 잘난 것도 없고, 나보다 앞선 것도 없는데 왜 너희가 지도자냐, 당장 그만둬라! 내가 그 자리를 차지해야겠다!" 이런 것이지요.

모세는 아주 황당했습니다. 자신이 선거에서 당선된 것도 아니고 자원해서 된 것도 아니고 하나님께서 지명하여 임명해 주신 건데. 아론 역시 하나님이 기름 부어 제사장으로 삼으신 건데, 무지해도 너무 무지한 고라 자손들이 모여 데모를 하자 지도자 모세는 오히려 납작 엎드립니다. 하나님께 묻습니다. '하나님, 어떻게 해야 할까요?'

어려울 때 제일 좋은 방법은 겸손하게 하나님께 묻는 것입니다. 엎드려 기도하는 것보다 더 좋은 방법이 어디 있습니까? 위기의 상황, 물러가라고 소리치며 불평, 불만, 원망으로 가득 찬 사람들 앞에서 여러분이 모세라면 어떻게 하시겠습니까?

나쁜 보도만 골라서 내보내는 사람들도 있을 겁니다. 같은 이야기도 비꼬고 흠집 내서 소문내는 사람들, 악담을 붙이는 사람들이 왜 없겠습니까? 그 모든 비난과 소문을 뒤로하고, 모세는 상대하지 않고 기도하며 하나님과 사람 앞에 엎드립니다. 그러고는 한참을 기도하다가 일어서서 말합니다.

먼저 고라 자손들에게 이야기합니다.

[8]모세가 고라에게 말했습니다. "당신들 레위 사람은 들으시오. [9]이스라엘의 하나님께서는 당신들을 다른 이스라엘 백성과 구별하셔서, 당신들을 하나님께 가까이 갈 수 있게 하셨소. 당신들은 여호와의 거룩한 장막인 성막에서 일하며, 모든 이스라엘 백성 앞에 서서 그들을 대신하여 여호와를 섬기고 있소. 그것이 부족하단 말이오? [10]하나님께서는 당신과 다른 레위 사람을 가까이 부르셨소. 그런데 당신들이 이제는 제사장까지 되려 하고 있소. [11]당신과 당신을 따르는 사람들은 무리를 지어서 여호와께 반역했소. 아론이 누구인데 감히 그에게 반역

한단 말이오!" (쉬운성경_민 16:8~11)

그러면서 보기에는 좋아 보여도 제사장이 그렇게 좋은 것이 아니니 힘든 일을 하려 들지 말라고 이어 말합니다. 더욱이 이 일은 임명권자이신 하나님을 향한 거부이니까 감히 그렇게 큰 욕심을 부리지 말고 레위 지파로 부르시고 예배자로 부르심에 감사하라고 설득합니다. 그러나 모세의 말에도 고라 자손은 꿈쩍도 하지 않습니다. 되레 "너 당장 그 자리에서 내려와라, 이제 우리도 다 할 수 있으니까 너는 제사장직에서 물러나 당장 옷을 벗어라"라고 외치며 꽹과리를 치고 나팔을 불면서 대대적인 데모를 시작합니다.

실망한 모세는 이번에 르우벤 지파의 다단과 아비람을 불러오라고 말합니다. 그들에게 할 말이 있다고 합니다. 그러나 이 연락을 받은 다단과 아비람은 꿈쩍도 하지 않고 모세의 말을 무시하며, 오히려 모세를 비난합니다.

[12]모세가 엘리압의 아들들인 다단과 아비람을 불렀으나, 그들은 이렇게 말했습니다. "우리는 가지 않겠소. [13]당신은 젖과 꿀이 넘쳐 흐를 만큼 비옥한 땅에서 살고 있던 우리를 이 광야로 이끌어 내어 죽이려 하고 있소. 그것으로도 부족해서 이제는 우리 위에서 우리를 다스리려 하고 있소. [14]당신은 우리를 젖과 꿀이 넘쳐 흐를 만큼 비옥한 땅으로 인도하지 못했소. 밭과 포도밭이 있는 땅도 주지 못했소. 당신은 이 사람들의 눈을 뽑을 생각이오? 우리는 갈 수 없소." (쉬운성경_민 16:12~14)

그들은 우리를 어렵게 만들어 놓고 우리의 왕이 되려고 수작부리는 것이 아니냐며, 백성을 선동하면서 모세를 비난하고 결국 오지 않습니다.

속이 많이 상한 모세는 한참을 기도한 후에 이런 제안을 합니다.

"이 자리가 탐이 나면 주겠다. 그렇지만 임명권자이신 하나님께 여쭤 보아야겠다. 그러니 내일 데모를 주동한 250명의 지도자들이 각각 향로를 준비해서 가지고 와라. 그리고 이 넓은 광장에서 향로에 불을 담아 그 위에 향을 피워 두자. 물론 아론도 준비해 와라. 그러면 그들 중에 지도자가 되거나 대제사장이 될 사람을 하나님께서 친히 선택하셔서 그 향로에 불이 확 나게 하시던지, 아니면 다른 어떤 신호를 주실 것이다."

그래서 한쪽에서 250명의 사람들이 향을 피우고 있을 때 모세는 모세와 함께하는 백성들의 지도자 몇 사람을 데리고, 장막에서 사람들을 모아 쿠데타를 준비하는 다단과 아비람의 장막을 찾아갑니다. 그러고는 주변 사람들에게 이야기합니다. "특별한 이유 없이 이곳에 서성이는 사람들은 다 장막에서 물러나라. 이제 하나님의 심판이 이어질 것이다." 그러고는 이렇게 선포합니다.

30만일 여호와께서 새 일을 행하사 땅이 입을 열어 이 사람들과 그들의 모든 소유물을 삼켜 산 채로 스올에 빠지게 하시면 이 사람들이 과연 여호와를 멸시한 것인 줄을 너희가 알리라 (민 16:30)

그 결과 어떻게 되었을까요? 성경은 이렇게 기록합니다.

따라가기 vs 피해 가기

³¹그가 이 모든 말을 마치자마자 그들이 섰던 땅바닥이 갈라지니라 ³²땅이 그 입을 열어 그들과 그들의 집과 고라에게 속한 모든 사람과 그들의 재물을 삼키매 ³³그들과 그의 모든 재물이 산 채로 스올에 빠지며 땅이 그 위에 덮이니 그들이 회중 가운데서 망하니라 ³⁴그 주위에 있는 온 이스라엘이 그들의 부르짖음을 듣고 도망하며 이르되 땅이 우리도 삼킬까 두렵다 하였고 ³⁵여호와께로부터 불이 나와서 분향하는 이백오십 명을 불살랐더라 (민 16:31~35)

참 두려운 일이 벌어졌습니다. 데모 주동자들이 다 죽은 것입니다. 르우벤 지파의 다단, 아비람, 온을 포함하여 250명의 지도자들이 다 죽었고, 고라 자손 중 데모대도 지진이 나면서 갈라진 땅 틈으로 빨려 들어가 죽었습니다.

더 충격적인 사실은 사건이 거기서 끝나지 않았다는 것입니다. 이렇게 되면 그들의 선동에 휩쓸렸던 사람들이 회개하고 용서해달라고 할 것 같지만, 사람들은 그렇지 않았습니다. 오히려 원망이 더 커집니다. 이제는 모세가 자신들을 그냥 용서하지 않고 하나님께 일렀다며 모세와 아론을 원망하기 시작합니다. 안 죽을 수도 있었는데, 사람이 그럴 수도 있지 왜 꼭 죽여야 했느냐고, 벌이 너무 심하다고 원망하기 시작한 것입니다.

이 원망을 하나님께서 듣지 않으셨겠습니까? 하나님이 그 원망하며 사는 사람들을 그냥 두시겠습니까? 그들에게 갑자기 전염병이 생기기 시작합니다. 열이 갑자기 오르며 고열에 시달리다가 죽어갑니다.

모세는 너무 놀랐습니다. 하나님의 진노가 이렇게까지 급하고 강하게 몰아칠 것이라고는 생각도 못했는데, 수습이 제대로 안 될 만큼 엄청난 심판이 일어나고 있었습니다. 이에 모세는 두 가지 대책을 세웁니다. 먼저 250명의 지도자들이 들고 왔던 향로를 다 부수고 녹여 철판을 만들어서 제단 근처에 벽처럼 세워 두었습니다. 예배의 처소를 함부로 노리지 말고 아무나 제사장이 될 수 있다는 착각을 버리라고 가르치면서, 교만해서 까불다가는 하나님께 혼이 난다고 경고를 합니다. 그다음으로 급하게 아론의 향로를 가져와서 향을 피우고는 하나님께 엎드려 백성들을 위해 간절하게 기도합니다. 그랬더니 더 이상 전염병이 퍼지지 않고 멈추었습니다.

성경은 이렇게 기록합니다.

> [47]아론이 모세의 명령을 따라 향로를 가지고 회중에게로 달려간즉 백성 중에 염병이 시작되었는지라 이에 백성을 위하여 속죄하고 [48]죽은 자와 산 자 사이에 섰을 때에 염병이 그치니라 [49]고라의 일로 죽은 자 외에 염병에 죽은 자가 만 사천칠백 명이었더라 (민 16:47~49)

왜 이런 끔찍한 비극이 벌어집니까? 감사를 잊었기 때문입니다. 겸손하지 못했기 때문입니다. 그러다 보니 마귀가 뿌린 원망의 씨가 자라기 시작한 것입니다. 성경은 이 원인을 원망이라고 말합니다. 뭐가 그렇게 불만이 많은지 모르겠습니다. '내가 1등 지파인 르우벤 지파인데 감히 서열 3위 레위 지파에서 지도자가 나와?' 눈꼴사나워 못 보는 것입니다. '나도 레위 지파이고, 나도 성전에서 일하는데 왜 너만 대제사장이야! 나도 할 수 있어!' 교만해진 것입니다. 하나님께서 좋아하실까요?

말씀을 가만히 묵상하다 보면 한 가지 답을 찾게 됩니다. 이 긴 이야기

속에 한 번도 나오지 않는 단어가 있습니다. 바로 '감사'라고 하는 단어, '겸손'이라고 하는 단어입니다. 은혜를 모르니 감사가 없고, 겸손이 없는 것입니다.

미리암, 하나님이 세우신 선지자였는데 교만해졌습니다. 은혜를 잊었고, 감사를 잊었고, 겸손도 잊었습니다. 문둥병에 걸렸고, 다른 사람들에게 악영향을 끼치며 진영 전체에 폐를 끼쳤습니다. 미리암 한 사람 때문에 그 많은 사람들이 행진을 멈추어야 했습니다.

무지할 수는 있지만 교만해서는 안 됩니다.

미숙할 수는 있지만 교만해서는 안 됩니다.

축복받고 잘 살 수는 있지만 교만해서는 안 됩니다.

미리암과 고라 자손들! 겸손함도 없고 감사도 없었던 그들을 생각하면서 오늘 우리 가운데 있는 미리암의 모습, 고라 자손의 모습을 발견하게 됩니다.

거룩한 부담으로
이스라엘을 살린
느헤미야

열등감과 무지함으로
자식마저 죽인
입다

느헤미야 따라가기

경건했던 사람

솔로몬 왕이 죽은 후 이스라엘은 남유다와 북이스라엘로 분열되었고, 분열된 나라는 힘이 약해졌습니다. 북이스라엘은 기원전 722년 혹은 723년에 앗수르 제국에 의해 멸망되고, 또 남유다는 기원전 587년에 바벨론 제국에 의해 멸망됩니다. 이후 앗수르는 바벨론에, 바벨론은 메데와 페르시아에 의해 멸망되고 중동의 패권은 페르시아가 한동안 쥐고 있었습니다.

이 페르시아의 왕 중에 '고레스'라는 왕이 있었는데, 그는 친 이스라엘 정책을 펼치면서 끌려와 있던 포로들을 세 차례에 걸쳐 고향으로 돌려보냈습니다. 스룹바벨이라는 총독의 인도하에 1차로 5만 명가량이 돌아오고, 에스라의 인도하에 2차로 1,800명가량이 돌아옵니다.

1차로 귀환한 5만여 명의 백성들은 스룹바벨과 선지자 학개를 중심으로 뭉쳐서 무너진 예루살렘 성전을 재건하는 데 성공합니다. 그리고 2차 귀환 행렬의 지도자였던 에스라는 그 성전을 중심으로 말씀 운동을 일으켜 많은 사람의 마음을 율법과 하나님의 말씀으로 돌아서게 했습니다. 그렇지만 달랑 성전만 지어진 상태로 성전을 보호해 주는 울타리, 즉 성벽이 없었기에 예루살렘은 치안 유지가 불가능했고 황폐하며 불안한 도시로 변해갔습니다.

물론 유다 백성들이 오랜 세월 방치된 예루살렘 성벽을 재건하려고 여러 차례 시도했지만, 그럴 때마다 경제적인 이유와 인력 부족으로 이루어지지 않았습니다. 포로 생활을 하고 돌아온 터라 인력이 미미했고, 2~3킬로미터 되는 성벽 축조 작업을 할 수 있는 기술이나 자본이 턱없이 부족했습니다. 게다가 돌아온 사람들은 노예근성을 버리지 못한 채 뿌리 깊은 패배감을 가지고 있었고, 얻어먹고 빌어먹는 데 익숙하여 공짜 의식, 거지 근성으로 일하는게 쉽지 않았습니다. 남아 있던 예루살렘 거류민들 역시 기죽어 살면서 용기를 내지 못하고 있었습니다.

이러한 분위기 속에 그 당시 중동의 패권을 잡고 있던 페르시아 황제 아닥사스다의 술 맡은 관원이었던 '느헤미야'라는 사람이 있었습니다. 느헤미야는 요즘으로 말하면 외국인 노동자가 한 나라의 국정원장이나 국무총리, 혹은 비서실장 정도의 지위에 오른 입지적인 인물입니다. 남다른 용기와 예지, 날카로운 판단력, 비상한 임기응변 등 지도자로서 갖추어야 할 제반 능력을 두루 갖춘 엘리트였지요.

그는 지금으로부터 약 2,500년 전에 살던 사람입니다. 당시 포로로 끌려갔다가 돌아온 이스라엘 사람들은 힘겨운 삶을 이어갔습니다. 정치적으로 소외되고 경제적으로 제대로 도움받지 못하며 이방인으로 살아가던 그 당시, 느헤미야는 크신 하나님의 은혜와 탁월한 실력 덕분에 나라의 관료가 되어 살았던 것입니다. 그것도 막강한 힘을 지닌 사람으로 말입니다.

그는 신실한 하나님의 사람이었습니다. 하나님을 경외하고, 하나님을 두려워하며, 하나님을 사랑하고, 하나님의 뜻대로 살고 싶어 했습니다. 그래서인지 그는 현실에 안주하면 얼마든지 부귀영화를 누릴 수 있는 사람이었지만, 안전하고 편안한 삶보다는 조금 힘들고 어려워도 하나님의 뜻대로 살고 싶어 했습니다.

요즘 느헤미야를 생각하면서 이런저런 묵상을 할 때가 많습니다.

'나는 참 믿음이 없구나. 나는 참 나밖에 모르는구나. 희생, 헌신, 봉사, 양보, 손해, 관용 등 이런 단어는 생각하지도 않으면서 내가 먹고 싶은 건 다 먹어야 하고, 마시고 싶은 것도 다 마셔야 하고, 입고 싶은 것이나 갖고 싶은 것도 다 가져야 시원하니 동물과 뭐가 다른가. 믿지 않는 사람들과 뭐가 다른가.'

이런 생각을 하면서, 언젠가 천국에 가서 그분들을 뵐 때 고개나 들 수 있을지 참 부끄러울 때가 많습니다. 여러분은 어떠신가요?

교회는 예수님 보혈의 피 위에 세워졌습니다. 초대교회 교인들과 앞선 수많은 선배들의 순교의 피 위에 세워졌습니다. 수많은 목회자와 평신도들의 헌신 속에 세워졌습니다. 그 덕분에 나는 절망의 시대를 소망으로 살고 있으며, 보복과 미움의 시대를 사랑과 평화를 추구하며 살고 있습니다. 지옥 백성이 천국 백성이 되어 행복하게 살고 있는 것입니다. 그럼에도 여전히 누리려고만 하며 살고 있지는 않은지, 그게 아니라면 누군가를 위해, 하나님의 뜻을 위해, 하나님 사랑과 이웃 사랑의 삶에 헌신을 하고 있는지, 생각해 보면 참 부끄러울 때가 많습니다. 여러분은 어떠신가요?

느헤미야의 거룩한 꿈

어느 날, 잘 살고 있던 느헤미야는 동생 하나니에게서 좋지 않은 소식을 듣게 됩니다. 예루살렘에 돌아간 5만여 명의 귀환자들과 그곳에 남아있던 사람들이 경제적인 어려움뿐만 아니라, 정치적으로도 너무 약자이기 때문에 그 지방에서 큰 환난과 능욕을 당하며 살고 있다는 소식이었습니다. 또한 하나님 임재의 상징인 예루살렘 성벽이 허물어지고 성문들이 불타고 있다는 소식을 듣게 됩니다. 이제 예루살렘 성은 짐승을 막아낼 수도 없고, 도적을 막아낼 수도 없어서 많은 사람이 떠나버렸기 때문에 폐허로 남아 있었습니다.

느헤미야는 예루살렘을 한 번도 가본 적이 없었습니다. 자신의 4대 조상님들이 이주해 온 뒤로 한 번도 가보지 못했던 땅입니다. 그렇지만 느헤미야는 기도하던 사람이었고, 선조들이 살았고 하나님의 도성이라고 불리던 바로 그곳을 온전하게 만들고 싶은 거룩한 꿈이 있었습니다.

그는 왕의 허락을 받아서 예루살렘으로 출발합니다. 그러고는 그곳에서 100여 년 동안 방치되어 있던 예루살렘 성벽을 단 52일 만에 재건시키는 영웅이 되었습니다. 그뿐만이 아닙니다. 무너진 성벽만 세운 것이 아니라 인재 양성과 함께, 믿음의 길에서 벗어난 사람들을 과감히 쳐내며 정화 작업까지 마칩니다.

그래서 어떻게 이런 일이 가능했는지에 대해 지금도 많은 학자가 연구에 연구를 거듭하고 있고, 리더십 강의에서 빼놓지 않고 등장하는 훌륭한 지도자 중 한 사람으로 느헤미야를 꼽고 있습니다.

느헤미야의 이야기를 읽어가다 보면 저절로 궁금해지는 것이 있습니다. 느헤미야는 어떻게 하나님의 뜻을 분간하며, 그 거룩한 길에 설 수 있었을까? 많이 포기하고, 많이 헌신하고, 많이 아파하면서도 어떻게 그 힘든 길을 잘 마무리할 수 있었을까?

닮고 싶은 느헤미야의 기도 : 늘 기도하다

그는 평소 늘 기도하던 사람이었습니다. 무슨 일이 닥쳤을 때에만 기도하는 사람이 아니라, 항상 기도하던 사람이었습니다. 문제 해결의 기도가 아니라 예방의 기도, 그분의 뜻을 분간하는 기도, 순종을 위한 기도를 하는 사람이었다는 뜻입니다. 말씀을 따라 쉬지 않고 기도하는 사람, 매일 시간을 정해 놓고 기도하는 사람, 매일 일정 시간을 하나님께 드리며 그분 앞에 서 있던 사람이었습니다.

제가 섬기는 교회에서 '1.30일삼공 기도 운동'을 하고 있습니다. 하루 30분 정도는 하나님 앞에 나를 세워 놓자는 거룩한 운동입니다. 새벽 시간이든, 잠자기 전 시간이든, 하루 중 어느 때에라도 매일 같은 시간은 아니더라도 30분 정도 시간을 내어 성경도 읽고, 기도도 하고, 찬양도 드리면서 하나님과의 시간을 만들자는 운동입니다. 1.30 기도 운동을 통해 하나님의 뜻을 분간하고 그분의 뜻대로 살고 싶어서입니다.

성경에 나오는 위대한 신앙인들의 특징은 하나님과 대화하는 데 익숙했다는 것입니다. 또 그리 위대하지는 않았어도 평범한 일상 속에서 나름대로의 행복을 누리며 살던 사람들 역시 기도하며 하나님의 뜻을 구분해 내고, 하나님의 뜻에 무조건 순종했음을 알게 됩니다.

믿음이 없어도 좋습니다. 안 믿어져도 좋습니다. 그냥 교회에 머물면서 기도 시간에 참석하다 보면 믿음도 생기고 하나님과 친해지는 것임을 기억해야 합니다. 교회는 목욕탕 같은 곳입니다. 마음의 때를 미는 곳, 씻어내는 곳, 스트레스가 줄어드는 곳. 아이들을 데리고 목욕탕에 가서 놀게 해주면, 힘들게 때를 밀지 않아도 깨끗해집니다. 뽀얗게 되어 나오지요. 교회도 그냥 다니면서 예배 잘 드리고, 기도도 잘하고, 봉사도 하다 보면 믿음도 점점 생기고 커집니다. 처음부터 믿어지고 기도를 잘하게 되는 것이 절대 아닙니다.

지난주에 어떤 집사님과 대화를 나누었습니다. 그분이 말씀하시길 교회는 나오지만 참 안 믿어지는 것들도 많고 기도도 잘 안 되었는데, 어느 날 '하나님, 그 말씀이 잘 안 믿어져서 죄송해요'라고 기도했답니다. 그런데 하나님의 세미한 음성이 들리더랍니다. '못 믿어지는 네 모습 그대로

를 나는 사랑한단다. 보고 있단다. 너를 그대로 받아 줄 것이란다.'

처음부터 기도가 됩니까? 잘 안 되지요. 그래도 그냥 앉아 있다 보면 점점 기도가 깊어지고, 시간도 길어지는 겁니다. 제가 참 좋아하는 성경 구절이 있습니다.

²그의 귀를 내게 기울이셨으므로 내가 평생에 기도하리로다 (시 116:2)

주님께서 귀를 기울여 내 소리를 들으려 하시니, 내가 당연히 기도할 것이라는 고백입니다. "평생에 기도하리로다!" 성도들과 다 같이 해보고 싶은 결심입니다.

닮고 싶은 느헤미야의 기도 : 구체적으로 기도하다

느헤미야는 무려 100일 이상 기도를 드립니다. 하나님의 뜻을 알고 싶었습니다. 왜 그 예루살렘 성을 방치해 두고 계시는지, 왜 그 거룩한 도성이 이방인들과 짐승들에게 점령당해야 하는지. 느헤미야는 그렇게 기도하다가 예루살렘 성의 성벽을 쌓아야 하는 일이 자신에게 주어져 있음을 알게 되었습니다. 거룩한 부담감이 거룩한 사명이 되고, 거룩한 사명이 영웅 느헤미야를 만드는 첫 출발이 되었습니다.

느헤미야는 다시 기도합니다. 주신 사명을 이루기 위해서는 돈이 필요했습니다. 몇 개월, 아니 몇 년이 걸릴 수도 있는 일이었기에 휴가도 필요했습니다. 느헤미야가 사는 곳에서 예루살렘까지 가려면 많은 나라를 통과해야 했고, 비용도 만만치 않았습니다. 그래서 그는 하나님께 기도를 드립니다.

'하나님, 제가 그 일을 하겠습니다. 돈이 되는 것도 아니고 이익이 되는 것도 없지만, 지금까지 저를 이렇게 인도하시고 행복하게 살게 해주신 하나님께 보답하는 마음으로 제가 가서 하고 싶습니다. 빚진 자의 마음으로 이 거룩한 부담을 감당하기 원합니다. 만약 하나님의 뜻이라면 제가 장기 휴가를 얻을 수 있도록, 경제적인 어려움이 없도록, 여러 나라를 지나 예루살렘까지 가는 데 불편함이 없도록 도와주십시오.'

그는 간절히 기도한 후에 왕을 찾아갑니다. 왕과 함께 이런저런 이야기를 하는데, 문득 왕이 먼저 묻습니다.

"오늘따라 자네 얼굴빛이 예전 같지 않고 어두운데 무슨 일이 있는지, 소원이 있다면 말해 보라."

느헤미야는 깜짝 놀랍니다. 어떻게 왕이 내 마음을 알았을까? 그는 기도해 오던 대로 왕에게 솔직히 이야기합니다.

"제 조상들이 살던 성읍이 불에 타고 노략질을 당했다는 소식에 제가 맘이 편치 않습니다."

그러자 왕이 "내가 어떻게 해주었으면 좋겠는지 이야기해 보라."라고 말합니다.

느헤미야는 그 짧은 순간 하나님께 기도를 드립니다. 평소에 기도해 온 대로 하나님께서 왕의 마음을 움직여 주시기를 기도합니다. 그러고는

따라가기 vs 피해 가기

담대하게 말합니다.

"내 조상들의 땅으로 가서 성벽을 재건하고 무너진 성전을 수리하고 싶습니다."

느헤미야의 기도를 들으시고, 이미 왕의 마음을 만져 놓으신 하나님의 섭리 안에서 왕은 흔쾌히 허락합니다. "기간을 정하고 속히 다녀오라."

그러자 느헤미야는 담대하게 왕에게 몇 가지 소원을 더 이야기합니다. 성벽 재건에 필요한 물자를 줄 수 있는지, 예루살렘까지 가려면 3개월은 걸리는데 그 기간에 나와 함께하며 지켜 줄 군사들과 병거를 준비해 줄 수 있는지, 여러 나라를 통행할 때 무사히 통과할 수 있는 통행증을 발급해 줄 수 있는지, 그렇게 해주셨으면 좋겠다고 청원합니다. 예루살렘에 가서 살 수 있는 집도 지어야 하고, 돈도 필요하니 도와달라는 믿음으로 청원합니다.

이미 하나님께서 왕의 마음을 만져 놓으셨기에, 왕은 이렇게 말합니다.

"내가 너를 유다 땅의 총책임자로 임명하여 보낼 것이니 군사를 데리고 가고, 필요한 장비와 물자도 가지고 가라. 또한 내가 통치하는 모든 영토를 자유롭게 통행하며 가서 소원을 이루고 오라."

[7]내가 또 왕에게 아뢰되 왕이 만일 좋게 여기시거든 강 서쪽 총독들에게 내리시는 조서를 내게 주사 그들이 나를 용납하여 유다에 들어가기까지 통과하게 하시고 [8]또 왕의 삼림 감독 아삽에게 조서를 내리사 그가 성전에 속한 영문의 문과 성곽과 내가 들어갈 집을 위하여 들보로 쓸 재목을 내게 주게 하옵소서 하매

내 하나님의 선한 손이 나를 도우시므로 왕이 허락하고 ⁹군대 장관과 마병을 보내어 나와 함께 하게 하시기로 내가 강 서쪽에 있는 총독들에게 이르러 왕의 조서를 전하였더니 (느 2:7~9)

기적이 일어난 겁니다. 왕이 휴가를 주고, 돈도 주고, 군대도 동원해 주었습니다. 성벽을 잘 지을 수 있도록 모든 것을 지원해 주겠다고도 합니다. 마침내 느헤미야는 예루살렘으로 가게 되었고, 내부의 적을 다스리고 외부의 적도 이기며 끝내 성벽 재건에 성공합니다.

그런데 성경을 읽어 보면 이 일은 그냥 일어난 것이 아닙니다. 느헤미야가 기도할 때 하나님께서는 간섭하기 시작하셨습니다.

첫째, 느헤미야의 기도는 기간이 있는 기도였습니다. 하루 이틀, 한 번 두 번도 아니고 100일이 넘도록 기도할 때 하나님께서 간섭하셨습니다.

¹하가랴의 아들 느헤미야의 말이라 아닥사스다 왕 제이십년 기슬르월에 내가 수산 궁에 있는데 ²내 형제들 가운데 하나인 하나니가 두어 사람과 함께 유다에서 내게 이르렀기로 내가 그 사로잡힘을 면하고 남아 있는 유다와 예루살렘 사람들의 형편을 물은즉 ³그들이 내게 이르되 사로잡힘을 면하고 남아 있는 자들이 그 지방 거기에서 큰 환난을 당하고 능욕을 받으며 예루살렘 성은 허물어지고 성문들은 불탔다 하는지라 ⁴내가 이 말을 듣고 앉아서 울고 수일 동안 슬퍼하며 하늘의 하나님 앞에 금식하며 기도하여 ⁵이르되 하늘의 하나님 여호와 크고 두려우신 하나님이여 주를 사랑하고 주의 계명을 지키는 자에게 언약을 지키시며 긍휼을 베푸시는 주여 간구하나이다 (느 1:1~5)

아닥사스다 왕 20년 기슬르월이라고 했습니다. 이때는 기원전 445년과 444년경입니다. 우리나라는 일 년 중 달마다 1월, 2월…, 12월이라고 부르지요. 과거에도 정월, 이월, 춘삼월, 동짓달, 섣달 등등 이런 말을 썼습니다. 유대인도 두 가지 호칭을 썼습니다. 포로시대 이전에는 아빕월, 시브월, 불월, 에다님월 등과 같은 가나안식 달의 명칭에 따라 월을 구분했습니다. 포로시대 이후에는 아달월, 니산월, 시완월 같은 바벨론식 달의 명칭에 따라 월을 구분했습니다. 느헤미야서 1장 1절에 나오는 기슬르월은 바벨론식 달의 명칭에 따른 용어인데, 태양력으로 따지면 11월 중순부터 12월 중순에 해당됩니다. 이때는 겨울이라 바벨론 왕이 수산궁을 떠나서 따뜻한 곳에 있는 다른 궁으로 옮겨가 있을 때입니다. 느헤미야는 추운 겨울에 고국 예루살렘이 황폐해져 가고 있다는 소식을 들은 후 왕이 없는 수산궁에서 기도를 시작한 것입니다. 언제까지 기도했을까요? 왕이 돌아올 때까지였습니다.

¹아닥사스다 왕 제이십년 니산월에 왕 앞에 포도주가 있기로 내가 그 포도주를 왕에게 드렸는데 이전에는 내가 왕 앞에서 수심이 없었더니 (느 2:1)

느헤미야는 니산월까지 기도했습니다. 태양력으로 보면 3~4월입니다. 11월 중순에 시작된 기도가 적어도 3월 중순까지 이어지고 있었습니다. 100일 이상 기도가 이어졌다는 것입니다.

둘째, 느헤미야의 기도는 금식 기도였습니다. "내가 이 말을 듣고 앉아서 울고 수일 동안 슬퍼하며 하늘의 하나님 앞에 금식하며 기도하여" 금식은 절제와 간절함의 표현입니다. 그만큼 간절히 기도한 것입니다.

셋째, 느헤미야의 기도는 회개 기도였습니다. 느헤미야는 때로 자신과 자신의 동족들, 조상들이 저지른 죄를 회개하는 기도를 드렸습니다. 성경에 기록되어 있는, 하나님께서 오래전에 약속하신 약속들과 축복의 말씀들을 떠올리며 그 말씀을 붙잡고 기도했습니다. 그리고 혹시 그 예루살렘에 가서 무너진 성벽을 세우는 일이, 자기가 해야 할 일이라면 감당할 수 있는 능력과 도울 자들, 재정을 채워달라고 기도하기 시작했습니다. 그랬더니 하나님의 선하신 손길을 만나게 되었습니다.

넷째, 느헤미야의 기도는 함께 하는 기도였습니다. 느헤미야는 혼자 기도하지 않고 같은 생각을 가진 사람들과 함께 기도했습니다. 종의 기도뿐만 아니라 분명히, 주의 이름을 경외하기를 기뻐하는 종들의 기도라고 표현하고 있습니다. 함께 기도하던 사람들이 있었다는 뜻입니다.

[11]주여 구하오니 귀를 기울이사 종의 기도와 주의 이름을 경외하기를 기뻐하는 종들의 기도를 들으시고 오늘 종이 형통하여 이 사람들 앞에서 은혜를 입게 하옵소서 하였나니 그 때에 내가 왕의 술 관원이 되었느니라 (느 1:11)

여기에 그리스도인의 행복이 있습니다. 기간을 정해 기도하고, 금식하며 기도하고, 회개하며 기도하고, 말씀을 붙잡고 함께 기도합니다. 기도가 방법입니다. 아무리 생각해도 기도가 방법입니다. 신앙의 선배들은 이 기도라는 방법을 통해서 하나님의 뜻을 분간했고, 하나님의 뜻에 순종할 힘을 얻었습니다. 나아가 여럿이 함께 기도했습니다. 기도의 동지들이 있었습니다. 문제 앞에서, 삶의 다양한 모습들 앞에서 예방적 차원의 기도를 드리는 동지들이 있습니까?

살아가는 모양이 기도의 동역자들과 함께일 때 우리는 참 제자가 될 수 있습니다. 함께 기도하다 보면 응답이 있고, 응답이 있으면 또 자랑이 있고, 간증이 터져 나옵니다. 믿음의 선배들은 오순절에도 함께 기도했고, 전도사역을 위한 행진을 위해서도 함께 기도하며 살아왔습니다.

오래전에 어떤 교회의 부흥회를 갔는데, 교회 분위기가 참 냉랭했습니다. 130여 명 나오던 교회였다는데, 거기에는 40명도 채 모이지 않았습니다. 자기 건물도 있고 든든해 보이고 주변에 주택가나 아파트도 있어 사람들도 많을 것 같은데, 교회에는 사람이 없었습니다. '이상하다, 참으로 이상하다.'

첫날 예배를 드리고 나서야 알았습니다. '아, 이 교회는 기도를 하지 않는구나. 특히 함께 기도하지 않는구나.' 교회를 다닌 지 40년이 넘었지만 기도해 본 적이 없는 사람들이 대부분이었습니다. 부르짖어 기도해 본 적도 없고, 다급하고 절실한 것도 없었습니다. 세상 사람들과 별반 차이가 없어 보였습니다. 시간이 되면 오고 예배가 끝나면 가고, 교회가 거의 친목 단체가 되어 있었습니다. 그러니 성령님이 일하실 수가 없지 않겠습니까. 결국 교인은 점점 줄고, 노년층 교인들만 40여 명 정도 남아 있던 겁니다. 목사님은 저와 나이가 비슷했는데, 그중 가장 젊었습니다. 사모님은 이제 50세가 되었는데, 가장 어린 사람이었습니다.

'큰일이다, 큰일이야. 기도하지 않는데 어떻게 성령님께서 역사하실까?'

기도하지 않는데 어떻게 교인들의 삶에 의와 평강과 희락이 있습니까? 기도하지 않는데 어떻게 교인들의 삶에 부유함과 천국이 있습니까?

어떤 글을 봤는데, 참 공감이 되어 나누고자 합니다. 신앙이 타락하면 어떻게 되는지를 적고 있습니다.

1. 신앙이 타락하면 간절함이 없어집니다. 예배, 찬양, 기도, 어느 것 하나 간절한 마음이 생기지 않습니다. 그러니 영은 죽어가는 것입니다. 남들은 은혜받고 펄펄 뛰는데, 자신은 간절함이 없으니 구경꾼이 되는 것입니다.

2. 신앙이 타락하면 두려움이 없어집니다. 세상적인 두려움은 마땅히 없어져야 하지만, 하나님 앞에 두려움이 없는 것은 망하기로 작정한 자와 같습니다. 죄에 대한 두려움이 사라집니다. 사울 왕이 하나님을 두려워하지 않으니, 제사장도 죽이고 마음대로 제사를 지낸 겁니다.

3. 신앙이 타락하면 아픔이 사라집니다. 말씀을 들어도 아프지 않고, 죽은 영혼을 만나도 아프지 않고, 영적인 시련이 와도 아프지 않습니다. 죽은 사람은 아프지 않습니다. 세상에서의 눈물은 저주이지만, 주 안에서의 눈물은 축복입니다.

반면, 느헤미야는 간절함이 있었습니다. 힘들게 사는 예루살렘 사람들과 무너진 성벽 때문에 아파했습니다. 그랬기에 그는 위대한 영웅이 될 수 있었고, 하나님의 사람이라고 인정받을 수 있었습니다. 기도할 동지들이 있었습니다.

오늘 나는 어떻습니까? 그 간절함, 그 두려움, 그 아파함이 있나요?

특히 함께 기도할 동지들이 있나요? 저도 날마다 아픈 사람들을 위해 기도하고 있습니다. 취직 때문에 염려하는 이들을 위해 기도하고 있습니다. 경제적으로 힘든 이들을 위해 기도하고 있습니다. 또 욕심 많은 사람들, 헌신과 희생 없이 누리려고만 하는 사람들을 위해서도 기도하고 있습니다. 각지에 흩어져 있는 우리 교인들을 위해서 기도하고, 그들의 사업장을 위해서도 기도합니다. 그리고 기도할 때마다 든든한 지원군들이 있음을 경험하게 됩니다. '아, 혼자 기도하는 것이 아니구나. 누군가 함께 기도하고 있구나!' 힘이 납니다.

예수님의 거룩한 부담감

거룩한 부담감으로 함께 아파하는 것, 그 사람의 아픔을 나의 아픔으로 느끼고 그 사람의 기쁨을 나의 기쁨으로 느끼며 함께 즐거워하고 함께 슬퍼하는 것, 이것은 동질성이라고도 표현할 수 있습니다. 동질성에 대한 거룩한 부담입니다. 이에 대해 참 은혜받은 말씀이 있습니다.

> 15즐거워하는 자들과 함께 즐거워하고 우는 자들과 함께 울라 16서로 마음을 같이하며 높은 데 마음을 두지 말고 도리어 낮은 데 처하며 스스로 지혜 있는 체하지 말라 (롬 12:15~16)

예수님의 삶이 이런 것이었습니다. 하늘의 모든 것을 소유하고 다스리시는 그분이 사람들을 사랑하셔서 사람의 몸으로 이 땅에 오시고, 사람의 아픔에 함께하시고 사람의 기쁨에 함께하시고, 감당할 수 없는 죄 짐을 지고 지옥으로 끌려가는 이들을 위해서 그 죄 짐을 대신 짊어져 주셨습니다.

저는 그 예수님의 삶이 존경스럽고, 고맙고, 또 닮고 싶습니다. 그런 사람이 예수 믿는 사람이라고 여기는 사람입니다. 나 혼자 잘 살겠다는 사람이 아니라 능력 주시는 그분 안에서 예수님처럼 함께 살아가고 싶어 하는 것, 여기에 그리스도의 길이 있습니다.

예수님이 누구십니까?

> [6]우리가 아직 연약할 때에 기약대로 그리스도께서 경건하지 않은 자를 위하여 죽으셨도다 [7]의인을 위하여 죽는 자가 쉽지 않고 선인을 위하여 용감히 죽는 자가 혹 있거니와 [8]우리가 아직 죄인 되었을 때에 그리스도께서 우리를 위하여 죽으심으로 하나님께서 우리에 대한 자기의 사랑을 확증하셨느니라 (롬 5:6~8)

연약한 나를 위해, 죄인인 나를 위해 대신 짐을 져 주신 분입니다.

훈련병 시절에 산악행군을 하는데 짐도 무겁고, 총도 무겁고, 신발도 철모도 무거운 데다 힘이 빠져 죽을 것 같았습니다. 도저히 못 가겠고, 그냥 주저앉고 싶은 마음뿐이었습니다. 그런데 앞에 가던 친구가 나를 불쌍히 여기더니 내 총을 대신 들어 주었습니다. M16 총의 무게는 2.9kg이고, 길이는 99㎝입니다. 이 총 하나를 어깨에서 덜어냈는데 왜 그렇게 몸이 가벼워지든지, 참 고마웠습니다. 제가 고참이 된 후로 저도 신병들의 총을 대신 들어 준 적이 있습니다. 그때를 생각하면서 말이죠.

> [28]수고하고 무거운 짐 진 자들아 다 내게로 오라 내가 너희를 쉬게 하리라 [29]나
> 는 마음이 온유하고 겸손하니 나의 멍에를 메고 내게 배우라 그리하면 너희 마
> 음이 쉼을 얻으리니 [30]이는 내 멍에는 쉽고 내 짐은 가벼움이라 하시니라
> (마 11:28~30)

예수님은 우리의 아픔, 슬픔, 질병, 외로움, 고난을 어떻게든지 함께 짊어지려고 하셨습니다. 이에 대해 이사야 선지자는 미리 예언했습니다.

> [4]그는 실로 우리의 질고를 지고 우리의 슬픔을 당하였거늘 우리는 생각하기를
> 그는 징벌을 받아 하나님께 맞으며 고난을 당한다 하였노라 [5]그가 찔림은 우리
> 의 허물 때문이요 그가 상함은 우리의 죄악 때문이라 그가 징계를 받으므로 우
> 리는 평화를 누리고 그가 채찍에 맞으므로 우리는 나음을 받았도다 [6]우리는 다
> 양 같아서 그릇 행하여 각기 제 길로 갔거늘 여호와께서는 우리 모두의 죄악을
> 그에게 담당시키셨도다 (사 53:4~6)

또 세례 요한은 예수님을 이렇게 소개합니다.

> [29]이튿날 요한이 예수께서 자기에게 나아오심을 보고 이르되 보라 세상 죄를 지
> 고 가는 하나님의 어린 양이로다 (요 1:29)

예수님 덕분에 내가 사는 것입니다. 그분이 나의 죄 짐을 없애 주시고, 가난과 질병, 지옥을 맡아 주셨습니다. 참 감사합니다. 그러면 우리도 그렇게 살아야 하지 않을까요? 적어도 먹튀는 하지 맙시다!

너도 가서 이와 같이 하라!

느헤미야가 그런 사람입니다. 많이 노력하고 열심히 살아서 총리가 되었습니다. 이제 누려도 됩니다. 그런데 그는 아파하는 사람들을 바라보았습니다. 내가 돌봐야 할 사람들이 생각났습니다. 고국 예루살렘에서 혜택을 누리지 못한 채 신음하는 이들을 책임지고 싶었습니다. 안전하지 못한 도시에 살면서 불안해하는 동족들에게 평강을 주고 싶었습니다. 여기에 그리스도인의 길이 있습니다. 그는 동족들이 힘들게 산다는 말을 듣고 울었습니다. 동질성입니다. 거룩한 부담이 느껴졌습니다.

> ²내 형제들 가운데 하나인 하나니가 두어 사람과 함께 유다에서 내게 이르렀기로 내가 그 사로잡힘을 면하고 남아 있는 유다와 예루살렘 사람들의 형편을 물은즉 ³그들이 내게 이르되 사로잡힘을 면하고 남아 있는 자들이 그 지방 거기에서 큰 환난을 당하고 능욕을 받으며 예루살렘 성은 허물어지고 성문들은 불탔다 하는지라 ⁴내가 이 말을 듣고 앉아서 울고 수일 동안 슬퍼하며 하늘의 하나님 앞에 금식하며 기도하여 (느 1:2~4)

함께 살려고 하는 마음입니다. 지금 내가 넉넉하고 충분히 건강하고 평생 걱정 없이 살 수 있는데, 그렇지 못한 사람들을 위해서 내가 무엇인가 해야 한다는 사명감에 아파하며 울고 있는 느헤미야입니다.

바울은 이렇게 표현합니다.

> [3]내가 이 말을 하는 것은 너희를 정죄하려고 하는 것이 아니라 내가 이전에 말하였거니와 너희가 우리 마음에 있어 함께 죽고 함께 살게 하고자 함이라 (고후 7:3)

제가 생명나무교회의 담임목사로 살면서 마음에 품은 말씀입니다. "너희가 우리 마음에 있어 함께 죽고 함께 살게 하고자 함이라." 자기밖에 모르는 사람들, 이기적인 사람들, 이용해 먹으려고 달려드는 사람들, 속이려는 사람들이라 할지라도 함께 살고자 함이라.

한번은 우리 교회를 다니던 분이 전화하셔서, 나를 좀 만나고 싶다고 하셨습니다. 무슨 일이겠습니까. 더 이상 도와줄 사람은 없고, 이용할 사람이 없을 때 목사를 찾는 거잖아요. 돈 이야기를 합니다. 당장의 필요를 몇 달간에 걸쳐서 채워드렸습니다. 물론 내가 어려워짐을 감당해야 합니다. 그분에게서 한 1년 후에 또 연락이 왔습니다. 밥을 사주실 수 있냐고 합니다. 같이 밥을 먹으면서 이야기하는데, 월세가 없어서 쫓겨나게 생겼으니 6개월 정도 월세를 대주실 수 있냐고 묻습니다. 그분을 위해 기도할 때마다 들렸던 주님의 음성이 생각났습니다. "무능력하고, 무지하고, 한스럽지만 그도 내 딸이다. 그도 내 아들이다."

그분을 외면한다면, 언젠가 하나님 앞에 갔을 때 무슨 낯으로 주님을 뵙겠습니까? 예수님은 나와 예수님 당신을 둘로 보지 않으셨습니다. 하나로 보고 내 짐을 지신 겁니다. 그런데 나는 오늘 누구와 동질성을 느끼고 있습니까? 주님의 음성을 늘 들으며 삽니다. "너도 가서 이와 같이 하라!"

느헤미야는 함께 살고 싶은데, 함께 살아가는 것이 너무 힘들어서 그만두고 싶었습니다. 그렇지만 그 어떤 것도 느헤미야의 가슴속에 있는 거룩한 부담감을 이길 수는 없었습니다. 그는 하나님께서 우리와 함께하시고, 이 일을 기뻐하신다는 것을 설명하며 백성들을 설득합니다. 부족한 재원의 확충을 위해 아닥사스다 왕에게 도움을 요청합니다. 외부의 대적들을 이기기 위해, 한 손에는 칼을 잡고 한 손에는 연장을 잡고 성벽 재건 공사를 시작합니다.

처음에는 도와줄 사람도 없더니 느헤미야의 식지 않는 열정 앞에 38명의 동조자들이 나왔고, 곧바로 42개의 다양한 가문과 그룹들이 그를 돕기 시작했습니다. 느헤미야는 그들을 조직화해서 성벽 재건 작업을 동시에 시작합니다. 총 2~3㎞ 되는 성벽을 한쪽부터 순서대로 쌓지 않고, 전 지역에서 원형의 인간 사슬을 만들어 동시에 쌓아가기 시작합니다.

그렇게 52일 동안 그들은 엄청난 공사를 마쳤습니다. 힘을 합친 사람들에 의해 성벽이 다 완성되고 엄청난 규모의 봉헌식을 한 후, 예루살렘 안에 들어와서 살 사람들을 제비 뽑아 입주하게 하였습니다. 그리고 그들에게 정신교육과 신앙교육을 하여 하나님의 자녀로서의 삶을 살 것을 명령합니다. 이방인들과 결혼해서 살던 사람들을 가려내어 추방하고 이혼하게 합니다. 우상숭배하던 모든 흔적들도 치워버립니다. 온전히 한 분만을 위한, 온전히 하나님의 백성들만을 위한 예루살렘을 건설한 것입니다.

함께 아파하던 느헤미야 덕분에 예루살렘 성벽은 완성되었고, 성전과 마을을 지킬 수 있었습니다. 예수님께서 함께 아파하셨기에 우리가 있는 것입니다. 주님의 음성이 크게 들립니다. "너도 가서 이와 같이 하라!"

입다 피해 가기

하나님을 배신한 이스라엘 사람들

하나님의 백성인 이스라엘 사람들이 하나님을 배반하고 우상숭배를 할 때면, 그들을 깨우치기 위해 하나님께서 블레셋, 미디안, 암몬 족속 등 여러 부족을 사용하신 적이 있습니다.

한번은 여호와께서 이스라엘의 우상숭배에 진노하셔서 블레셋 사람의 손과 암몬 자손의 손에 그들을 붙이셨습니다. 두 민족이 연합하여 이스라엘에 쳐들어왔고, 무려 18년 동안 이스라엘을 억압했습니다.

자유를 박탈당하고, 경제적으로도 힘들고, 점점 곤고해져 가던 이스라엘은 다시금 하나님을 생각하기 시작했습니다. 하나님의 뜻대로 바르고 거룩하게 사는 것이 싫고 힘드니까 자기들 마음대로 살고 싶은데, 그렇게 살려니까 경제적으로 힘들고 몸도 피곤했습니다.

오늘날도 마찬가지입니다. 하나님 뜻대로 살려니 여러모로 손해나는 것 같아서 어느 정도 거리를 유지하는 사람들이 얼마나 많습니까? 천국에 대한 믿음은 있는데, 현실에 대한 애착도 강하고 이 땅에서 누리고 싶은 것이 점점 늘어나면서 고민이 깊어지는 사람들입니다.

이러지도 저러지도 못하면서 고민하던 이스라엘 사람들은 가난과 억압을 이기지 못하고, 결국 하나님께 기도하기 시작했습니다. 차라리 하나님의 뜻대로 살 테니 저 암몬 사람들을 물리쳐달라고, 회개와 타협의 기도가 시작되었습니다.

그러자 생각지도 못한 음성이 선지자들을 통해 들렸습니다.

> [13]너희가 나를 버리고 다른 신들을 섬기니 그러므로 내가 다시는 너희를 구원하지 아니하리라 [14]가서 너희가 택한 신들에게 부르짖어 너희의 환난 때에 그들이 너희를 구원하게 하라 하신지라 (삿 10:13~14)

하나님께서 일언지하에 거절하신 것입니다. 하나님을 계속 이용해 먹으려는 사람들에게 거절의 뜻을 비치셨습니다. 자, 여러분이라면 어떻게 하시겠습니까? 암몬 사람도 싫고 하나님의 뜻대로 살기도 싫은데, 그나마 하나님께서 그들의 요구까지도 냉정하게 거절해버리신 상황이라면 어떻게 해야 할까요?

하나님의 거절 앞에 정신이 번쩍 든 이스라엘 사람들은 하나님 앞에 더욱 납작 엎드립니다. 하나님마저 외면하시면 이제는 진짜 끝임을 알았습니다. 그래도 오랜 세월 믿음의 길에 서 있었던 조상들의 전통이 조금은 남아 있었나 봅니다. 살려니 억지로라도 하나님께 엎드려야 함을 알았습니다. 그래서 이스라엘 사람들은 다시 하나님께 나아가 더욱더 간절히 간구하기 시작합니다.

> 15이에 이스라엘 백성이 여호와께 말씀드렸습니다. "우리가 죄를 지었습니다. 주께서 어떻게 하시든지 우리가 그대로 따르겠습니다. 그러니 이번만은 우리를 구해 주십시오." 16그리고 나서 이스라엘 사람들은 자기들 중에 있던 다른 나라 신들을 없애 버리고 다시 여호와를 섬겼습니다. 그러자 여호와께서도 이스라엘 사람들이 괴로움 가운데 있는 것을 보시고 마음 아파하셨습니다. (쉬운성경_삿 10:15~16)

사랑의 하나님께서는 자녀 된 백성들이 입으로 회개하고, 몸으로 우상에게서 떠나는 것을 보시고는 마음이 약해지셨습니다. 그래서 한 사람의 지도자를 선택하고 암몬 족속을 물리치게 하셨습니다. 그 지도자가 바로 '입다'라는 자입니다.

하나님이 지도자로 세우신 사람, 입다. 그런데 참 묘하게도 그의 인생은 하나님과 함께하면서도 초라해지다가 일찍 죽는 비극으로 끝이 납니다. 자기만 죽는 것도 아니고 무남독녀 외딸도 죽이는 끔찍한 사람이 됩니다. 하나님의 사람인데, 교회에 다니는데, 믿음도 좋아 보이는데, 교회의 지도층이고 사회의 지도층인데, 왜 점점 초라한 인생이 되어 딸도 죽이고 자신도 일찍 죽는 사람이 되었을까요?

잘못된 서원으로 딸을 잃은 입다

성경은 입다를 이렇게 소개합니다.

[1]길르앗 사람인 입다는 뛰어난 용사였습니다. 입다는 아버지 길르앗이 창녀를
통해 낳은 아들이었습니다. [2]길르앗의 아내는 아들이 여러 명이었는데, 그 아들
들이 어른이 되자 입다를 집에서 쫓아냈습니다. 그들이 입다에게 말했습니다.
"너는 우리 아버지의 재산을 조금도 가질 수 없다. 이는 네가 다른 여자의 아들
이기 때문이다." [3]그래서 입다는 자기 형제들 사이에서 도망쳐, 돕 땅에서 살았
습니다. 그리고 그 곳의 부랑자들과 함께 어울렸습니다. (쉬운성경_삿 11:1~3)

입다는 기생의 아들이었습니다. 어릴 때부터 천대를 받으며 살다가,
나이가 들자 그나마 집에서 쫓겨난 사람입니다. 어울릴 사람이 마땅치
않아, 평판이 좋지 않은 조직폭력배 무리와 함께 어울렸습니다. 그리고
어느덧 그 조직의 우두머리가 될 정도의 악한 사람이 되어 있었습니다.
　암몬 사람들의 압제가 심해지자 길르앗의 지도자 몇 사람이 입다를 찾
아와 말했습니다.
　"고향으로 돌아와서 우리 군대를 이끌고 암몬 사람과 싸워 주시오."
　입다는 대답합니다.
　"당신들이 나를 미워해서 아버지 집에서 쫓아내더니 이제 와서 어려움
을 당하니까 나를 찾습니까? 그렇게는 못 합니다."
　지도자들은 다시 간청합니다.

"제발 우리에게 와서 암몬 사람들과 싸워 주시오. 그리고 당신이 길르앗의 통치자가 되어 주시오."

통치자가 되게 해주겠다는 말에 솔깃한 입다는 드디어 부하들을 이끌고 길르앗으로 내려갔습니다.

입다는 믿음이 없던 사람이 아니었습니다. 민족에 대한 애정이 없는 사람도 아니었습니다. 한때는 성령님을 경험한 사람이었습니다. 하나님께서 자신을 크게 들어 사용하실 것을 알던 사람이었습니다. 그러면 당연히 하나님께 기도부터 해야 할 텐데, 그는 길르앗에 도착한 후 이상하게도 믿음대로 하지 않았습니다.

그는 살던 대로, 머리를 썼습니다. 그는 일단 암몬의 왕에게 편지를 보냈습니다. 외교적으로 문제를 해결하려 한 것입니다. 입다는 암몬의 왕에게 조용히 우리 땅에서 물러가 줄 것을 요구했습니다. 편지를 받은 암몬 사람들이 조용히 물러가겠다고 했을까요? 그렇지 않았습니다. 입다의 말을 무시해 버렸습니다.

무시당한 입다는 고민을 합니다. 자신의 힘으로 암몬을 공격해서 쉽게 이길 수 없음을 알았기 때문입니다. 그제야 그는 하나님께 나아가 기도를 시작합니다. 하나님의 영이 나를 이끄사 암몬과의 전쟁에서 승리하게 해주시길 기도합니다. 그러자 이스라엘을 건져 주시기로 하신 하나님께서는 약속을 지키셔서 입다에게 성령의 충만을 허락하십니다.

이제 입다는 성령님의 지배를 받는 사람이 되었습니다. 믿음도 생기고, 담대함도 생겼습니다. 그렇지만 한편으로는 두려움도 있었습니다. 싸워야 하는 것도 알고, 하나님께서 함께하심도 믿어졌습니다. 그런데 여전히 두렵고 떨리는 마음도 있었습니다. 이렇게 큰 전쟁을 치른 경험이 없기 때문입니다. 동네에서 패싸움만 해봤지, 오합지졸 백성들과 이렇게 큰 전쟁은 치러본 적은 없었습니다. 그 근심과 두려움의 때에 여러분은 어떻게 하시겠습니까?

입다는 서원을 합니다. 하나님의 도우심을 간구하며 일방적인 약속을 합니다. "하나님, 제가 암몬 사람들을 물리치도록 도와주신다면 제가 승리하고 집에 돌아올 때 제일 먼저 저를 마중하러 오는 첫 번째 사람을 여호와께 바치겠습니다. 그를 불에 태워서 여호와께 제물로 드리겠습니다."

그렇게 전쟁은 시작되었고, 입다는 하나님의 도우심 속에 성 20곳을 점령하는 대승을 거두고 암몬 사람들을 크게 물리칩니다. 그리고 승전가와 함께 우렁찬 기백으로 집으로 돌아오는데, 승리의 소식을 들은 입다의 가족들이 뛰어나왔습니다. 특히 무남독녀 외딸이 장구를 치고 춤을 추고 기뻐하며 아버지께로 뛰어왔습니다.

그때 입다는 하나님과의 약속이 생각났고, 너무 슬펐지만 딸에게 그 서원 이야기를 했습니다. 딸은 아버지의 말을 들은 후 두 달간의 여유를 달라고 부탁한 뒤, 약속대로 두 달 후에 자신을 번제로 드리도록 스스로 나아와 제물이 되어 죽습니다.

이 이야기는 사사기 11장에 나오는 입다의 이야기입니다. 그 후 입다는 길르앗이라는 지역을 중심으로 6년간 이스라엘을 다스리다가 일찍 죽음을 맞이합니다.

암몬 사람들을 물리친 영웅 입다! 사사기 한 장을 차지하고 있는 인물입니다. 그를 따라가야 할까요, 피해 가야 할까요? 성경은 입다를 영웅으로 묘사하기도 합니다. 입다에 대해 이야기한 사람 중에 제일 유명한 사람은 사무엘 선지자입니다. 그는 이스라엘 사람들에게 하나님께서 과거에도 함께하셨음을 강조하면서, 하나님이 사용하신 인물 몇 사람을 소개할 때 입다를 거론했습니다.

> [11]여호와께서 여룹바알과 베단과 입다와 나 사무엘을 보내사 너희를 너희 사방 원수의 손에서 건져내사 너희에게 안전하게 살게 하셨거늘 (삼상 12:11)

여기서 여룹바알은 기드온을 말하고, 베단은 잘 알려지지 않은 사사였으며, 그다음이 입다와 사무엘입니다. 사무엘이 생각할 때, 큰일을 행한 사람 기드온과 어깨를 나란히 할 만한 사람으로 입다를 거론한 것입니다.

또 신약성경에서도 믿음의 거장들을 이야기하면서 그중에 한 사람으로 입다를 소개하기도 합니다.

> [32]내가 무슨 말을 더 하리요 기드온, 바락, 삼손, 입다, 다윗 및 사무엘과 선지자들의 일을 말하려면 내게 시간이 부족하리로다 [33]그들은 믿음으로 나라들을 이기기도 하며 의를 행하기도 하며 약속을 받기도 하며 사자들의 입을 막기도 하며 [34]불의 세력을 멸하기도 하며 칼날을 피하기도 하며 연약한 가운데서 강하게 되기도 하며 전쟁에 용감하게 되어 이방 사람들의 진을 물리치기도 하며 (히 11:32~34)

히브리서는 입다의 업적을 기드온, 바락, 삼손, 다윗, 사무엘의 수준으로 높여서 칭찬하고 있습니다.

입다는 따라가야 할 사람일까요, 피해 가야 할 사람일까요? 영웅이고 훌륭한 믿음의 사람이었지만, 이번 장에서는 우리가 닮고 싶지 않은 그의 두 가지 모습을 찾아보면서 오늘날 천국 백성으로서의 우리 삶을 점검해 보고자 합니다.

치료되지 않은 그의 열등감

열등감은 치료받아야 할 질병이며, 그로 인한 상처는 매우 깊어서 자신감을 잃게도 합니다. 열등감은 사람을 망치는 아주 무서운 질병 가운데 하나입니다. 내가 선택하지 않았는데 괜히 기죽어 살게 하고, 남을 미워하게 만드는 병입니다. 누군가를 끌어내리고 싶고, 착한 척하지만 분노하게 합니다. 내가 잘못한 게 아닌데 담대하게 살지 못하게 하고 편법과 불법을 자극해서, 거기에 승부욕이 더해지면 곧 죄를 짓게 되는 전염병같이 아주 못된 질병이 열등감입니다.

입다는 기생의 아들이었습니다. 서자로 태어나 구박을 받으면서 살았습니다. 적자들 앞에만 서면 기가 죽고, 아버지의 본부인 앞에만 서면 기가 죽습니다. 자신이 선택한 것도 아닌데 그렇게 살게 되었습니다. 당연한 듯이 받아들여지는 서자의 슬픔이었겠지만, 믿음의 눈으로 보면 이것은 매우 잘못된 것임을 알아야 합니다.

"그런즉 그리스도 예수 안에 있는 자들에게는 결코 정죄함이 없느니라" 하시는 하나님의 뚜렷한 말씀을 기억할 필요가 있습니다. 서자로 태어난 것이, 기생의 아들로 태어난 것이 내 죄가 아님을 알아야 하며 거기에는 특별한 하나님의 뜻이 있음도 알아야 합니다.

우리는 로마서 10장의 말씀을 기억하고 믿을 필요가 있습니다.

[11]성경에 이르되 누구든지 그를 믿는 자는 부끄러움을 당하지 아니하리라 하니 [12]유대인이나 헬라인이나 차별이 없음이라 한 분이신 주께서 모든 사람의 주가 되사 그를 부르는 모든 사람에게 부요하시도다 [13]누구든지 주의 이름을 부르는 자는 구원을 받으리라 (롬 10:11~13)

〈메시지 성경〉은 이렇게 표현합니다.

성경도 우리에게 확신을 심어 줍니다.
"마음과 목숨을 다해 하나님을 신뢰하는 사람들은 결코 후회하는 법이 없다."
이는 우리의 종교적 배경과는 아무 상관이 없는 일입니다.
우리 모두에게 동일하신 하나님께서 소리쳐 도움을 청하는 모든 사람들에게 믿을 수 없을 만큼 동일하게 풍성히 베풀어 주십니다.
"하나님 도와주세요!' 하고 외치는 사람은 누구나 도움을 얻습니다."
(메시지 성경_롬 10:11~13)

"누구나" "동일하게 풍성히" 참 마음에 와닿고 믿어지는 말씀입니다.

내가 고아면 어떻습니까? 나이 들어서 고아 아닌 사람이 어디 있나요? 결국에는 부모님이 다 안 계시기는 마찬가지입니다. 엄마가 없다고, 아빠가 없다고 열등감에 기죽어 사는 사람들이 무슨 대단한 일을 하겠습니까?

하나님이 내 아버지이심을 믿고, 그분이 나를 사랑하심을 믿고, 그분을 향하여 "도와주세요!"라고 외치면서 절대적으로 하나님만을 의지하는 사람들은 그분으로 말미암은 담대함 가운데 행복한 삶이 열리게 됨을 믿어야 합니다.

내가 키가 작다고, 내가 키가 크다고, 내가 못생겼다고, 고치고 싶은 부분이 많다고 생각하시나요? 열등감은 비교 의식에서 나옵니다. 비교의 대상이 없으면 열등감도 없습니다. 굳이 비교하지 않아도 되는데, 왜 비교하려 할까요. 그게 죄의 시작이고, 마귀의 유혹이라는 사실을 알아야 합니다.

비교하면서 내가 더 성장하고 발전한다면 좋겠지만 대부분의 비교는 사람을 기죽게 하고, 원망하게 하고, 시기심이 발동하게 합니다. 내 외모를 내가 선택한 것도 아닌데, 왜 그 때문에 자랑해야 하고 그 때문에 기죽어야 하나요? 전혀 그럴 필요 없습니다. 이만하면 충분하잖아요. 나는 하나님께서 정성을 다해 빚으신 걸작품임을 믿으십시오.

머리가 나빠서 공부를 못 한다고 생각하시나요? 그 머리를 내가 선택했나요? 물론 어릴 때 똑똑하고 좋은 부모님 밑에서 함께 살지 못해 공부를 못했을 수는 있지만, 사람이 꼭 공부 잘해야 행복하고 잘 사는 것은 아닙니다. 중요한 것은 나와 하나님과의 관계, 그분과 나와의 거리감입니다. 그게 모든 것을 결정하는 것이지, 학력이 아님을 알아야 합니다.

2019년 3월, 미국에서 고등학생들의 대학 입시 결과를 기다리는 시기에 미국 연방경찰이 깜짝 놀랄 발표를 했습니다. 33명의 부유층 학부모들이 예일, 스탠퍼드, 조지타운, 서던캘리포니아 등의 명문대학교에 자녀를 입학시키기 위해 교묘히 설계된 입시 부정을 저질렀다는 것이었습니다. 윌리엄 싱어라는 악덕 입시 상담가가 주선해서 만들어 낸 입시 비리 사건이었습니다. 그는 감독관들에게 돈을 주고 성적이 안 되는 학생들의 성적을 조작해 주고, 체육 특기생도 아닌데 운동부 감독에게 돈을 줘서 특기생으로 채용하게 하는 등의 수법으로 8년간 2500만 달러를 챙겼습니다. 한화로 하면 약 360억 원 되는 돈을 챙긴 것입니다. 명문대학교에 들어갈 수 있는 진짜 자격을 갖춘 사람들은 떨어뜨리고, 돈을 이용해서 옆문으로 들여보내는 나쁜 수법이었습니다.

가장 공정하다고 하는 미국 대학의 입학시험조차도 부유한 집 자녀들의 점수가 높은 것은 사실입니다. 그만큼 기회가 더 많이 제공되고, 우수한 교사들에게 배울 가능성도 높으며, 체육이나 여행 등의 혜택도 더 많이 받을 수 있기 때문이지요. 실제 미국 아이비리그 대학생의 3분의 2는 재산 소득 금액 상위 20% 가정의 출신이며, 하위 50% 출신자는 4%도 되지 않습니다. 프린스턴대학교와 예일대학교에는 미국의 재산 소득 금액 하위 60% 출신 학생들보다 상위 1% 출신 학생들이 더 많기로 유명합니다. 소득 기준 하위 50% 가정 출신자 20명 가운데 한 명은 상위 5% 안에 이르기도 하지만 대부분은 중산층에도 이르지 못합니다. 최고 명문대라고 손꼽히는 하버드와 스탠퍼드대학교 대학생 3분의 2 역시도 소득 상위

5%의 자녀들입니다.

어차피 세상은 그렇게 평등하거나 공정한 사회가 아닙니다. 현실이 이렇다 보니, 그 사람들 앞에 서면 기가 죽는 사람이 많아집니다. 열등감이 느껴져서 고개가 숙여집니다. 대부분은 이럴 수 있습니다. 그렇지만 믿음의 사람들은 그래서는 안 된다고 성경은 분명히 강조합니다. 소득이 적든, 많든 그것이 비교의 대상이나 자랑이나 열등감의 이유가 되어서는 안 됨을 성경은 가르칩니다. 하나님은 누구든지 그분을 절대적으로 의지하는 모든 이에게 삶의 충분한 이유와 도움을 주시는 분이기 때문입니다.

있으면 있는 대로, 사명도 크고 심판대 앞에서 들어야 할 꾸중도 많음을 알아야 합니다. 없으면 없는 대로, 하나님께서 나를 통하여 이루고 싶어 하시는 뜻이 있음을 알아야 합니다. 무지개는 한 가지 색깔로 만들어지지 않았습니다. 합력하여 선을 이루어야 무지개가 됩니다. 내게 맡겨진 색을 내야 무지개가 완성됨을 알아야 합니다. 빨간색을 부여받았는데, 왜 파란색을 부러워합니까.

성경은 이렇게 말씀합니다.

> [4]하나님께서 지으신 모든 것이 선하매 감사함으로 받으면 버릴 것이 없나니 [5]하나님의 말씀과 기도로 거룩하여짐이라 [6]네가 이것으로 형제를 깨우치면 그리스도 예수의 좋은 일꾼이 되어 믿음의 말씀과 네가 따르는 좋은 교훈으로 양육을 받으리라 [7]망령되고 허탄한 신화를 버리고 경건에 이르도록 네 자신을 연단하라 (딤전 4:4~7)

입다는 이것을 못했습니다. '난 기생의 아들이야, 난 안 돼, 난 불량배하고나 어울릴 수 있는 사람이야, 못난 것!' 마귀의 꼬임에 싹 넘어가서 용기를 잃고, 기죽어 살고, 비교하면서 열등감에 찌들어 사는 못난이였던 입다는 정말 따라가고 싶지 않은 사람입니다.

믿음이라는 것은 이 열등감이라는 상처의 치료제인데, 입다는 믿는다고 하면서도 이를 제대로 활용하지 못하고 있었습니다. 상처보다 큰 하나님의 사랑을 받아들이지 못하고 있었습니다. 하나님께서 나를 기생의 아들로 그렇게 지으셨고, 지금도 나를 사랑하시고, 앞으로도 나를 인도하실 것임을 믿지 못했습니다. 나를 그렇게 만드신 하나님의 뜻이 있기에 나는 분명 행복한 사명자의 삶을 살 것이라는 믿음이 없었습니다. 그래서 입다는 갈수록 나빠지는 사람이 됩니다. 내가 고칠 수 없는 것, 바꿀 수 없는 것으로 열등감을 느끼지는 않는지 삶을 되돌아봐야 합니다.

입다의 무지함

입다는 믿음이 없지 않았습니다. 믿음이 있고, 하나님을 신뢰했습니다. 그러나 무지했습니다. 믿기는 믿는데, 너무 무식하게 믿었습니다. 그래서 자기도 힘들고, 다른 사람도 힘들게 했습니다. 여기에 오늘 우리들의 슬픔이 있습니다.

입다는 암몬 사람들과의 전쟁에서 꼭 이기고 싶었습니다. 자기를 무시하던 배다른 형들이나 길르앗의 부유층, 잘난 사람들 앞에서 폼을 재고 싶었습니다. 꼭 이겨야 했습니다.

그래서 그는 하나님께 서원기도를 드리게 됩니다. 서원기도는 하나님께 드리는 약속의 기도입니다. "하나님께서 이렇게 해주시면 제가 이렇게 보답하겠습니다" 하는 약속의 기도입니다. 그래서 입다는 이 전쟁에서 이기게 해주시면 집에 돌아갔을 때 제일 먼저 자기를 반갑게 맞아 주는 사람을 하나님께 드리겠다는 약속을 합니다.

> 31"저는 여호와께 태워 드리는 제물인 번제물을 바치겠습니다. 제가 승리를 거두고 돌아올 때, 제 집에서 저를 맞으러 나오는 첫 번째 사람을 여호와께 바치겠습니다. 번제로 그를 여호와께 드리겠습니다." (쉬운성경 _ 삿 11:31)

굳이 이런 약속을 해야 하나요? 성령이 임하셨고 사사로 부름받았는데, 그분이 책임져 주실 텐데 왜 이런 약속을 해야 했을까요? 자신이 없는 것입니다. 자꾸 믿음이 식어가는 것입니다. 그래서 당시 이방 우상들에게 사람을 제물로 바치며 서원하던 풍습이 생각난 것입니다. 불량한 사람들하고 놀면서 배우고 몸에 익힌 못된 세상 풍습입니다. 그래서 하나님께 그런 약속을 합니다. 참으로 멍청한 사람입니다.

서원기도는 반드시 지켜야 하는 중요한 것이기도 하지만 동시에 내가 서원한 그 내용이 하나님의 뜻에 맞는지, 또 내 서원을 하나님께서 허락하셨는지를 살펴봐야 합니다. 내가 하나님께 일방적으로 통보한 것은 서원이 아닙니다. 서원은 반드시 쌍방 간의 합의에 의해서 이루어지는 것입니다.

대표적인 사람이 바로 한나입니다. 아기를 못 낳던 한나는 하나님께 서원기도를 합니다. 아이를 낳게 해주시면 그 아이를 하나님께 드려 나실인이 되게 하겠다는 서원이었습니다.

> [11] 서원하여 이르되 만군의 여호와여 만일 주의 여종의 고통을 돌보시고 나를 기억하사 주의 여종을 잊지 아니하시고 주의 여종에게 아들을 주시면 내가 그의 평생에 그를 여호와께 드리고 삭도를 그의 머리에 대지 아니하겠나이다 (삼상 1:11)

하나님이 이 기도를 들으시고 어떻게 하셨습니까? 엘리 목사님을 통해 응답해 주셨습니다.

> [17] 엘리가 대답하여 이르되 평안히 가라 이스라엘의 하나님이 네가 기도하여 구한 것을 허락하시기를 원하노라 하니 [18] 이르되 당신의 여종이 당신께 은혜 입기를 원하나이다 하고 가서 먹고 얼굴에 다시는 근심 빛이 없더라 (삼상 1:17~18)

쌍방 간에 대화가 이뤄진 것입니다. 서원했고, 응답하셨고, 기쁨이 있었습니다. 이게 서원기도입니다. 이런 서원기도는 반드시 지켜야 했습니다.

> [21] 네 하나님 여호와께 서원하거든 갚기를 더디하지 말라 네 하나님 여호와께서 반드시 그것을 네게 요구하시리니 더디면 그것이 네게 죄가 될 것이라 (신 23:21)

그래서 한나는 기쁨을 가지고 돌아가서 그 서원을 지켰고, 하나님께서도 응답의 복을 주셨습니다. 한나에게 사무엘 외에도 더 많은 자녀들을 주셨습니다.

이게 서원입니다. 하나님 뜻 안에서 서원해야 하고, 하나님과 대화하면서 충분히 공감하는 가운데 서원이 이루어지고 지켜집니다. 그런데 만약 아내나 남편이 배우자의 허락 없이 하나님께 서원했거나, 혹은 자녀가 부모의 동의 없이 서원한 것이라면 언제라도 무효화시킬 수 있었습니다. 그게 서원입니다.

저는 목사로 살면서 참 무지한 사람들, 자기 욕심이나 과시욕 혹은 열등감을 감추려고 혼자만의 헛된 통보를 참 서원과 혼동하는 사람들을 많이 봤습니다.

입다도 마찬가지였습니다. 서원을 하는데, 참으로 무식한 서원을 합니다. 사람을 하나님께 바치겠다는 것입니다. 하나님께서 사람의 생명을 제물로 받으시는 분인가요? 절대로 그렇지 않으십니다. 하나님은 이방 문화에서 자녀들을 이방의 신에게 바치는 풍습을 매우 싫어하셨습니다. 사람의 생명을 지으신 하나님은 그 생명을 가볍게 여기는 모든 이들을 굉장히 큰 죄인으로 보셨습니다. 레위기 20장에도 보면 자녀를 이방신에게 제물로 드리는 사람들을 살려두지 말고, 오히려 그를 쳐 죽이라고 하셨습니다.

그런 분이 자기 목숨도 아니고, 다른 사람의 생명을 걸고 하는 서원을 인정하실까요? 그냥 입다의 결심일 뿐이지, 하나님과는 전혀 상관없는 일방적인 통보였습니다. 이는 곧 하나님을 무시하는 행위입니다.

자, 전쟁에서 이기고 돌아왔는데 무남독녀 외딸이 첫 번째로 나왔습니다. 아빠의 승리를 축하하기 위해 악기를 들고 나와서 춤을 추었습니다. 그러면 어떻게 해야 할까요? 입다는 깨달아야 했습니다. '아, 이번 전쟁은 하나님께서 함께하셨고, 내 서원하는 마음은 받으시지만 내 딸을 번제로 받고 싶어 하지는 않으시는구나. 내가 참 어리석었다.'

내가 봐도 저렇게 예쁘고 좋은데, 하나님은 얼마나 기뻐하실까요? 그럼 당장 기도를 바꿔야지요. '하나님, 죄송합니다. 제가 무식하고 열등감에 빠져 있었어요. 전쟁에서 이기고 싶어 잘못된 서원을 했습니다. 용서해 주세요. 대신 저에게 승리를 주신 하나님께 서원은 못 지키지만 예물을 대신 드리겠습니다.'

이를 '속전'이라고 합니다. 약속을 어긴 죄에 대하여 회개의 뜻으로 드리는 예물이지요. 이에 대해 언급한 성경 말씀을 기억할 필요가 있습니다.

"이스라엘 백성에게 전하여라. 만약 어떤 사람이 자기가 다른 사람을 여호와께 종으로 바치기로 특별한 약속을 했다면, 너는 그 사람의 값을 정하여라." (쉬운성경_레 27:2)

속전이 그래서 있습니다. 잘못된 서원이나, 내 자랑이나 내 욕심, 내 만족 때문에 하나님께 약속한 것을 못 지키게 될 때 드리는 예물인 것입니다.

입다는 참으로 무식했지만 배우려고도 하지 않았고, 묻지도 않았기에 무남독녀 외딸을 죽이는 죄를 저지릅니다. 정말 멍청합니다.

입다는 열등감을 믿음으로 극복하지도 못했고, 믿음이 있는 것 같지만 무지해서 자기 딸까지 죽이고, 끝내 자신의 삶마저 초라해진 사람이었습니다. 따라가고 싶지 않습니다. 그래서 나에게 있는 입다의 모습을 찾아보게 됩니다.

제6장

정신적 가치를
중요시 여긴
레갑의
후손들

VS

무한 소유욕으로
영광마저 가로챈
헤롯

레갑의 후손들 따라가기

김형석 교수 이야기

현재 우리나라에 살고 있는 사람들 중 100세 이상 된 분들이 2만 명이 넘는다고 합니다. 그중에 제일 존경받는 신앙인이자 유명한 분은 누구일까요? 제 생각에는 김형석 교수가 아닐까 싶습니다. 30대 중반에 연세대학교 교수가 된 후로 많은 제자를 길러내시고, 사회의 혼란기 때마다 명쾌하게 방향을 제시하며 방황하는 젊은이들의 마음을 추스르신 분이며, 결혼식 주례자로 모시고 싶은 사람 순위에서 늘 상위권에 있던 분입니다. 그분이 쓰신 수많은 신앙서적이나 일반 책들은 스테디셀러가 되어 지금도 많은 이들에게 읽히고 있으며, 여전히 존경받는 원로 신앙인입니다.

김형석 교수와 관련된 에피소드도 많습니다.

어느 날, 김형석 교수가 지방 출장 차 김포공항에 갔습니다. 미리 예약을 했고 함께 가는 일행들에게 발권 받은 표를 다 나눠 주었는데, 김 교수 표만 없더랍니다. 문의했더니 항공사 직원이 이상하다며 급히 매니저를 불렀습니다. 잠시 후 달려온 매니저가 김 교수에게 "혹시 연세가 어떻게 되시느냐?"라고 물었는데, 알고 보니 컴퓨터상에 나이가 '1세'로 떠 있었던 것입니다. 1920년생인 김 교수는 당시 만으로 101세였습니다. 컴퓨터가 두 자리 숫자만 읽게끔 설정되어 있어 101세는 못 읽은 것이지요. 지금까지 그분이 대한항공 비행기만 930번 이상을 탔는데, 컴퓨터를 보니 1세짜리가 930번 이상 비행기를 탔다고 나오니 오류인 줄 알고 직원이 예약 내역을 삭제한 것이었습니다.

또 있습니다. 30대 중반 연세대 교수로 처음 재직했을 때, 김 교수 생각에 자신이 환갑이 되고 정년이 되면 인생이 끝날 줄 알았답니다. 그런데 살아보니, 가장 일을 많이 하고 행복한 건 60세부터였다고 합니다. 그때부터 글도 더 잘 쓰게 되고, 사상도 올라가고, 존경도 받게 된 것입니다. 그러면서 이런 이야기를 합니다. "인생의 사회적 가치는 60부터 온다. 나이 들어서 고생 덜하고 깨끗하게 가려면 적어도 50대 이후에는 건강에 바짝 신경 써야 한다."

김형석 교수는 아직도 지팡이를 짚지 않습니다. 100세가 넘는 연세에도 정신력과 기억력, 사고력과 판단력이 놀랍습니다. 유연하고 열린 사고 역시 젊은이들 못지않지요. 어느 기자가 김형석 교수에게 질문했습니다.

"100세까지 건강하고 행복하게 살려면 무엇이 가장 중요합니까?"

"배우려는 자세를 놓지 않으면 됩니다. 사람들은 몸이 늙으면 정신도 따라 늙는다고 생각합니다. 하지만 그렇지 않습니다. 자기 노력에 따라 정신은 늙지 않습니다. 그때는 몸이 정신을 따라옵니다."

김형석 교수는 이렇게 대답하면서, 사회적인 은퇴를 끝이라고 생각하지 말고 시작이라고 생각하면서 정신적 가치를 높이고 살아야 한다고 강조합니다. 기자가 또 이런 질문도 했습니다.

"100년 넘게 살아오셨는데, 주변에 행복한 사람들과 불행한 사람들이 있지 않았겠습니까? 어떤 사람들이 불행하던가요?"

그러자 김형석 교수는 두 가지로 명쾌하게 답변하였습니다.

"첫째로 정신적 가치를 모르는 사람은 절대로 행복하지 않습니다. 물질적인 가치가 행복을 가져다주지 못하는데도 사람들은 자꾸 삶의 가치, 삶의 중요성을 소유와 외모에 두니 행복하지 않고 불행을 경험하는 것입니다. 돈이나 권력, 혹은 명예를 좇는 사람도 많지만 그곳에서 행복을 찾는 사람을 본 적이 없습니다. 물질적 가치를 추구하는 사람에게 감사, 만족, 자족 등이 생길 수 없고 더 꾸밀수록, 더 가질수록 채워지지 않는 욕심이 사람들을 불행하게 하는 것입니다. 반면에 정신적 가치를 아는 사람들은 만족, 자족이 가능하며 멈출 줄도 압니다."

참 잊히지 않는 이야기입니다. 물질적 가치보다는 정신적 가치를, 소유보다는 존재에 의미를 두고 살아야 행복하다는 말입니다. 채우려 하기보다는 이미 주신 것에 대해 감사하고 자족할 때 더 행복하다는 이야기가 바로 하나님께서 우리에게 주시는 음성입니다.

김형석 교수가 두 번째로 답한, 불행을 경험하는 사람들이 누구인지 아시나요? 건너고 싶어도 행복의 강을 건너지 못하는 사람들입니다. 바로 이기주의자입니다. 이들은 절대로 행복할 수 없는 사람들입니다. 김형석 교수는 이렇게 이야기합니다. "이기주의와 행복은 절대 공존할 수 없다."

참 마음에 와닿는 이야기입니다. 자기를 소중히 여기는 사람은 결코 행복하지 못합니다. 인간은 그렇게 지어졌습니다. 그래서 예수님께서는 말씀하셨습니다.

> 37예수께서 이르시되 네 마음을 다하고 목숨을 다하고 뜻을 다하여 주 너의 하나님을 사랑하라 하셨으니 38이것이 크고 첫째 되는 계명이요 39둘째도 그와 같으니 네 이웃을 네 자신 같이 사랑하라 하셨으니 40이 두 계명이 온 율법과 선지자의 강령이니라 (마 22:37~40)

하나님 사랑, 이웃 사랑이 중요한 것이지, 자기 사랑은 가치가 없다는 말씀입니다.

이는 아무나 할 수 있는 것이 아닙니다. 그만큼 노력해야 합니다. 실력을 쌓아야 하고, 책임감도 있어야 합니다. 성실해야 남을 사랑할 수 있고, 그때 행복해지는 것을 알아야 합니다.

레갑의 후손 여호나답 이야기

김형석 교수가 이야기하는 '정신적 가치'라는 말을 생각하면서 떠오른 사람들이 있습니다. 바로 레갑의 후손들입니다.

레갑이 누구인지 아시나요? 구약 성경에 두 사람이 나오는데, 한 사람은 사울의 아들 이스보셋 수하의 군인이었다가 자신이 모시던 주군 이스보셋을 죽이는 반역자의 이름입니다. 물론 이 사람은 우리가 따라가고 싶은 레갑이 아닙니다. 우리가 따라가고 싶은 레갑은 바로 요나답의 아버지로 소개되는 사람입니다.

성경이 철저하게 감추고 있는 사람, 레갑! 감추니 알 수가 없지요. 잘 알려지지 않은 무명 선수입니다. 그가 생전에 무슨 일을 했는지, 어디에 살았는지, 관직이 무엇이었는지, 얼마나 좋은 일을 했는지 등등 아무것도 나오지 않습니다. 단지 성경에 기록된 것은 그의 아들들, 후손들의 이야기뿐입니다.

아버지는 모르는데, 그 자녀들 몇 명이 성경에 나옵니다. 그래서 성경은 그냥 '레갑의 후손들'이라고 표현합니다. 아들을 보면 아버지를 알 수 있습니다. 후손들을 보면 그 조상들을 알 수 있습니다. 교인들을 보면 교회를 알 수 있고, 학생들을 보면 학교의 수준이나 교사들을 알 수 있습니다. 그래서 성경은 레갑을 소개하지 않고 그의 후손들을 소개합니다. 그의 후손들을 보면서 레갑을 생각해 보라고 합니다.

대표적인 후손의 이름은 '요나답'입니다. 레갑의 아들이라고도 하는데, 히브리말로 아들이라는 뜻은 후손이라는 뜻과 동의어이기 때문에 친아들인지 손자인지 증손자인지는 모르지만 후손임에는 틀림없습니다.

요나답, 그의 다른 이름은 '여호나답'입니다. 그는 우상을 숭배하던 아합 가문을 멸절시킨 예후 장군과 친분을 맺고 바알 숭배자들을 처형했던 사람으로 유명합니다.

기원전 9세기 이스라엘에는 아합 왕이 있었습니다. 그는 그의 부인 이세벨과 함께 우상숭배로 유명한 사람이었고, 선지자 엘리야와 원수처럼 지내던 사람이었습니다.

하나님께서는 이런 아합의 가문을 심판하시기 위해 한 사람을 택하셨는데, 바로 예후라는 장군이었습니다. 예후 장군은 하나님의 말씀에 순종해서 아합과 그 가족들과 추종자들을 하나둘 제거해 나가기 시작했습니다. 그때 예후는 정치적으로 굉장한 두려움 속에서 이 일을 감행합니다. 아합을 반대하며 예후를 추종하는 사람들도 있었지만, 여전히 아합을 지지하는 사람들도 많았기 때문입니다.

그래서 무엇보다 백성들의 신망이 두터운 사람들로부터 인정을 받고 싶었습니다. 하나님을 두려워하는 사람, 하나님 편에 서 있는 사람으로부터 이번의 '반란'이 단순히 정치적인 테러가 아니라 종교적인 거룩함의 회복을 뜻하는 '변혁'으로 평가받고 싶었습니다. 이때 예후 장군 앞에 나타나는 사람이 바로 여호나답입니다.

당시 여호나답은 성품이나 삶의 모양이나 여러 방면에 있어서 존경받던, 하나님을 추종하던 사람이었습니다. 악한 아합 왕 때문에 신음하며 아합 가문의 멸망을 위해 간절히 기도하던 사람이었습니다. 다른 사람들과 생각하는 것부터 말하는 것, 행동하는 것이 다르고 세상 풍조에 휩쓸리지 않으며 오직 하나님의 뜻에 따라 거룩하고 성실하고 정직하게 살면서 존경받던 인물이었습니다. 벼슬 같은 것 없이 그냥 한 지역에서 존경받던 사람이었습니다.

여호나답이 예후를 찾아가서 만납니다. 여호나답의 진실함을 잘 아는 예후 장군은 여호나답에게 이야기합니다. 이는 아주 유명한 성경 구절이고 제가 마음에 깊이 새긴 구절입니다.

> [15]예후가 거기에서 떠나가다가 자기를 맞이하러 오는 레갑의 아들 여호나답을 만난지라 그의 안부를 묻고 그에게 이르되 내 마음이 네 마음을 향하여 진실함과 같이 네 마음도 진실하냐 하니 여호나답이 대답하되 그러하니이다 이르되 그러면 나와 손을 잡자 손을 잡으니 예후가 끌어 병거에 올리며 [16]이르되 나와 함께 가서 여호와를 위한 나의 열심을 보라 하고 이에 자기 병거에 태우고 [17]사마리아에 이르러 거기에 남아 있는 바 아합에게 속한 자들을 죽여 진멸하였으니 여호와께서 엘리야에게 이르신 말씀과 같이 되었더라 (왕하 10:15~17)

악한 왕의 대명사인 아합 왕을 진멸하는 데에 예후 장군의 든든한 후원자로 나서는 사람이 여호나답이며, 성경은 그가 바로 레갑의 아들이라고 소개하고 있습니다. 하나님의 뜻을 거스르며 사는 아합 왕의 잔당들을 완전히 쓸어버리는 데 큰 공을 세운 종교적 지도자 여호나답.

그런데 이후로 그의 이름이 더 이상 나오지 않습니다. 당연히 예후를 따라 정계에 진출해서 한자리 차지하고 권력과 부유함을 누릴 만한데, 그 뒤로 여호나답의 이야기가 성경에서 사라진 것입니다. 공만 세우고 무대 뒤로 사라져서 하나님 사랑, 이웃 사랑의 삶을 조용히 실천하며 살다가 천국에 간 사람, 여호나답! 그는 진실했기에 술수가 없었고, 계산 능력이 없었습니다. 분명 큰 공을 세웠는데 조용히 사라져 버렸습니다.

레갑의 후손들은 그렇게 살았습니다.

레갑의 후손 겐 종족 이야기

레갑은 겐 종족 사람이라고 알려져 있습니다.

> [55] 야베스에 살던 서기관 종족 곧 디랏 종족과 시므앗 종족과 수갓 종족이니 이는 다 레갑 가문의 조상 함맛에게서 나온 겐 종족이더라 (대상 2:55)

레갑 족속의 기원은 정확하게 알 수 없지만, 역대상 2장 55절 말씀에 따르면 BC 10세기에 유대에 흡수된 종족인 겐 종족과 관계가 있음을 알 수 있습니다.

겐 종족 중에 우리가 기억해야 하는 사람은 바로 모세의 장인 '이드로'입니다. 모세의 장인의 이름은 르우엘인데, 성경은 그를 '이드로'라고 표현합니다. 이드로는 미디안 제사장을 뜻하던 칭호입니다. 원래는 르우엘 제사장인데, 당시 제사장이 한 사람밖에 없어서 아마 이드로라고 불렀던 것이겠지요. "이구영 목사님!"이 아니라 "목사님!"이라고 부르는 것과 같은 것입니다.

모세의 장인은 그의 아들 호밥과 함께 모세를 찾아옵니다. 모세가 홍해를 건너 광야를 지나고 있을 때 장인 르우엘은 아들 호밥과 딸 십보라 (모세의 아내) 그리고 손자들을 데리고 모세를 찾아갑니다. 그리고 어느 정도의 시간이 흐른 후 모세의 장인 르우엘과 처남인 호밥은 십보라와 모세의 아들들을 모세에게 맡기고 고향으로 돌아가려고 합니다. 그때 모세가 그들을 만류하며 함께 가나안에 가자고 합니다. 그들은 하나님을 믿는 사람들이 아니었습니다. 그렇지만 모세는 그들에게 함께 가나안에 가서 살면서 하나님의 자녀로 살아보자고 이야기한 것입니다.

> [29]호밥은 미디안 사람 르우엘의 아들입니다. 이드로라고도 하는 르우엘은 모세의 장인입니다. 모세가 처남인 호밥에게 말했습니다. "우리는 하나님께서 우리에게 주시기로 약속한 땅으로 갑니다. 우리와 함께 갑시다. 처남을 잘 대접하겠습니다. 여호와께서 이스라엘에게 좋은 것으로 약속하셨습니다." [30]그러나 호밥이 대답했습니다. "아닐세. 나는 가지 못하네. 나는 내가 태어난 내 고향으로 돌아가야 하네." [31]모세가 말했습니다. "우리를 떠나지 마시오. 처남은 이 광야에서 우리가 어디에 진을 쳐야 할지 알고 있습니다. 처남은 우리의 안내자가 될 수 있습니다. [32]우리와 함께 갑시다. 여호와께서 우리에게 주시는 좋은 것을 다 처남에게 나누어 드리겠습니다." [33]그리하여 그들은 여호와의 산을 떠났습니다. 백성은 여호와의 언약궤를 앞세웠습니다. 그들은 삼 일 동안 진을 칠 곳을 찾았습니다. (쉬운성경_ 민 10:29~33)

　영어 성경에서는 이렇게 표현합니다.

³²If you come with us, we will share with you whatever good things the LORD gives us." ³³So they set out from the mountain of the LORD ······ (NIV성경_민 10:32~33)

모세의 장인이자, 모세의 처남이었던 겐 족속 사람들. 그들은 이스라엘 백성의 출애굽 과정에서 광야를 지날 때 합류해서 이스라엘 사람으로 살았고, 늦게 믿기 시작했지만 하나님을 참 신실하게 원칙대로 믿었던 사람들이었습니다. 성경은 그들을 '레갑의 후손들'이라고 부릅니다.

이스라엘 사람들이 가나안에 정착해서 살 때 그들도 그곳에 있었습니다.

¹⁶겐 사람들은 종려나무의 성인 여리고를 떠나, 유다 사람들과 함께 '유다 광야'로 가서 같이 살았습니다. '유다 광야'는 아랏 성 근처의 남쪽 유다에 있었습니다. 모세의 장인은 겐 사람이었습니다. (쉬운성경_삿 1:16)

이들은 불의와 억압 혹은 폭력에 대항해서 정의를 위해 용기를 냈던 사람들로도 유명합니다. 가나안에 전쟁이 일어났을 때, 하나님을 무시하는 '시스라'라는 놈이 많은 사람들을 죽이고 다녔지만 사사들도 벌벌 떨며 감히 시스라를 죽이지 못했습니다. 그러다 사사 드보라를 중심으로 힘을 모아서 시스라를 대적했는데, 이때 시스라의 군사들이 죽고 시스라는 도망을 쳤습니다. 그런데 도망치는 이 시스라를 누가 죽이는지 아시나요? 바로 레갑의 후손 헤벨의 아내 야엘입니다. 야엘이 자기 집에 들어와서 자고 있는 시스라의 머리에 말뚝을 박아 죽입니다.

> ¹⁸야엘은 밖으로 나가 시스라를 맞이하며 말했습니다. "장군님, 내 장막으로 들어오십시오. 두려워하지 마십시오." 그러자 시스라가 야엘의 천막으로 들어갔습니다. 야엘은 시스라에게 이불을 덮어 주었습니다. ¹⁹시스라가 야엘에게 말했습니다. "목이 마르다. 마실 물 좀 다오." 야엘은 우유가 담긴 가죽 부대를 열어 시스라에게 마시게 했습니다. 그리고 다시 이불을 덮어 주었습니다. ²⁰시스라가 또 야엘에게 말했습니다. "가서 천막 입구에 서 있어라. 만약 누가 와서 '여기 누구 오지 않았소?'라고 물으면 '안 왔습니다'라고 대답하여라." ²¹그러나 헤벨의 아내 야엘은 밖에 서 있지 않고 장막 말뚝과 망치를 들고 조심스럽게 시스라에게 다가갔습니다. 시스라는 매우 피곤했기 때문에 잠이 깊이 들어 있었습니다. 야엘은 말뚝을 시스라의 관자놀이에 박았습니다. 말뚝이 머리를 뚫고 땅에 박혔습니다. 그래서 시스라는 죽었습니다. (쉬운성경_삿 4:18~21)

하나님을 대적하는 사람, 하나님의 백성을 괴롭히는 사람을 내 적군으로 알고 용기 있게 나서서 싸우던 사람들이 레갑의 후손들입니다.

하나님 말씀에 정신적 가치를 둔
레갑의 후손들

그들은 다윗 왕 시대에도 이스라엘 땅에 살면서 여전히 조상들이 전해 준 엄격한 규칙대로 살고 있던 사람들이었습니다. 그래서 다윗 왕도 그들을 존중해 주었습니다.

> 27다윗은 아말렉 사람들에게서 빼앗은 물건을 벧엘과 유다 남쪽의 라못과 얏딜과 28아로엘과 십못과 에스드모아와 29라갈의 지도자들에게 보냈습니다. 다윗은 또 여라므엘과 겐 사람들의 성읍 지도자들과 30호르마와 고라산과 아닥과 31헤브론의 지도자들에게도 선물을 보냈습니다. 다윗은 자기와 자기 부하들이 거쳐 갔던 모든 곳에 선물을 보냈습니다. (쉬운성경_ 삼상 30:27~31)

성경은 다윗이 힘든 도망자 시절에 그에게 호의를 베풀었던 사람들로 겐 족속과 레갑의 후손들을 소개하고 있습니다.

또한 그들은 나라가 망하고 포로로 잡혀가는 속에서도 자신들만의 규율을 지키며 살았고, 후에 느헤미야 선지자가 와서 성벽을 재건할 때 한 부분을 맡아 성벽을 완성한 사람들이기도 합니다.

> 14'거름 문'은 레갑의 아들 말기야가 보수했습니다. 그는 벧학게렘 지역을 다스리던 사람입니다. 그는 문을 세우고 문짝과 자물쇠와 빗장을 달았습니다. (쉬운성경_ 느 3:14)

그들에게는 세 가지 독특한 생활 원칙이 있었습니다. 첫 번째는 포도주를 마시지 않는 것입니다. 포도주는 그 당시 누구나 즐겨 마시는 음료 정도에 불과했습니다. 그럼에도 레갑의 후손들만은 포도주를 마시지 않았습니다. 레갑과 여호나답이 당부했기 때문입니다. "우리 가문은 대대로 포도주를 마시지 말라!" 다른 사람들은 음료처럼 마시는데, 혼자 안 먹는다는 것이 쉽지 않았을 것입니다. 그럼에도 그들은 그렇게 살았습니다.

두 번째는 집을 짓고 살지 않는 것입니다. 사람이 어떻게 집 없이 살 수 있겠습니까? 그런데 이들은 집을 짓지 않았습니다. 집을 짓고 살면 자꾸 이 땅에 안주하고 싶어져서, 하늘 소망이 줄어든다는 것이 이유였습니다. 집을 짓고 살면 정착해서 편하게 살고 싶어지므로, 집을 짓지 말고 나그네임을 잊지 말고 살아가기 위해서였습니다. 그래서 그들은 장막을 세워 놓고 텐트 속에서 살았습니다.

세 번째는 파종을 하지 않는 것입니다. 레갑이 명하길, 농사도 짓지 말고 포도도 심지 말고 목축업을 하며 살아가라고 했습니다. 그래서 그 자손들은 한 평의 논도 소유하지 않았고, 포도나무도 심지 않으며 살았습니다. 그들은 경작 활동이나 음주, 혹은 가나안과 관련된 풍속들에 참여하기를 거부했습니다. 유목 생활양식을 종교적 의무로 믿었기 때문에 이스라엘과 유대 대부분의 지역에서 목축업에 종사했습니다.

또한 후대 유대교 전승에 따르면, 레갑 족속은 사제 계급인 레위 지파 사람들과 결혼했다고 합니다. 신앙의 순수성을 이어가고 싶었기 때문입니다.

이번 장의 이야기는 예레미야 선지자와 레갑의 후손들과 관련된 이야기입니다. 예레미야 선지자가 살던 당시에 대부분의 이스라엘 백성들이 타락하기 시작했고, 하나님에게서 멀어졌습니다. 하나님 사랑, 이웃 사랑은 외면되었고 정신적 가치보다는 물질적 가치가 우선시되었습니다. 만족, 자족, 감사가 사라져갔고, 점점 풍요로워지는 삶 속에서 편하고 재미있게 살다 보니 믿음이 자라지 않았습니다. 하나님의 공의가 무너지고 정직하지 않은 사회가 되었습니다.

진노한 하나님께서 예언자들을 보내셨습니다. 돌아오라고. 현실 가치만 따지지 말고 미래 가치, 즉 천국의 가치를 따져보며 살아가라고. 물질세계만 중시하지 말고 신앙 가치, 즉 정신적 가치를 소중히 하며 살아가라고. 그러나 아무리 예언자들이 외쳐도 이미 마귀의 꼬임에 넘어가서 편한 것, 재미있는 것에 빠져버린 사람들은 하나님의 말씀을 듣지 않았습니다. 속상하신 하나님이 어느 날 예레미야 선지자를 부르십니다. 그리고 말씀하십니다.

> ¹유다의 요시야 왕의 아들 여호야김 때에 여호와께로부터 말씀이 예레미야에게 임하여 이르시되 ²너는 레갑 사람들의 집에 가서 그들에게 말하고 그들을 여호와의 집 한 방으로 데려다가 포도주를 마시게 하라 하시니라 (렘 35:1~2)

요시야는 나라를 잘 다스린 왕 중의 하나였습니다. 그렇지만 사람들은 여전히 우상숭배를 하고 있었고, 하나님의 진노는 시작되고 있었습니다. 주변 강대국과의 전쟁이 계속 이어졌고, 요시야가 애굽과의 전쟁에서 패하여 죽고 말았습니다. 그러자 그의 첫째 아들인 여호아하스가 아버지의 뒤를 이어 왕이 되었는데, 애굽 왕 바로느고가 석 달 만에 왕을 폐위시키고 막내아들 여호야김을 왕으로 앉혔을 때입니다.

이 때는 나라가 힘이 없고 다 망해가고 있었습니다.

막나가는 풍조가 사회에 스며들어 갈 때, 하나님도 필요 없고 왕도 필요 없고 조상들의 교훈도 필요 없고 다 귀찮을 때, 나 하나 편하게 살 생각을 하고 있을 때인 것입니다. 이 당시 사람들은 언제 전쟁에 끌려가서 어떻게 될지 모르고, 언제 죽을지도 모르니 일단 살고 보자고 생각했습니다. 그래서 정신적 가치, 신앙적 가치는 땅에 떨어지고 이기주의가 만연해지며 하나님 사랑과 이웃 사랑에서 멀어져 가고 있었습니다.

바로 이러한 때 하나님께서 예레미야에게 말씀하신 겁니다. 레갑 사람들이 사는 곳으로 가서 그들을 예루살렘 성전으로 초대하고, 아무도 보지 못하는 조용한 방으로 가서 함께 포도주를 마시라고. 당시는 전쟁으로 인해 나라의 이곳저곳이 파괴되어 있었기에, 레갑 후손들이 사는 땅도 사람이 살 수 없게 돼서 임시로 예루살렘에 살고 있었습니다.

예레미야는 하나님의 말씀을 따라 레갑의 후손들이 사는 마을로 갔고, 그들을 초대해 성전으로 왔습니다. 성전에는 예배실, 사무실, 제사장들의 대기실, 물건을 쌓아 놓는 방 등 부속실들이 있었습니다. 예레미야는 그중 아주 조용한 곳에, 아무도 들어오지 않는 그 은밀한 장소에 레갑의 후손들을 데리고 들어갔습니다. 그러고는 탁자에 술잔과 안줏거리를 내놓고, 예레미야가 술을 잔에 따라 마신 뒤 레갑의 후손들에게도 권했습니다. 한잔하면서 이야기하자고, 부탁드릴 것이 있다고. 그런데 레갑의 후손들은 어느 누구도 포도주를 마시지 않았습니다. 깜짝 놀란 예레미야가 아무도 보는 사람이 없으니 괜찮다며, 한잔 마시라고 다시 권합니다. 그때 레갑의 후손들 중 한 사람이 이렇게 이야기합니다.

⁶그들이 이르되 우리는 포도주를 마시지 아니하겠노라 레갑의 아들 우리 선조 요나답이 우리에게 명령하여 이르기를 너희와 너희 자손은 영원히 포도주를 마시지 말며 ⁷너희가 집도 짓지 말며 파종도 하지 말며 포도원을 소유하지도 말고 너희는 평생 동안 장막에 살아라 그리하면 너희가 머물러 사는 땅에서 너희 생명이 길리라 하였으므로 ⁸우리가 레갑의 아들 우리 선조 요나답이 우리에게 명령한 모든 말을 순종하여 우리와 우리 아내와 자녀가 평생 동안 포도주를 마시지 아니하며 ⁹살 집도 짓지 아니하며 포도원이나 밭이나 종자도 가지지 아니하고 ¹⁰장막에 살면서 우리 선조 요나답이 우리에게 명령한 대로 다 지켜 행하였노라 (렘 35:6~10)

참 감동적인 장면입니다.

집을 짓는다고 누가 욕하는 것도 아닌데, 술 마신다고 누가 감옥에 가두는 것도 아닌데, 아무런 강제성이 없는데도 그들은 조상의 말씀에 따라 자신을 지켜내고 있었습니다. 그동안 들어온 말씀들을 조상들의 이야기가 아니라 하나님께서 조상을 통해 자기들에게 주신 음성으로 알고 철저히 순종하려고 한 것입니다.

상과 벌의 문제가 아니라 내 정신적 가치의 문제였습니다. 남들과 비교할 것도 없습니다. 남이야 어찌 살던지 우리는 이렇게 살아가야 하는 운명임을 알았습니다. 그리고 그 속에서 행복을 찾았습니다. 비교하면서 불행하게 사는 것이 아니라 나름대로의 행복을 그 주어진 삶 속에서 누릴 줄 알았습니다.

참 따라가고 싶은 사람들입니다. 내 길이 아니면 가지 않는 사람들. 내게 주어진 배역이 비록 가난하고 힘들다 해도 마다하지 않고, 하나님께서 주신 것으로 알아 감사하게 감당하며 행복을 누리던 사람들입니다.

주위에서 모두가 주식을 하고, 투기를 하고, 코인을 하고 뉴스마다 난리지만, 하나님께서 좋아하시지 않을 것 같다는 생각이 들면 안 하면 됩니다. 그런데 이게 쉽지 않습니다. 남들이 다 돈을 벌었다고 하면, 나도 꼭 해야 할 것 같습니다. 그러다 보니 삶이 힘들어지고 조마조마하게 되고, 빚도 늘어납니다. 겉으로는 안 그런 척하지만 불안감을 감출 수가 없습니다. 살다 보면 이런 일들로 고민스러울 때가 많습니다. 어떻게 해야 할까요?

간단한 답이 여기에 있습니다. 이게 하나님의 뜻이다 싶으면 아무리 이익이 되고 편리하고 재미있어 보여도 "아니오!"를 선언할 수 있는 사람들, 바로 레갑의 후손과 같이하면 되는 것입니다.

레갑의 후손들은 힘이 들고, 외롭고 서글퍼도 이것이 하나님의 뜻이다 싶으면 손해를 봐도 순종하였습니다. 사회와 어울리려고 하기보다 말씀을 우선적으로 생각하고, 거기에 나의 정신적 가치와 신앙적 가치를 두고 그대로 살려는 사람들이었습니다. 다른 사람과 비교할 것도 없고, 눈치를 볼 필요도 없었습니다. 술자리에서도 분명히 뜻을 표시할 수 있고, 신앙의 양심에 따라 매사 행동할 수 있는 사람들이었습니다.

먹어도 되고 투자해도 되고 놀아도 됩니다. 그것들이 크게 죄가 되는 것도 아닙니다. 그럼에도 불구하고 부모님의 뜻이 아니기에, 하나님의 뜻이 아니기에 냉정하게 거절할 수 있는 여기에 레갑 후손의 삶이 있습니다. 이들은 다른 윤리기준, 다른 정신적 가치를 가지고 사는 사람들입니다.

이럴까, 저럴까 고민될 때 더러 생각하는 말씀이 있습니다.

> ²³모든 것이 가하나 모든 것이 유익한 것은 아니요 모든 것이 가하나 모든 것이
> 덕을 세우는 것은 아니니 ²⁴누구든지 자기의 유익을 구하지 말고 남의 유익을
> 구하라 (고전 10:23~24)

쉬운성경으로 23절을 다시 읽어 보십시오.

> ²³"모든 것이 허용되었다"고 여러분은 말하지만, 모든 것이 다 유익한 것은 아닙
> 니다. 또 "모든 것이 허용되었다"고들 그러지만 모든 것이 다 덕을 세우는 것은
> 아닙니다. (쉬운성경_고전 10:23)

그래서 레갑의 후손은 대선지자 예레미야가 한잔하자는데도 거절합니다. "다른 사람들은 다 마셔도 되고 먹어도 되지만, 저희들은 조상님들의 훈계를 거스르고 싶지 않습니다. 지킬 수 있도록 도와주십시오!"

집을 짓고 사는 것, 농사를 짓는 것이 큰 죄는 아니지만 그냥 하나님께서 자신들에게 주신 배역은 목축업이고 천막에 사는 것이라서 그렇게 살아갑니다. 불편하고 힘들지만 이 땅에 사는 동안만은 그렇게 살아가겠다고 의지적 결단을 하고 삽니다. 상당히 정신적 가치가 높고, 행복한 사람들입니다. 참 따라가고 싶습니다.

레갑의 후손들이 그 은밀한 장소에서 포도주를 거절하던 그때, 하나님의 음성이 다시 예레미야에게 들렸습니다.

¹⁸예레미야가 레갑 사람의 가문에게 이르되 만군의 여호와 이스라엘의 하나님
께서 이와 같이 말씀하시기를 너희가 너희 선조 요나답의 명령을 순종하여 그
의 모든 규율을 지키며 그가 너희에게 명령한 것을 행하였도다 ¹⁹그러므로 만군
의 여호와 이스라엘의 하나님께서 이와 같이 말씀하시니라 레갑의 아들 요나답
에게서 내 앞에 설 사람이 영원히 끊어지지 아니하리라 하시니라 (렘 35:18~19)

참 감동적인 장면입니다. 감동하신 하나님께서 그들을 천국 백성으로
인정하시고, 그들의 예배를 받으시겠다고 선포하십니다.

타락해가는 오늘 이 시대에, 자신을 지켜내는 사람들의 모습을 레갑의
후손들에게서 봅니다. 물질적 가치가 최고로 여겨지는 이 시대에, 정신
적 가치를 최고로 여기는 모습을 레갑의 후손들에게서 보게 됩니다. 이
기주의 시대에, 하나님 사랑과 이웃 사랑의 가치를 실현시키는 모습을
레갑의 후손들에게서 보게 됩니다.

참 따라가고 싶은 사람들입니다. 남들이 어떻게 하든 말든 내게 주신
하나님의 말씀을 소중히 지키려던 그들입니다. 저 역시 돈을 벌고 노는
것에 더 신경 쓸 수 있지만 억지로 그렇게 하지 않는 이유가 이들 때문입
니다. 따라가고 싶습니다. 하나님께서 내가 주식이나 투기, 로또, 술집,
노래방, 유흥업소 등등 이런 것에 신경 쓰는 것을 좋아하실까요? '아니
오!'라고 답이 나오면 성령님을 의지하면서 안 하면 됩니다.

이 레갑의 후손들을 묵상하면서 생각나는 사람들이 있습니다. 바로 미
국에 사는 아미시입니다. 미국 전역에 이들이 모여 사는 '아미시 마을'이
20여 개 있다고 합니다. 프랑스와 스위스를 중심으로 살다가 신앙의 자

유를 찾아 미국을 찾았던 독일계 유럽인들의 마을입니다. 산상수훈의 말씀을 그대로 실천하며 살려고 문명과 차단되어 사는 사람들입니다. 자동차, 전화, 텔레비전, 전기도 거부하고 화장도 하지 않습니다. 앞치마가 달린 단정한 긴 원피스를 입고, 무늬가 없는 단색으로만 옷을 입습니다. 가구당 평균 7명 이상의 자녀를 두는데, 이들은 공교육을 거부하고 한 교실에서 1학년부터 8학년까지 함께 공부한 후 농사와 목축 기술을 배웁니다. 경쟁을 하기보다는 함께 살아가는 방식을 배우며 익힙니다. 청소년 때에 신앙적 결단을 하는데, 혹시 공동체를 떠나 세상으로 나가겠다고 하면 얼마든지 보내주지만 90% 정도의 학생들이 자발적으로 이 공동체를 떠나지 않는다고 합니다. 이들은 정신적 가치를 중요시 여기고 주님이 오시는 그날까지 신앙의 순수성을 그대로 유지하며 살다가 천국에 가고 싶은 사람들입니다.

혼합주의 시대, 흐름을 따르는 시대를 살아가면서 레갑의 후손들과 아미시들이 문득 생각납니다. 순수성을 잃어버리는 시대에 스스로 변화를 거부하고 적응을 거부한 사람들. 정신적 가치를 높이기 위해서, 하나님 사랑과 이웃 사랑을 실천하기 위해서 조상들을 통해 들려주신 하나님의 말씀을 그대로 살아내려는 사람들.

이들의 삶을 때때로 묵상하면서, 우리들 중에서도 순수성을 잃지 않고 조금은 보수적일지라도, 조금은 고리타분할지라도 예수님의 모습을 그대로 흉내 내며 사는 레갑의 후손들이 끊어지지 않고 이어지기를 기도합니다.

헤롯 피해 가기

마귀의 미끼, 무한 소유욕

마귀가 사람들을 자기편으로 끌어들이기 위해서 던진 미끼 가운데 하나가 소유욕입니다. 어릴 때는 이것이 더욱 강합니다. 성경은 이렇게 말씀합니다.

> [21]여호와께서 그 향기를 받으시고 그 중심에 이르시되 내가 다시는 사람으로 말미암아 땅을 저주하지 아니하리니 이는 사람의 마음이 계획하는 바가 어려서부터 악함이라 내가 전에 행한 것같이 모든 생물을 다시 멸하지 아니하리니
>
> (창 8:21)

노아 홍수 후에 하나님께서 하신 말씀입니다. 에덴동산을 무너뜨리고,

가족을 무너뜨리고, 사회를 무너뜨리게 만든 마귀의 작전은 사람의 마음 속에 소유욕을 심어 주는 것이었습니다. 어려서부터 악하다는 말씀은 그 마음 가운데 내 것에 대한 애착, 집착이 강하다는 뜻입니다. 이것을 교육으로, 특히 신앙교육을 통해서 없애 주지 않으면 인간은 나이가 들어서 더 추잡해지고, 불행해질 것입니다. 돈은 제법 모았지만 삶이 힘들고 행복에서 점점 멀어지는 사람들을 종종 보게 됩니다.

인간은 어릴 때부터 주변에 있는 모든 것들을 내 것으로 착각하며 성장하곤 합니다. 엄마도 내 것, 아빠도 내 것, 장난감, 먹을 것, 옷도 신발도 다 내 것입니다. 이것을 심리학자들은 '자기중심성'이라고 표현합니다. 이런 사람들은 사물을 이해할 때도 나와 관련해서만 이해하고 받아들입니다. 형제자매가 엄마랑 더 친한 것 같으면 그 사이에 끼어들어야 하고, 엄마가 아빠랑 친한 것 같으면 또 그 사이에 끼어들어야 합니다. 내 엄마인데, 내 것인데 빼앗길까 봐 두렵기 때문입니다.

더 나아가 내가 누려야 하는데 남들이 누리고 있으면, 그것도 화가 나서 다른 아이들의 장난감을 빼앗으려 하고 옷을 찢기도 합니다. 동생이 엄마랑 친한 것 같으면 공연히 동생을 밀어 넘어뜨리는 것과 같습니다. 교육에 의해 이러한 것들이 제어되지 않으면 인간의 소유욕은 브레이크 없는 자동차처럼 무한 질주를 하게 되어 있습니다. 마귀가 노리는 것이 바로 그것입니다. 무한 소유욕!

좋은 집, 좋은 자동차, 좋은 가방, 좋은 신발, 좋은 옷, 많은 돈……. 사람들은 왜 그렇게 명품에 집착할까요? 아직 이 유아기적 소유욕에 충족되거나 제어되지 않아서 그렇습니다. 영적으로 표현하면, 거듭나지 않은 인생이라 그렇습니다. 아직도 무엇인가에 결핍을 느끼며 사는 것이지요.

하나님의 나라를 보고 그 나라의 기쁨과 평안, 그 나라의 가치를 알고 믿게 되면 이 땅의 것들에 그리 큰 미련이 없어질 텐데, 이런 사람들은 그리 많지 않습니다. 그래서 사람들은 신앙인이든, 비신앙인이든 늘 소유욕에 시달리곤 합니다. 과연 그들은 행복할까요?

마귀는 이 소유욕을 부추깁니다. 필요 없는 것을 사고 싶게 만들고, 가지게 하고, 자랑하게 합니다. 내 것이 아닌데 내 것으로 착각하게 해서 도둑질을 하게 만들고, 사기를 치게 만들고, 수단 방법 가리지 않고 욕심을 채우게 합니다. 그래야 지옥 백성을 만들 수 있으니까요.

아담과 하와는 분명히 알고 있었습니다. 에덴동산이 하나님의 소유이고, 그 모든 나무와 열매들이 하나님의 것임을요. 그런데 마귀의 유혹 앞에서 혼란이 오기 시작했습니다. 내 것이 아니었는데, 내 것일 수도 있겠다는 착각에 빠진 것입니다. 그들은 에덴동산에 살고 있고, 마음껏 자유를 누리며 먹을 수 있었습니다. 그렇다고 그것이 그들의 소유는 아니었습니다.

하나님께서는 아담에게 복을 주셨지, 에덴의 소유권을 넘겨주지는 않으셨습니다. 하나님께서는 에덴동산에서 아담에게 이렇게 말씀하십니다. "생육하고 번성하여 땅에 충만하라" 이 말씀은 정복하고 다스리라는 뜻으로, 관리하라는 말입니다. 즉, '사용권'은 있지만 '소유권'은 없는 것입니다.

그럼에도 마귀는 자꾸만 이 미끼를 던지고 있습니다. "네 것이니 네 마음대로 할 수 있다"는 미끼입니다. 에덴동산에 있는 선악과는 분명 하나님의 소유였지만, 마귀는 그 소유권이 아담과 하와에게 있음을 강조하고 있었습니다. 네 것이니 네가 먹을 수 있다는 유혹이었습니다. 사람은 이 거짓말에 속아 넘어갑니다. 왜일까요? 바로 '욕심' 때문입니다. 내 것이었으면 좋겠다는 욕심.

이 거짓말에 속으면 안 됩니다. 세상에 진짜 내 것은 없습니다. 통장에 있는 돈이 내 것 같지만 내가 죽는 날에는 내 것이 아닙니다. 내 이름으로 등기 난 집이 내 것 같지만 내가 죽는 날에는 내 것이 아닙니다. 자동차가 내 이름으로 되어 있지만 사고 나서 없어질 수도 있음을 알아야 합니다.

내 손도, 내 발도 내 것이 아님을 알아야 합니다. 하나님이 아직 내 생명을 가져가지 않으셨기에 숨을 쉬는 것이고, 팔다리가 붙어 있게 해주셔서 어려움 없이 생활할 수 있는 것이고, 보고 듣고 맛볼 수 있게 해주셨기에 삶의 질이 높아지는 것임을 알아야 합니다. 사용하고 누릴 수 있도록 주머니를 채워 주시는 것이지, 하나님이 불어버리시면 그날로 아무 것도 아님을 알아야 합니다. 내 것이면 내 마음대로 움직여 줘야 하는데, 이게 잘 안 됩니다. 내 것이 아니니까요.

예수님께서는 누가복음 12장에서 이런 이야기를 해주신 적이 있습니다.

¹⁵그리고 사람들에게 말씀하셨다. "너희는 조심하여, 온갖 탐욕을 멀리하여라. 재산이 차고 넘치더라도, 사람의 생명은 거기에 달려 있지 않다." ¹⁶그리고 그들에게 비유를 하나 말씀하셨다. "어떤 부자가 밭에서 많은 소출을 거두었다. ¹⁷그래서 그는 속으로 '내 소출을 쌓아 둘 곳이 없으니, 어떻게 할까?' 하고 궁리하였

다. [18]그는 혼자 말하였다. '이렇게 해야겠다. 내 곳간을 헐고서 더 크게 짓고, 내 곡식과 물건들을 다 거기에다가 쌓아 두겠다. [19]그리고 내 영혼에게 말하겠다. "영혼아, 여러 해 동안 쓸 많은 물건을 쌓아 두었으니, 너는 마음을 놓고, 먹고 마시고 즐겨라.' [20]그러나 하나님께서 그에게 말씀하셨다. '어리석은 사람아, 오늘 밤에 네 영혼을 네게서 도로 찾을 것이다. 그러면 네가 장만한 것들이 누구의 것이 되겠느냐?' [21]자기를 위해서는 재물을 쌓아 두면서도, 하나님께 대하여 인색한 사람은 바로 이와 같이 될 것이다." (표준새번역_ 눅 12:15~21)

그래서 예수님이 말씀하시는 것은 '소유'가 아니라 '공유'입니다. 성경은 고린도전서 15장에서 이렇게 말씀합니다.

[47]첫 사람은 땅에서 났으니 흙에 속한 자이거니와 둘째 사람은 하늘에서 나셨느니라 [48]무릇 흙에 속한 자들은 저 흙에 속한 자와 같고 무릇 하늘에 속한 자들은 저 하늘에 속한 이와 같으니 [49]우리가 흙에 속한 자의 형상을 입은 것 같이 또한 하늘에 속한 이의 형상을 입으리라 (고전 15:47~49)

마귀가 주는 소유욕을 이겨내지 못하는 것이 우리가 어쩔 수 없는 아담의 유전인자, 바로 마귀가 심어 놓은 그 욕심과 소유욕을 뿌리치지 못하기 때문이라면 하늘에 속하신 그분의 유전인자를 받은 사람들은 소유가 아니라 공유와 나눔을 실천하다가 하나님께로 돌아가게 됨을 강조하시는 이야기입니다.

초대교회가 왜 그렇게 유명해졌습니까? 예수 그리스도 안에서 이것이

가능했기 때문입니다. 성경은 이에 대해 사도행전 2장에서 이렇게 말씀합니다.

> [44]믿는 사람이 다 함께 있어 모든 물건을 서로 통용하고 [45]또 재산과 소유를 팔아 각 사람의 필요를 따라 나눠 주며 [46]날마다 마음을 같이하여 성전에 모이기를 힘쓰고 집에서 떡을 떼며 기쁨과 순전한 마음으로 음식을 먹고 [47]하나님을 찬미하며 또 온 백성에게 칭송을 받으니 주께서 구원받는 사람을 날마다 더하게 하시니라 (행 2:44~47)

이처럼 마귀가 심어 놓은 미끼, 그 소유욕이나 자랑은 예수님의 능력 안에서는 통제되기에, 우리는 성령님의 도우심을 구하며 예수님을 흉내 내면서 살 수 있는 능력을 달라고 기도하곤 합니다.

우리를 불행하게 하는 소유욕들

우리의 삶이 마귀가 뿌린 소유욕 때문에 불행해지는 모습을 많이 보게 됩니다. 첫째로 가정의 소유욕입니다. 가정이 내 것이 아닌데 마귀는 가정이 내 것인 줄 착각하게 합니다. 자녀도 내 소유인 줄 착각하게 하고, 배우자 역시 내 소유인 줄 착각하게 만듭니다. 내 마음대로 하려는데, 그 생각 자체가 잘못되었음을 알아야 합니다. 그 누구도 내 마음대로 움직일 수 있는 사람은 없습니다. 자녀는 하나님의 소유입니다. 내가 잠시 맡아서 함께 살아가고 있는 것뿐임을 잊어서는 안 됩니다. 그래서 늘 하나님께 맡기는 위임의 기도를 드려야 합니다. "주여, 당신 것이오니 맡아주시옵소서!"

그런데 이상하게도 내가 열심히 할 때는 그렇게 안 되더니, 맡기고 나니 잘됩니다. 지혜도 주시고, 사람도 보내 주십니다. 나는 관리자이지, 소유자가 아님을 명심해야 합니다.

가정뿐만이 아닙니다. 두 번째는 교회의 소유욕입니다. 한국 교회의 쇠퇴 뒤에는 일부 목사님들이 교회를 사유화하려는 흔적이 있음을 기억하게 됩니다. 자신이 개척했다고, 자신이 오래 사역했다고 해서 사유화하려고 합니다. 절대로 안 될 일입니다.

세 번째는 내 몸의 소유욕입니다. 내 몸이 마음대로 안 되는 경험이 있으신가요? 다리도 아프고, 허리도 아프고, 눈도 잘 안 보이고. 내 것이 아니기 때문입니다. 몸이 말을 안 듣는다고요, 내 몸이 내 마음 같지 않다고요, 맞는 이야기입니다. 원래 내 몸은 내 것이 아닙니다. 하나님이 허락하셨기에 내가 잠시 머물러 있는 공간일 뿐입니다. 내 몸이라고 생각하니까 내 마음대로 사용하는 겁니다. 육신의 즐거움을 위해 살고, 순간적인 쾌락을 위해 살 때도 있는 겁니다. 하나님께서는 우리에게 몸을 허락하시면서 당부하셨습니다.

고린도전서 6장에서 몸 사용 설명서의 대원칙을 말씀하셨습니다.

[31]그런즉 너희가 먹든지 마시든지 무엇을 하든지 다 하나님의 영광을 위하여 하라 (고전 10:31)

네 번째는 돈, 집의 소유욕입니다. 내 집, 내 돈일까요? 그분이 '훅' 하고 불면 아무것도 아님을 우리는 알고 있습니다. 빼앗깁니다. 없어지지요. 꽁꽁 묶어 숨겨 두어도 다 날아가 버립니다.

십일조가 그래서 중요합니다. 십일조는 내 모든 소유가, 내 모든 수입이 내 것이 아니라 하나님께서 주셨다고 하신 신앙적 고백입니다. 내 것이면 왜 십일조를 드리겠습니까? 드릴 필요가 없지요. 그런데 하나님께서 주신 것이라는 믿음이 있기 때문에 드리는 겁니다. '건강을 주신 분도, 지혜를 주신 분도, 도울 자를 보내 주신 분도, 그 사람을 만나게 하신 분도 하나님이셨구나!' 이것이 인정되니까 십일조를 드리는 것입니다.

저 역시 가진 것이 없고 굶을지라도 십일조는 꼭 드리며 살아왔습니다. 하나님께서 주셨다는 믿음이 있었기 때문입니다. 타협은 없었습니다.

아브라함이 가나안 땅 부족 전쟁에서 승리한 적이 있습니다. 가나안 원주민 부족은 9개인데, 5개 부족과 4개 부족이 양편으로 나뉘어 전쟁을 벌였습니다. 그 결과 4개의 부족이 이겼고, 아브라함의 조카 롯이 포로로 잡혀가게 됩니다. 이로 인해 아브라함은 원치 않게 전쟁에 참여하게 되었습니다. 가솔 318명을 데리고 기습작전을 펴서 승리에 도취해 있던 4개 부족 연합군을 이기고 조카 롯을 구출해 온 것입니다.

생각해 보니, 자기의 승리가 아니었습니다. 무모한 도전이었는데 하나님께서 승리하게 해주신 것이 틀림없었습니다. '나의 능력이 아니라 하나님의 도우심으로.' 아브라함은 하나님께서 이 전쟁을 이기게 하셨다는 마음의 고백을 드리고 싶었습니다. 그래서 많은 전리품 중에 10분의 1을 떼어 하나님께 드립니다. "하나님이 해주셨습니다." 하는 고백이 그렇게 십일조로 나타났습니다.

다섯 번째는 시간의 소유욕입니다. 시간도 내 것이 아님을 알아야 합니다. 내가 살고 싶다고 더 살 수 있는 것이 아닙니다. 하나님께서 우리에게 주신 시간은 끝이 있음을 알아야 합니다. 그래서 더욱 소중히 여기고 알차게 사용해야 함에도 자꾸만 그 시간이 내 것인 줄 알고 내 마음대로 사용하는데, 이는 '죄'라는 것을 알아야 합니다. 게으름이 죄인 이유가 여기에 있습니다. 하나님이 주신 시간을 내 마음대로 낭비하는 것이지요. 적어도 하나님께서 내게 주신 그 시간을 낭비하는 죄는 범하지 말아야겠습니다.

그러고 보면 내 것이 하나도 없습니다. 소유도, 생명도, 몸도, 시간도, 자녀도, 배우자도, 가정도, 교회도 모두 다 내 것이 아님을 알게 됩니다. 여러분은 어떤가요? 그 시간이 내 것이라면 내 마음대로 하면 됩니다. 그러나 시간의 주인이 따로 계시며 나는 그 시간을 잠시 사용하는 것이라면, 정신을 차리고 시간을 아껴서 사용해야 할 필요가 있습니다. 성경은 말씀합니다.

[16]세월을 아끼라 때가 악하니라 (엡 5:16)

영광을 받고 싶어 하시는 하나님

성경에 보면 내 것이 아닌데 내 것으로 착각하는 것이 또 있습니다. 그중에 하나가 '영광'입니다. '영광'이란 단어를 다른 말로 하면 '높여드리다' '지지해드리다' '자랑하다'라고 할 수 있습니다.

하나님께서는 욕심이 일체 없으신 분입니다. 그런데 딱 한 가지 남다른 욕심이 있는데, 그건 바로 영광을 받고 싶어 하시는 것입니다. 절대로 당신의 영광을 누구에게도 주지 않으십니다. 이사야 42장을 보면 알 수 있습니다.

> 8나는 여호와이니 이는 내 이름이라 나는 내 영광을 다른 자에게, 내 찬송을 우상에게 주지 아니하리라 (사 42:8)

사울이 왜 망했습니까? 압살롬이 왜 죽었나요? 하나님께 돌려야 할 영광을, 그 칭찬을 자기들이 가로채려다 망한 것입니다. 사울은 자신을 위한 기념비를 세우고 다니다 망했습니다.

> 12사무엘이 사울을 만나려고 아침에 일찍이 일어났더니 어떤 사람이 사무엘에게 말하여 이르되 사울이 갈멜에 이르러 자기를 위하여 기념비를 세우고 발길을 돌려 길갈로 내려갔다 하는지라 (삼상 15:12)

내가 잘난 것이 아닙니다. 하나님께서 그렇게 인도하셨음을 알아야 합니다. 하나님께서는 자녀인 나를 잘되게 하셔서 자녀를 통해 높아지길 원하십니다. 하나님께서는 나에게 기적 같은 일을 일으켜 주셔서 나의 입술을 통해 고백되기를 원하십니다.

이것을 '영광'이라고 합니다. "영광을 올려드린다! 영광을 돌린다!" 내가 한 것이 아니라는 말이지요. 생명을 주신 분도, 함께하신 분도, 지혜를 주시고 승리케 하신 분도 하나님이심을 인정하라는 것입니다.

하나님께서는 왜 애굽을 멸하셨습니까? 이스라엘 사람들은 도저히 애굽을 이길 수 없었습니다. 그런데 하나님이 개입하셔서 이스라엘이 애굽을 이길 수 있도록 도우십니다. 그리고 그 과정을 통해 사람들의 입술을 통해, 하나님께서 해주셨다는 고백을 듣고 싶어 하십니다.

> [4]내가 바로의 마음을 완악하게 한즉 바로가 그들의 뒤를 따르리니 내가 그와 그의 온 군대로 말미암아 영광을 얻어 애굽 사람들이 나를 여호와인 줄 알게 하리라 하시매 무리가 그대로 행하니라 (출 14:4)

하나님께서는 왜 날마다 만나를 보내셔서 이스라엘을 먹이십니까? 그 과정에서 이스라엘이 하나님을 고백하게 하고 싶으신 것입니다. 매일 만나를 먹으면서 삶 가운데 하나님에 대한 고마움과 은혜를 고백하게 하고, 그들을 통해 영광을 받고 싶어 하셨다고 성경은 기록합니다.

> [7]아침에는 너희가 여호와의 영광을 보리니 이는 여호와께서 너희가 자기를 향하여 원망함을 들으셨음이라 우리가 누구이기에 너희가 우리에게 대하여 원망

하느냐 (출 16:7)

하나님께 영광을 돌린 예수님

예수님도 기도를 가르치실 때 이 구절을 넣었습니다.

"대개 나라와 권세와 영광이 아버지께 영원히 있사옵나이다."

예수님은 병을 고치시고 기적을 일으키신 적이 많은데, 그 이유가 있습니다. 병 고침이나 기적의 과정 속에서 하나님이 드러나고 그분이 높임을 받으셔야 하기 때문입니다.

> 31말 못하는 사람이 말하고 장애인이 온전하게 되고 다리 저는 사람이 걸으며 맹인이 보는 것을 무리가 보고 놀랍게 여겨 이스라엘의 하나님께 영광을 돌리니라 (마 15:31)

결국은 하나님께 영광입니다.

성경은 예수님이 이 땅에 오신 이유를 설명할 때도 '영광'이라는 단어를 사용합니다. 예수님께서 이 땅에 오셨을 때 천사들의 노래 제목이 '영광과 평화'였습니다.

> 14지극히 높은 곳에서는 하나님께 영광이요 땅에서는 하나님이 기뻐하신 사람들 중에 평화로다 하니라 (눅 2:14)

이 땅에서뿐만 아니라 천국에서 우리가 할 일도 그분을 높이는 일입니다.

> [7]우리가 즐거워하고 크게 기뻐하며 그에게 영광을 돌리세 어린 양의 혼인 기약이 이르렀고 그의 아내가 자신을 준비하였으므로 (계 19:7)

그러고 보면 예수 믿는 사람들은 삶에서 그리 큰 고민을 할 필요가 없는 사람들입니다. 하나님께서 분명한 기준을 우리들에게 주셨기 때문입니다. 바로 "하나님께 영광!"입니다.

무슨 직장을 다녀야 할까요? 하나님께 영광을 돌릴 만한 직장입니다.

어떤 친구를 사귀어야 할까요? 둘이서 같이 하나님께 영광을 돌릴 만한 친구입니다.

이 일을 해야 할까요, 하지 말아야 할까요? 판단의 기준이 무엇일까요? 하나님께 영광이 되겠으면 하고, 그렇지 않으면 안 하면 됩니다.

이것을 먹을까요, 먹지 말까요? 하나님께 영광이 되면 먹고, 안 되면 먹지 마십시오.

이 사람을 만날까요, 만나지 말까요? 하나님께 영광이 되면 만나고, 영광이 안 되면 만나지 말아야 합니다. 비록 손해가 나더라도 말이죠.

왜 죄를 지으면 안 될까요? 벌 받을까 두려워서가 아닙니다. 우리의 죄가 하나님의 영광을 가리기 때문입니다.

> [23]모든 사람이 죄를 범하였으매 하나님의 영광에 이르지 못하더니 (롬 3:23)

영광을 가로챈 사람

헤롯은 왜 죽었을까요?

성경에 보면 '헤롯'이란 이름의 왕이 여럿 있습니다. 성경에 대해 꽤 해박한 지식을 가진 사람들도 잘 모를 정도로 아주 헷갈릴 겁니다. 이들은 다 한 가문의 사람들입니다. 로마 제국이 세계를 다스리던 시절, 이스라엘이 속해 있던 팔레스타인을 통치한 왕가의 이름이 '헤롯'이었습니다. 그리고 약 100여 년간 3대에 걸쳐 이스라엘을 포함한 그 지역을 다스리던 가문이었습니다.

첫 번째 헤롯은 '헤롯 대왕'으로 불리던 자입니다. 그는 로마 황제에 의해 첫 번째로 갈릴리 지역의 통치자로 임명받은 사람으로, 유대인 신하들 사이에서 지지를 공고히 하고 로마의 지도자들과 우호적인 관계를 유지하면서 정치적인 역량과 기량을 과시했던 자입니다.

건축사업을 일으켜서 거대한 요새들을 건축하고, 사마리아와 예루살렘 및 여리고와 같은 방대한 규모의 도시들을 재건하고 장식한 사람입니다. 헬라 양식으로 극장과 경기장을 건축하고, 운동 경기를 많이 개최한 사람으로 유명합니다. 특히 B.C. 20년에 시작된 예루살렘 성전의 재건은 그의 괄목할 만한 업적으로 평가받고 있습니다.

반면 그는 10명의 아내를 두고, 그 사이에서 낳은 자녀들의 권력 암투 속에 시달리며 살았습니다. 그래서 그의 통치 기간 동안 자신의 세 아들을 포함한 다수의 암살과 처형이 잇따라 일어났습니다. 그리고 결국 '헤롯 아켈라오'라는 아들에게 유대와 사마리아를 물려주었고, 다른 아들인

'헤롯 빌립'과 '헤롯 안디바'에게는 나머지 영토들을 나누어 주었습니다.

예수님이 태어나신 때가 바로 이 헤롯의 통치 말기였습니다. 동방박사가 찾아와서 만난 왕이 바로 이 헤롯 대왕이었고, 베들레헴을 중심으로 유아 학살 명령을 내린 이가 바로 이 사람입니다.

두 번째로 유명한 왕은 성경에 '분봉왕 헤롯'으로 나오는 자입니다. 헤롯 대왕의 아들이었으며, 갈릴리 지방을 다스렸던 왕입니다. '헤롯 안디바'라고도 합니다.

세 번째로 유명한 왕은 헤롯 대왕의 손자이긴 하지만, 헤롯 안디바의 아들은 아니고 아켈라오와 정적 관계에 있던 다른 아들의 자식입니다. 그의 이름은 헤롯 아그립바 1세입니다. 표면적으로는 유대인의 율법을 존중하며, 초기의 기독교회를 핍박함으로써 유대 백성들로부터 호의를 얻었던 사람입니다. 그래서 12제자 중에 세베대의 아들 야고보를 처형하고, 베드로를 옥에 가두기도 한 사람입니다.

그는 신으로 추앙받을 정도로 큰 인기와 명성을 얻었고, 권력도 대단했던 사람이었습니다. 그러나 급사(急死)한 사람이기도 합니다. 성경은 그의 사인을 정확히 밝히고 있습니다.

²³헤롯이 영광을 하나님께로 돌리지 아니하므로 주의 사자가 곧 치니 벌레에게 먹혀 죽으니라 (행 12:23)

그는 갑자기 죽었습니다. 배가 아파서 호소하다가 갑자기 죽었습니다. 역사학자 요세푸스는 그가 이유를 알 수 없는 복통으로 5일을 고열에 시달리며 앓다가 죽었다고 기록했습니다.

그런데 사도행전의 저자인 누가는 의사였음에도 불구하고 사인을 의학적으로 분석하지 않았습니다. 신앙적으로 분석합니다. "하나님께 영광을 돌리지 아니하므로" 정말 대단한 사람이었는데, 권력도 재물도 명성도 대단했는데 그 모든 근원이 하나님이심을 인정하지 않고 자신의 노력인 것처럼, 자신 집안의 내력인 것처럼 자랑하다가 갑자기 죽었다고 기록하고 있습니다.

20여 년 전에 이 본문을 읽다가 참 큰 깨달음을 얻은 적이 있습니다. '그래, 저것이구나! 망하는 사람들, 안 되는 사람들의 특징은 모든 자랑을 자기가 받으려 하고, 형통한 사람들은 모든 자랑을 하나님께 돌려드리는구나!' 그때 나의 모든 영광을, 높임을, 지지를 하나님께 돌리며 살아야겠다고 결심했습니다.

마귀는 오늘도 우리들을 '이생의 자랑'으로 유혹합니다. 그리고 성령님은 우리에게 그 답을 알려 주고 계십니다.

"하나님의 영광을 위하여!"

닮고 싶은 사람들
따라가기

VS

닮기 싫은 사람들
피해 가기

제7장

잘 믿었던 사람

백부장 고넬료

VS

먹튀 인생

롯

고넬료 따라가기

경건했던 사람

'그리스도인에게 잘 믿는다는 것은 무엇일까?' 더러 궁금할 때가 있습니다. 물론 천국에 대한 소망도 놓치지 않아야 하고, 하나님 사랑, 이웃사랑도 열심히 해야 하지만 그것들이 어떻게 내 삶 속에 날마다 나타나야 하는 건지 고민될 때가 있습니다. 고립의 시대, 양극의 시대, 물질주의 시대, 돈과 외모 중심의 시대를 살면서 어떤 방향으로 생각하고 행동하는 것을 하나님께서 좋아하실까? 한 사람의 그리스도인으로서 이 험한세상을 어떻게 살아야 할까? 늘 고민하게 됩니다.

이 질문에 좋은 본보기가 될 수 있는 사람을 소개하려고 합니다. 사도행전 10장에 나오는 '고넬료'라는 백부장입니다. 우선 성경은 고넬료에대해 아주 간결한 설명으로 시작합니다.

¹가이사랴에 고넬료라 하는 사람이 있으니 이달리야 부대라 하는 군대의 백부
장이라 ²그가 경건하여 온 집안과 더불어 하나님을 경외하며 백성을 많이 구제
하고 하나님께 항상 기도하더니 (행 10:1~2)

이달리야 부대는 당시 세계를 지배하던 로마 군대를 말합니다. 그리고
가이사랴 도시는 복음 전도자였던 집사 빌립의 고향으로 그의 활동 중심
지였던 곳이며, 3만 명 이상의 인구가 살고 왕의 공관이 있던 곳입니다.
사도 바울이 전도 여행을 할 때도 자주 들렸던 이곳은 이스라엘 전체 영
토 중에서도 해상교통, 육지교통의 요지입니다. 그러니까 고넬료는 번화
한 큰 도시를 다스리고 있던 로마 점령군 대장이었던 것입니다.

그리고 성경은 그의 삶을 네 가지로 소개합니다. '경건했다' '온 집안과
더불어 하나님을 경외했다' '백성을 많이 구제했다' '하나님께 항상 기도
했다' 대단히 인상적이고 매우 존경스러운 평가입니다. 지금 누군가 나
를, 우리를 평가한다면 무엇이라고 요약할 수 있을까요?

'경건하다'는 것은 무엇일까요? 원어의 의미는 '착하다' 또는 '거룩하다'
입니다. 성경은 경건의 삶을 아주 정확하게 설명하고 있습니다. "하나님
아버지 앞에서 정결하고 더러움이 없는 경건은 곧 고아와 과부를 그 환
난 중에 돌보고 또 자기를 지켜 세속에 물들지 아니하는 그것이니라" 야
고보서 1장 27절 말씀입니다. 세상 문화를 따르지 않고 하나님 앞에서 살
려고 하는 사람, 그래서 주위에 있는 어려운 사람들과 더불어 살려고 하
는 사람을 '경건한 사람'이라고 합니다. 고넬료가 경건했다는 말은 무슨
뜻일까요?

당시는 로마시대입니다. 남유럽, 서아시아, 북아프리카 3개 대륙에 거쳐서 지중해 연안에 대제국을 건설한 것이 바로 로마제국입니다. 또 이 로마제국은 천 년 동안이나 세계를 제패한 것뿐만 아니라 평화를 이루었다고 해서 '팍스 로마나'라는 말을 남긴 나라입니다. 이처럼 굉장한 힘을 가진 제국이었는데, 점점 역사가 이어져오면서 구석구석 부패 현상들이 나타나기 시작했습니다.

그 당시 최고의 오락은 검투였는데, 두 사람이 나와서 같이 치고받고 싸우는 것입니다. 오늘날의 권투나 레슬링과 비슷하지만, 검투는 단지 점수를 많이 따서 이기는 정도가 아니라 사람을 다치게 하고 죽이는 무기까지 가지고 나와 피를 흘리게 하다가 결국 한 명이 죽어야 끝나는 운동 경기입니다. 때로는 사람이 아니라 맹수와 싸우기도 합니다. 그러니 얼마나 잔인하고 잔혹하겠습니까? 로마의 오락, 로마의 스포츠가 바로 이러한 것이었습니다. 당시 로마제국의 사회와 문화는 이토록 잔인하고 퇴폐적이었습니다. 대부분이 이렇게 살면서 그런 문화를 즐겼습니다.

그런데 이 속에서 고넬료는 이런 문화를 따르지 않았다는 것입니다. 다수가 투기하고 싸우고 증오하고 미워하고 큰소리치며 자기중심적으로 사는데, 고넬료는 아니었습니다. '코람데오', 그는 늘 하나님 앞에서 '과연 하나님이 좋아하실까'를 물었습니다. 이 땅이 끝이 아닌 줄 알았기에, 저 천국에서 그분을 만날 날을 사모하며 살았습니다. 오늘을 즐기는 것이 아니라, 오늘을 발판으로 삼아 천국 백성이 되고 싶었다는 말입니다. 세상 사람들이 술과 오락을 즐기고, 다른 사람보다 많이 가지며 누리려는 삶 속에서 행복을 찾았다면, 고넬료는 기쁨이 충만하고 영적인 하늘의 평강을 찾은 것입니다.

참 경건이 무엇일까요? 하나님 앞에서 극복해야 할 것은 극복하고, 버려야 할 것은 버리는 것입니다. 알몸으로 서서 하나님이 사랑하시는 사람들을 사랑하고 함께 살아가려고 하는 것입니다. 예수님께서 하늘의 보좌를 버리시고 가장 낮은 사람의 몸으로 이 땅에 오셔서 나를 사랑해 주신 것처럼, 그렇게 사랑하는 것입니다. 넘어야 할 체면, 자존심, 명예를 때로는 포기하고라도 적극적으로 사랑하는 것입니다. 여러분은 그렇게 살아가는 것이 가능하신가요?

가정적이었던 사람

고넬료의 가족은 온 집안이 다 예수를 믿는 가정으로, 그는 존경받는 아버지이자 사랑받는 남편이었습니다. 자식들에게는 가까이하고 싶은 아버지였습니다. 당시 로마의 군인들, 특히 장교들은 전쟁터와 식민지 치하에 살면서 부인을 여럿 두고 살았습니다. 행복한 가정생활을 꿈꾸지만 실제 행복한 가정을 이루는 사람들이 많지 않던 시대였습니다. 로마는 법을 잘 만들기 때문에 가정문제를 다루기 위해 법을 제정했습니다. 독신으로 살아가는 사람에게 제약을 가하며 결혼을 장려했고, 자녀를 세 명 이상 둔 가정에는 혜택을 주고 자녀가 없는 가정에는 벌칙을 주었습니다. 그 외에도 간음 등의 부정한 짓을 하면 법정에서 벌을 주었습니다.

그러나 그러한 법도 국민과 그 사회의 도덕성을 높이지는 못했습니다.

로마 사회 가운데 간음이 일상적으로 행해졌고, 부부 관계는 동반자의 관계가 되지 못했습니다. 남편들은 아내에 대해, 단순히 자기 자식을 낳아 기르고 가정 살림을 꾸려가는 존재로만 치부했습니다. 남편들은 가정을 아내에게 맡기고 밖으로 나가 자기 마음대로 타락한 삶을 사는 것이 일상이었습니다.

자녀 역시 소중히 여기지 않았습니다. 낙태는 일상적으로 행해졌고, 어린아이들을 버리는 것도 흔한 일이었습니다. 아무렇지 않게 그런 일들이 로마 사회 가운데 벌어졌습니다. 그러다 보니 로마 가정의 결속력은 대단히 약했고, 나중에 로마가 멸망했을 때 사회가 퇴폐하고 가정이 약해진 것이 멸망의 주요 원인 중 하나로 꼽혔습니다.

이런 사회적인 분위기 속에서 고넬료의 가정은 사뭇 달랐습니다. 사도행전 10장 2절과 24절 말씀에 고넬료는 '온 집을 다 모아서 함께 하나님을 경외했다'라고 말씀하고 있습니다. 24절 말씀의 배경은 베드로가 고넬료의 집에서 설교를 한 상황입니다.

> ²그가 경건하여 온 집안과 더불어 하나님을 경외하며 백성을 많이 구제하고 하나님께 항상 기도하더니 ²⁴이튿날 가이사랴에 들어가니 고넬료가 그의 친척과 가까운 친구들을 모아 기다리더니 (행 10:2, 24)

가장이 가장으로서의 본을 보여 주며 모범적인 삶을 사니까 친족들도 다 그를 존경하고, 그의 말을 듣고 믿음을 가졌다는 이야기입니다. 고넬료는 가정을 믿음의 공동체로 만든 대단한 사람입니다. 참 따라가고 싶습니다.

구약성경 '아가서'를 보면 매우 강조하고 있는 것이 있는데, 이는 "포도원을 허는 작은 여우를 잡으라"는 말씀입니다. 저 팔레스타인의 포도원이 여우들 때문에 허물어지고 망가지듯이, 지금 우리의 포도원인 가정도 여러 여우들로 인해 무너지고 있음을 바로 깨닫고 이 여우들을 잡으라는 말씀입니다.

'아가서'는 가정을 무너뜨리는 세 마리의 여우에 대해 다음과 같이 말합니다.

첫째, 열등감입니다. 자신의 외모로 인한 열등감, 성적이 낮은 것에 대한 열등감, 다른 집 남편에 비해 내 남편이 무능력한 것 같은 열등감, 아내로서나 남편으로서나 자녀로서나 부모로서나, 스스로 너무 못났다고 생각하는 열등감이 가정을 파괴한다는 말씀입니다. 하나님께서 알맞게 지으신 것을 모르고 스스로를 너무 격하시키는 것을 지적하고 있습니다.

둘째, 고독감입니다. 가정은 경제적인 터전을 마련해 주어야 하고, 안정된 쉴 곳을 마련해 주어야 하며, 자녀교육의 장이어야 하고, 종교적 성취의 장이어야 합니다. 더불어 가정은 서로 기댈 만한 평강의 장이어야 합니다. 그런데 마귀가 끼어들면 가정에 평강이 사라지고 불안이 찾아오면서 고독감에 시달리게 됩니다. 혼자가 아니라 옆에 아내가 있고 남편이 있는데, 자녀들이 있고 부모가 있음에도 외로움을 느끼는 것입니다.

이러한 고독감을 이길 수 있는 가장 좋은 대안이 바로 '대화'입니다. 부부간에, 부모와 자녀 사이에 대화를 해야 하는데 일방적인 명령과 강요, 혹은 단순한 정보 교환에 그친다면 그 가정은 대화가 점점 사라지고 고독해집니다. 어떤 책에서 보니 미국 부부의 하루 대화 시간이 10분 남짓이라고 합니다. 이 때문에 이혼이 늘어나는 것입니다. 바쁘다는 이유로, 같이 생활하면서도 가슴을 열고 대화하는 시간이 10분 정도라면 그 부부는 진정한 부부라고 말할 수 없을 겁니다.

셋째, 무관심입니다. 돈을 버느라 자녀의 성장에, 자녀의 성적에, 자녀의 전인격적인 발달에 관심이 없습니다. 시부모님이나 친부모님에게도 관심이 없고, 형제들에게도 관심이 없는 시대입니다. 가족들이 어디가 어떻게 아픈지도 모르고 관심이 없는 채로 홀로 살아가는 시대입니다. 이러한 무관심 속에서 가정이 무너져 내리고 있음을 알아야 합니다.

어느 역사학자는 유대인을 두고 이런 말을 했습니다. "지난 2000년 동안 유대 민족이 그토록 혹독한 시련을 당하면서도 망하지 않았던 이유는 그들에게 비록 나라가 없었고 영토가 없었지만 신앙으로 하나 된 가정이 있었기 때문이다."

고넬료는 가정을 지켰습니다. 가정을 허무는 여우들을 잡았습니다. 가족 구성원들이 외롭지 않도록 따뜻한 관심을 가지고 대화하며, 함께 사랑하고 살았습니다. 서로를 존중하면서 하나님의 자녀로 살았습니다. 그래서 당시 다른 가정과는 다르게 웃음이 이어졌습니다.

부부가 취미생활을 같이 하고, 자녀와 함께 여행하며, 함께 음식을 만들어 먹고 외식도 하고, 대화하고 함께하는 시간을 가지면서 하나님의 자녀임을 확인해가는 가정, 이런 고넬료의 가정과 같은 가정을 만들어가길 기도합니다.

구제하는 사람

착취의 시대에 고넬료는 구제를 실천합니다. 참 대단한 사람입니다. 승자독식의 시대, 이긴 사람이 다 먹는 시대에 그는 나눔을 생각합니다. 주신 분이 하나님이심을 알기에 그는 나눔을 생각하며 살았습니다. 여기에 그리스도인의 삶이 있습니다.

가끔 구제와 나눔에 대해 이야기하면, 더러 "나눌 것이 없습니다. 살기 힘들어요, 목사님!" 하고 말하는 분들이 있습니다. 그런 분들을 만날 때마다 속담 하나가 생각납니다. "구제할 것은 없어도 도둑 줄 것은 있다."

성경의 위대한 원리가 있습니다. 구원받은 자들, 이미 하나님께 거저 받은 사람들은 당연히 나누며 사는 것을 좋아하게 되어 있음을 알아야 합니다. 아직도 내게 있는 것이 적어 보이고, 더 있어야 할 것 같고, 다른 사람에게 나눌 것이 없다면 그는 구원의 감격을 놓치고 있는 사람입니다. 남에게 줄 것은 없지만 도둑이 가져갈 것은 있음을 알아야 합니다.

왜 없을까요? 준 것이 없기 때문입니다. 주면, 구제하면 하나님이 채우시는데, 이게 안 믿어지니까 못 주는 겁니다. 또한 주는 행복을 알지 못하기 때문입니다. '받는 기쁨'보다 훨씬 큰 '주는 행복'을 알지 못하면 구제가 불가능함을 알아야 합니다. 어차피 다 놓고 떠나가야 하는 세상에 살면서, 뭘 그리 모으려고 하는지⋯⋯. 돈 중심의 세상이 되다 보니 자꾸 불리려 하고, 모으려 하고, 지키려 합니다. 어떤 사람은 10억, 100억, 1000억을 이야기하지만, 여러분 그거 아십니까? 하루 밥 세 끼 먹고 사는 데 그렇게 많은 돈이 필요하지 않습니다. 그게 자족의 은혜입니다.

저와 가깝게 지내는 친구 중에 돈이 많은 친구도 있습니다. 그런데 하나도 안 부럽습니다. 만나보면 제가 제일 행복합니다. 그만한 돈이 없어도 세끼! 있어도 세끼! 먹는 건 똑같습니다. 비싼 밥 먹는다고 더 건강한 것도 아니고, 돈이 많아도 아픈 데가 많아서 두 끼도 못 먹는 사람도 많고, 돈 모아 놓고 이가 아파서 씹지 못하는 사람도 많고, 더 모으려고 발버둥 치다 자식들에게 재산 싸움을 시키는 사람도 많습니다.

친구가 한번은 그런 이야기를 했습니다. 자기 아버지가 돌아가시기 전에 막내아들을 앉혀 놓고는 "결국 너의 경쟁자는 형들이 될 거다. 형제는 결국 경쟁자가 되더라."라고 말했다고 합니다. 처음에는 그게 무슨 말인지 몰랐는데, 아버지가 돌아가신 후에 알았답니다. 형제들이 서로 경쟁자가 되어 아버지의 돈을 더 많이 물려받으려고 싸우게 된다는 것을요.

더 많이 가지고 싶으면 더 많이 나누시기 바랍니다. 그것이 성경의 원리입니다.

[38]주라 그리하면 너희에게 줄 것이니 곧 후히 되어 누르고 흔들어 넘치도록 하여 너희에게 안겨 주리라 너희가 헤아리는 그 헤아림으로 너희도 헤아림을 도로 받을 것이니라 (눅 6:38)

예수님께서 우리들에게 나눔과 구제를 이야기하시는 것은 우리의 것을 빼앗기 위함이 아니라, 하늘 창고에서 더 많이 부어 주시기 위함임을 알아야 합니다.

공부하고 싶은데 학비가 걱정인 사람에게는 장학금을 주고, 먹을 것이 없는 사람에게는 식량을 나눠 주고, 취미생활을 하지 못하는 사람에게는 더 높은 삶의 질과 행복을 위해 지원해 주는 겁니다. 구제가 꼭 쌀을 주는 것만은 아닙니다. 그 사람의 삶의 수준을 높여 주는 것, 그 사람의 행복의 도를 높여 주는 것, 그 사람이 바른 신앙생활을 하고 교회생활에 만족할 수 있도록 도와주는 것, 바로 이런 것들이 구제입니다.

몇 년 전, 늦은 오후에 한 사람이 쌀을 조금 가지고 교회를 찾아왔습니다. 쌀을 사달라는 겁니다. 무슨 상황인지 들어 보니, 돈이 없어서 돈을 얻으려고 다녔는데 돈 주는 사람은 없고 어느 교회에서 쌀을 주더랍니다. 그래서 그 쌀을 드릴 테니 삼만 원만 달라는 겁니다. 그 돈이 왜 필요하냐고 물었더니, 전라도 어디 섬이 고향인데 그 돈이 있어야 그곳에 갈 수 있다고 합니다. 50대 정도 되는 얼굴 같은데 70대 할아버지처럼 늙었습니다. 술에 절어서 도저히 오래 살 것 같아 보이지 않았습니다. 그동안 얼마나 엉망으로 살면서 많은 사람의 속을 썩였을까 하는 생각이 들었습니다. 그래서 물었습니다. "부인은 벌써 도망갔지요?" 그렇다고 합니다. 수도 없이 때리고 욕하고, 술 마시고 행패를 부려대는데 누가 같이 살겠습니까. 또 물었습니다. "자식들한테 효도 받을 생각도 다 포기했지요?" 그렇답니다. 아무런 소망이 없다고 하네요. 젊은 날에는 몰랐답니다. 그래도 되는 줄 알았답니다. 그런데 나이 50이 넘어가니, 아내도 없고 자식들도 자기를 싫어하고 친구들도 다 떠나고 이곳저곳을 헤매다 이제 돈도 못 버는 삶이라고 합니다. 고향 사람들조차 받아 주지 않고, 술을 얻어먹고 넘어져서 얼굴에는 상처가 깊이 나 있었습니다.

참 불쌍한 생각이 들었습니다. 누구 하나 받아 주는 이가 없잖아요. 눈물이 그렁그렁해서는 이제 그렇게 살고 싶지 않다고, 자기가 젊은 날에는 왜 그랬는지 후회가 많이 든다고 합니다. 돈을 넉넉히 드렸습니다. 그랬더니 쌀을 놓고 가시면서, 연신 고맙다고 하셨습니다.

구제라는 것이 뭘까요? 여기서 말하는 구제는 단순히 도와주는 것이 아닙니다. 왠지 그 사람의 처지가 나의 처지인 것 같아서 내 것을 희생해서 함께 살고자 하며 나는 오히려 낮아지고 그를 높이는 것, 여기에 구제의 참 정신이 있습니다. 점령군처럼 나누는 것이 아닙니다. 불쌍해서 똑같이 나누는 것이 아닙니다. 나와 그가 하나라는 마음으로 동질감을 느끼며 내 것을 자연스럽게 나누는 것입니다.

제가 섬기고 있는 교회에도 이런 분들이 늘어나고 있습니다. 누군가를 위해 써 주시라고 돈을 주시는 분들도 계시고, 이웃 사랑 통장에 의미 있는 예물을 보내 주시는 분들도 계십니다. 지금은 굶주림의 시대는 아니잖아요. 누군가의 삶의 질을 높이는 데 써달라고, 어느 가정에 웃음을 주는 일에 써달라고, 서로의 행복을 위해 사용해달라고, 그렇게 보내 주십니다.

이런 참 구제를 했던 사람이 바로 고넬료였습니다.

항상 기도하는 사람

고넬료는 아침에 일어나서 감사기도를 드리고, 잠자리에 들었을 때 회개기도와 감사기도를 드리고, 작은 일이나 큰일 속에서도 늘 하나님께

의견을 묻는 사람이었습니다.

제가 섬기는 교회에도 새벽부터 저녁까지 교회 문을 열어 놓는데, 수시로 오셔서 기도하시는 분들이 계십니다. 이렇게 기도하시는 분들을 보면 문제가 있을 때만 찾아오지 않습니다. 문제가 일어나기 전에 찾아와서 예방 기도를 하는 사람들입니다. 고넬료 역시 이렇게 살았습니다. 그랬더니 하나님께서 주시는 축복이 있었습니다.

첫 번째는 칭찬받는 축복입니다.

> ²²그들이 대답하되 백부장 고넬료는 의인이요 하나님을 경외하는 사람이라 유대 온 족속이 칭찬하더니 (행 10:22)

비난이 아니라 칭찬을 받는 사람이었습니다. 하나님 마음에도 합격, 사람들의 양심에도 합격이었습니다. 가까운 사람들이나 나와 코드가 맞는 사람들에게 칭찬받는 것은 어렵지 않은 일입니다. 그런데 나와 생각과 이념이 다른 사람들에게 칭찬받는 것은 쉬운 일이 아닙니다. 특히 요즘처럼 끌어내리려는 시대에는 말과 행동이 매우 조심스럽습니다. 사소한 것을 큰 문제로 만들어서 사람을 매장시켜버리는 일들이 비일비재합니다.

칭찬하고 높여 주기보다 끌어내리려고 밀쳐버리는 시대가 아쉽게 느껴질 때가 많습니다. 돈이 제일인 것처럼 생각하는 사람들을 대량으로 양산하는 시대입니다. 저는 목사로 살면서, 또 하나님의 사람으로 살아가며 돈만 벌 수 있다면 방법이나 과정이 잘못되었더라도, 도덕적이지 않거나 비윤리적이어도 상관없다는 시대를 슬픈 눈으로 바라보곤 합니다. 그래서 더욱, 따라가고 싶은 사람이 거의 없는 이 시대에 고넬료를 생각합니다. 성경은 분명히 말씀합니다. "유대 온 족속이 칭찬하더니"

로마 사람들과 유대 민족은 앙숙인 관계입니다. 오늘날로 하면, 여당과 야당, 데모로 분쟁이 이어지는 회사 경영진과 노동자 이상으로 앙숙 관계입니다. 생각이 다르고, 이념이 다르고, 나아갈 방향도 다른 사람들입니다. 삶의 양식이 전혀 다른 사람들, 만나면 으르렁대고 서로 밀치고 끌어내려 주저앉히려는 원수지간입니다.

그런데 그 유대 민족이, 한두 사람도 아니고 유대의 온 족속이 칭찬을 했다고 합니다. 그게 가능한 일일까요? 사람의 능력으로는 불가능한 일입니다. 100% 지지를 받는 사람은 없습니다. 어떤 정당도, 어떤 선한 사람도 100%의 지지는 없습니다. 80% 정도 찬성을 받았다면, 실로 엄청난 일입니다. 그런데 고넬료는 그를 아는 모든 이들에게 칭찬을 받았다는 것입니다. 사람이 하는 일이 아닙니다. 끌어내리고 갈라지게 하는 마귀의 앞길을 막으시는 성령님의 역사를 통해서만 가능한 일입니다.

하나님께서 절대적으로 지지해 주는 사람, 그래서 마귀가 건드리지도 끌어내리지도 못하고 칭찬 속에서 살아가는 사람, 회사에서 상사나 동료 및 후배들에게 다 칭찬받고 인정받는 사람, 가정에서 아내와 자녀 및 부모에게 다 칭찬받는 사람, 교회에서 목회자나 새 신자 및 오래 함께 지내 온 성도들에게 다 칭찬받는 사람, 이런 사람은 본인의 노력도 필요하지만 무엇보다도 성령님께서 인도해 주시는 사람이어야 합니다. 사람의 노력으로 가능한 것이 절대 아니지요.

저도 이런 사람이 되고 싶습니다. 또한 제 주변에서 이처럼 덕이 있고 실력도 있고, 하나님께서 지켜 주시고 밀어 주시는 칭찬받는 멋진 사람들이 많이 발견되기를 기도합니다. 주여, 주시옵소서!

두 번째는 영안이 열리는 축복입니다.

성경을 보면 영안이 열린 사람들, 환상을 보고 꿈을 보던 사람들이 많았습니다. 야곱도 밤중에 하나님의 이상을 보았고, 사무엘도 환상을 보았으며, 이사야도 예루살렘에 대한 이상을 보았습니다. 에스겔도 포로로 잡혀갔을 때 하나님께서 그에게 이상을 보여 주셨습니다. 르네상스 문예부흥과 더불어 전 세계 역사를 새롭게 변화시켰던 종교개혁가, 독일의 마르틴 루터도 하나님으로부터 받은 신비한 체험을 가지고 하나님 앞에 헌신하며 독일을 새롭게 변화시켰습니다. 무혈혁명을 일으켰던 영국의 존 웨슬리도 영적인 체험을 하였고, 미국의 조나단 에드워즈도 예수님을 보는 환상을 체험한 후에 영적인 지도자가 되어 미국이 기독교 국가가 되는 기초를 놓았습니다.

고넬료 역시 환상을 보았습니다. 영안이 열린 것입니다.

³하루는 제 구 시쯤 되어 환상 중에 밝히 보매 하나님의 사자가 들어와 이르되 고넬료야 하니 ⁴고넬료가 주목하여 보고 두려워 이르되 주여 무슨 일이니이까 천사가 이르되 네 기도와 구제가 하나님 앞에 상달되어 기억하신 바가 되었으니 ⁵네가 지금 사람들을 욥바에 보내어 베드로라 하는 시몬을 청하라 ⁶그는 무두장이 시몬의 집에 유숙하니 그 집은 해변에 있다 하더라 (행 10:3~6)

사도행전 10장에 보면 고넬료는 하나님의 사자가 집에 들어와서 말씀하시기를 "네 기도와 구제가 하나님 앞에 상달되어 기억하신 바가 되었으니 너는 지금 사람들을 욥바로 보내어 베드로를 청하라. 그는 지금 가죽공예 기술자인 시몬의 집에 있느니라" 하는 환상을 보았습니다. 그리고 환상에서 깬 후에 즉시 하인 중에서 한 명을 뽑았는데, 아무나 뽑은 것이 아닙니다. 7절 말씀을 보니 "하인 둘과 부하 가운데 경건한 사람 하나를 불러"라고 하였습니다. 얼마나 주인이 경건하게 하나님을 경외하며 사는지, 그 부하들 중에서도 경건한 사람이 있었다는 것입니다.

경건하게, 가정을 소중히 여기며, 구제와 기도에 힘썼더니, 하나님께서 영안이 열리게 하시고 분별력을 주시며 영적인 친구들도 주셨습니다. 공부도 잘하고 실력도 있어야 하지만, 하나님이 보시는 관점은 달랐습니다. "경건한가? 가정을 소중히 여기는가? 구제하는가? 기도하는가?" 이러한 관점으로 볼 때 여러분은 몇 점 정도가 될까요?

세 번째는 대접의 축복입니다.

얻어먹고 사는 것이 아니라, 다른 사람의 도움을 받고 사는 것이 아니라, 도와주고 대접해 주는 사람이 되는 복입니다. 저는 이 복을 사모합니다. 없어서 대접을 못하는 것이 아닙니다. 대접의 축복을 못 받아서 대접을 못하는 것입니다. 너무 계산하면서, 너무 인색하게 살지 않아야 합니다. 대접하며 살아야 합니다. 크게 대접하지 않아도 됩니다. 작지만 자주 대접하길 바랍니다.

베드로는 당시 최고의 종교 지도자였습니다. 유대인들도 베드로를 청하고 싶지만 쉽지 않았습니다. 그가 기도할 때 병든 자가 일어나고, 그가 안수할 때 죽은 사람이 살아나고, 그가 설교할 때 3천 명씩, 5천 명씩 회개하며 예수 믿는 사람이 늘어날 정도로 능력 있는 사람이었습니다. 그런 그가 어디 한가하게 다닐 수나 있었겠습니까? 얼마나 능력이 많았던지, 하나님께서 사용하시는 그의 그림자라도 닿으면 병이 나을까 봐 그가 지나는 길에 환자를 눕혀 놓을 정도로 온 관심과 사랑과 주목의 대상이었던 사람이 바로 베드로입니다. 오라는 데도 많고, 모시겠다는 사람도 많아서 도대체가 기도할 시간이 없으니 일정을 모두 취소하고 이제 저 바닷가의 조용한 곳, 가죽 수선을 하는 시몬이라는 사람의 집에서 유숙하며 기도하는 시간을 가져야 할 정도로 분주했던 사람이 베드로입니다.

그런 사람을 이방인 군인이 어떻게 집에 모실 수 있겠습니까? 있을 수도 없는 이야기입니다. 이런 상황에 베드로를 초청하고 그를 대접할 수 있다는 것이 얼마나 큰 축복인지 모를 겁니다. 결국 베드로는 고넬료의 집에 가게 되었고, 그 집과 고넬료가 섬기던 교회에 성령의 역사가 일어나고 큰 은혜를 받는 일이 일어났습니다. 이는 사람의 노력으로 될 수 있는 일이 아닙니다. 성령께서 인도하셨음을 알게 됩니다.

성경에 보면 하나님께서는 어떤 사람을 축복하실 때 대접부터 하게 하심을 알 수 있습니다. 사르밧 여인이 엘리야를 대접할 때 엄청난 복을 받고 3년 6개월의 가뭄에도 굶지 않는 복을 받았습니다. 아브라함도 나그네를 대접했을 때 아들 이삭을 얻는 복을 받았습니다. 하나님께서는 고넬료에게 복을 더 주시려고 대접하게 하셨는데, 그는 이것에 순종함으로 대접의 복을 크게 받았습니다.

저 역시 이 복을 받고 삽니다. 밥 사드리는 게 좋고, 선물을 드리는 것이 좋습니다. 친구 중에 저에게 이런 문자를 보내는 이도 있습니다. "먹을 준비가 되었다. 밥 사주러 와라."

나를 그렇게 사용해 주신다는 것이 정말 감사합니다. 고넬료는 참 따라가고 싶은 사람입니다. 하나님 앞에서 경건하게 살고, 가정을 소중히 여기고, 구제와 기도에 힘쓰더니 하나님께서 감동하셔서 칭찬받게 하시고, 영안이 열리게 하시고, 대접하는 사람이 되게 하셨습니다. 기도합니다. "주여, 제게도 주시옵소서!"

롯 피해 가기

얌체 같은 사람

롯은 데라의 손자요, 하란의 아들입니다. 롯의 아버지는 일찍 돌아가셨습니다. 그래서 어릴 때부터 할아버지 데라와 큰아버지 아브람을 따라 하란으로 이사하여 그들과 함께 살았습니다.

> ³¹데라가 그 아들 아브람과 하란의 아들인 그의 손자 롯과 그의 며느리 아브람의 아내 사래를 데리고 갈대아인의 우르를 떠나 가나안 땅으로 가고자 하더니 하란에 이르러 거기 거류하였으며 (창 11:31)

그 후 젊은 시절에는 살아계신 할아버지를 떠나 큰아버지 아브람과 함께 가나안으로 이주해서 어렵사리 그곳에 정착한 사람입니다.

²⁶데라는 칠십 세에 아브람과 나홀과 하란을 낳았더라 (창 11:26)

³²데라는 나이가 이백오 세가 되어 하란에서 죽었더라 (창 11:32)

아브람의 아버지 데라는 205세에 죽었는데, 그때 아브람의 나이가 135세였습니다. 그런데 아브람은 이미 75세에 아버지 데라의 곁을 떠납니다. 그때 아버지 나이가 145세였습니다. 아직 돌아가시기 전이지요.

¹여호와께서 아브람에게 이르시되 너는 너의 고향과 친척과 아버지의 집을 떠나 내가 네게 보여줄 땅으로 가라 ²내가 너로 큰 민족을 이루고 네게 복을 주어 네 이름을 창대하게 하리니 너는 복이 될지라 ³너를 축복하는 자에게는 내가 복을 내리고 너를 저주하는 자에게는 내가 저주하리니 땅의 모든 족속이 너로 말미암아 복을 얻을 것이라 하신지라 ⁴이에 아브람이 여호와의 말씀을 따라갔고 롯도 그와 함께 갔으며 아브람이 하란을 떠날 때에 칠십오 세였더라 ⁵아브람이 그의 아내 사래와 조카 롯과 하란에서 모은 모든 소유와 얻은 사람들을 이끌고 가나안 땅으로 가려고 떠나서 마침내 가나안 땅에 들어갔더라 (창 12:1~5)

또 롯은 큰아버지 아브람을 따라서 애굽에 갔다가 거기서 큰아버지가 큰돈을 벌어서 다시 가나안으로 올라올 때 함께한 사람입니다.

¹아브람이 애굽에서 그와 그의 아내와 모든 소유와 롯과 함께 네게브로 올라가니 ²아브람에게 가축과 은과 금이 풍부하였더라 (창 13:1~2)

그는 큰아버지를 따라다니다가 덩달아 부자가 되었기 때문에 먹고살 걱정이 없던 사람입니다.

> [5]아브람의 일행 롯도 양과 소와 장막이 있으므로 [6]그 땅이 그들이 동거하기에 넉넉하지 못하였으니 이는 그들의 소유가 많아서 동거할 수 없었음이니라 (창 13:5~6)

서로 부자가 되었습니다. 땅은 좁은데 양과 소는 많고, 롯 사장님의 목자들과 아브람 사장님의 목자들이 부딪치고, 각각 자신들의 양에게 좋은 풀을 먼저 먹이겠다며 종종 싸움이 일어나니까 아브람이 이런 제안을 했습니다. "이제는 네가 독립할 때가 된 것 같으니 나와 네가 따로 살아야 할 것 같다."

결국 롯은 삶의 큰 은인이자, 혈통적으로는 큰아버지인 아브람을 떠나 소돔으로 이사를 가게 됩니다.

> [8]아브람이 롯에게 이르되 우리는 한 친족이라 나나 너나 내 목자나 네 목자나 서로 다투게 하지 말자 [9]네 앞에 온 땅이 있지 아니하냐 나를 떠나가라 네가 좌하면 나는 우하고 네가 우하면 나는 좌하리라 [10]이에 롯이 눈을 들어 요단 지역을 바라본즉 소알까지 온 땅에 물이 넉넉하니 여호와께서 소돔과 고모라를 멸하시기 전이었으므로 여호와의 동산 같고 애굽 땅과 같았더라 [11]그러므로 롯이 요단 온 지역을 택하고 동으로 옮기니 그들이 서로 떠난지라 [12]아브람은 가나안 땅에 거주하였고 롯은 그 지역의 도시들에 머무르며 그 장막을 옮겨 소돔까지

어찌 보면 좀 얌체 같은 사람, 자기밖에 모르는 사람, 은혜도 모르고 큰아버지의 마음도 모르는 사람입니다. 큰아버지가 독립하라고 했을 때, 보통 사람들이라면 어떻게 했을까요?

"아닙니다, 큰아버지. 제가 직원들 교육을 다시 잘 시키겠습니다. 큰아버지 마음 심란하게 해드려서 죄송합니다. 앞으로는 맘 상하지 않도록 주의를 줄 테니 근심하지 마세요. 제가 큰아버지 돌아가실 때까지 앞으로 잘 모실게요." 혹은 "아닙니다. 어떻게 제가 먼저 선택합니까? 큰아버지가 먼저 선택하시면 제가 나머지 땅으로 가겠습니다."

그런데 롯은 그렇게 하지 않았습니다. 좀 더 좋아 보이는 땅을, 그것도 젊은 사람이 그냥 선택해버립니다. 참 얄밉습니다. 혹시 주변에 누가 떠오르시나요?

롯의 선택

그는 하나님의 뜻이나 선한 삶을 추구하기보다, 악하더라도 즐겁고 돈을 많이 벌 수 있는 길을 선택한 사람입니다.

[13]소돔 사람은 여호와 앞에 악하며 큰 죄인이었더라 (창 13:13)

중요한 단어가 나옵니다. "여호와 앞에"

자기들끼리는 좋았다는 말입니다. 양심의 가책도 없었고, 즐거웠고, 돈도 많이 벌었지만 그들 삶의 모양이 여호와의 기준으로 틀렸다는 말입니다. 롯의 삶의 단면을 보여 주는 문장입니다. 여러분의 요즘 삶의 모습은 어떠합니까? 여호와 앞에서 선해야 하는데, 여호와 앞에서 악한 자들의 모습은 아닐까요?

롯이 소돔에서 떵떵거리며 살 때 전쟁이 일어났습니다. 전쟁은 이긴 쪽에도, 진 쪽에도 큰 피해를 줍니다. 모든 것을 다 앗아갑니다. 차라리 이겼으면 덜하지만 졌다면 죽음이고 패망입니다. 롯이 살던 소돔을 중심으로 한 도시들의 연합군이 패배했고 롯은 포로가 되었습니다. 돈과 건물도 다 빼앗겼고, 몸도 망가졌습니다.

이 소식을 들은 큰아버지 아브람은 걱정이 되었습니다. 혼자서 그 큰 무리를 상대할 수는 없고, 그렇다고 죽어가는 조카를 그냥 보고 있을 수만도 없었습니다. 결국 아브람은 큰 결심을 하고 사비를 들여 군사를 모집해서 롯을 구출해 냅니다.

> [16]모든 빼앗겼던 재물과 자기의 조카 롯과 그의 재물과 또 부녀와 친척을 다 찾아왔더라 (창 14:16)

롯은 참 큰 은혜를 입은 사람입니다. 믿음 좋고 착한 큰아버지 덕에 잘 살게 되었고 목숨도 건졌습니다. 그런데 그 후로 롯이 큰아버지에게 어떻게 해드렸다는 이야기는 성경에 없습니다. 먹튀의 대명사가 아닐 수 없습니다.

롯의 이야기에서 클라이맥스는 소돔성에 방문한 천사 이야기입니다. 소돔성의 죄악이 하도 많아 하나님께서는 소돔 성을 멸하시기로 작정을 하십니다. 그러고는 아브람에게 이 결심을 이야기하십니다. "내가 소돔 성을 멸할 것이다."

아브람은 깜짝 놀랐습니다. 그곳에는 자신의 조카 롯이 살고 있었으니까요. 먹튀의 대명사 롯, 자기밖에 모르고 남에 대한 배려 없이 사는 롯, 자기 좋을 대로 사는 롯, 그 조카 롯은 아브람을 별로라고 생각하지만 큰 아버지 아브람은 달랐습니다. 자식은 부모를 잊고 살아도 부모는 자식을 쉽게 잊지 못하듯이, 그렇게 아브람은 소돔 성에 살고 있는 롯이 걱정되었습니다.

그래서 하나님께 간청을 드립니다. '하나님, 하나님께서 큰 계획이 있으셔서 소돔 성을 멸망시키시는 것이야 제가 어떻게 만류할 수 있겠습니까마는, 그 과정에 소돔성에 살고 있는 제 조카 롯과 그 가족들은 좀 살려 주셨으면 좋겠습니다.' 그런데 이 말이 입 밖으로 안 나왔습니다. 대신 하나님의 뜻을 물으며 심판을 거두어 주시기 원하는 아주 부드러운 표현, 지혜의 소리가 나왔습니다.

[23]아브라함이 주께 다가가 말씀드렸습니다. "주여, 착한 사람들도 저 악한 사람들과 함께 멸망시키시겠습니까? [24]만약 저 성 안에 착한 사람 오십 명이 있으면 어떻게 하시겠습니까? 그래도 저 성을 멸망시키시겠습니까? 저 안에 살고 있는 착한 사람 오십 명을 위해 저 성을 용서하지 않으시겠습니까? [25]제발 착한 사람

을 악한 사람들과 함께 멸망시키지 말아 주십시오. 그러면 의인이나 악인이나 마찬가지가 되지 않습니까? 주께서는 온 땅의 심판자이십니다. 그러니 옳은 판단을 내리셔야 하지 않겠습니까?" (쉬운성경_ 창 18:23~25)

이 이야기를 들으신 하나님께서는 아브람을 기특하게 여기시면서 양보하기 시작하십니다. "알았다. 그러면 의인 50명이 있다면 멸망의 심판을 멈추도록 하겠다."

그런데 아브람이 가만히 생각해 보니, 착한 사람 50명이 없을 수도 있을 것 같았습니다. 전쟁 후라 더 악하고 이기적으로 변했을 것 같았기 때문입니다. 그래서 아브람은 숫자를 조금 낮춥니다. 하나님과의 흥정이 이어집니다.

[28]"만약 저 성 안에 착한 사람이 사십오 명밖에 없다면 어떻게 하시겠습니까? 다섯 명이 부족하다고 해서, 저 성 전체를 멸망시키시겠습니까?" 여호와께서 말씀하셨습니다. "만약 저 성 안에 착한 사람 사십오 명이 있다면, 저 성을 멸망시키지 않을 것이다." [29]아브라함이 또 여호와께 말했습니다. "만약 착한 사람이 사십 명밖에 없다면, 어떻게 하시겠습니까?" 여호와께서 말씀하셨습니다. "착한 사람이 사십 명만 있어도, 저 성을 멸망시키지 않을 것이다." [30]아브라함이 또 여호와께 말했습니다. "주여, 노하지 마시고 제가 드리는 말씀을 들어 주십시오. 만약 저 성 안에 착한 사람이 삼십 명밖에 없다면, 어떻게 하시겠습니까?" 주께서 말씀하셨습니다. "착한 사람이 삼십 명만 있어도, 저 성을 멸망시키지 않을 것이다." [31]아브라함이 또 여호와께 말했습니다. "감히 주께 말씀드립니다. 만약 착

한 사람이 이십 명 있다면, 어떻게 하시겠습니까?" 여호와께서 말씀하셨습니다. "착한 사람이 이십 명만 있어도, 저 성을 멸망시키지 않을 것이다." [32]아브라함이 또 여호와께 말했습니다. "주여, 노하지 마시고 마지막으로 한 번만 더 말씀드리게 해 주십시오. 만약 열 명이 있으면, 어떻게 하시겠습니까?" 여호와께서 말씀하셨습니다. "착한 사람이 열 명만 있어도, 저 성을 멸망시키지 않을 것이다." [33] 여호와께서는 아브라함과 말씀을 마치신 뒤에 그 곳을 떠나셨습니다. 아브라함도 자기 집으로 돌아갔습니다. (쉬운성경_창 18:28~33)

자, 드디어 흥정이 마무리되었습니다. 이제 아브라함은 안심했습니다. 그 성에 틀림없이 의인 열 명은 있을 것이라고 생각했습니다. 그래서 조카 롯도 이제는 살았다고 판단했을 수 있습니다. 과연 그럴까요?

하나님은 다 알고 계셨지만 아브라함을 서운하지 않게 하려고 아브라함이 보는 앞에서 천사들을 그곳으로 보내셨습니다. 천사를 사람의 모양으로, 나그네로 꾸며 소돔성으로 보내셨습니다. 이제 두 천사가 소돔 성 문에 가까이 가서 앉았습니다. 마침 롯이 그들을 보고는 집으로 들여서 식사를 대접했습니다. 그래도 큰아버지 아브라함에게 보고 배운 것이 있었기에 천사를 집으로 모셔와 대접한 것입니다. 넉넉하지는 않지만 서민들이 먹던 누룩을 넣지 않은 빵을 구워서 대접하고, 잠자리도 제공했습니다.

그런데 한밤중에 롯의 집 문을 쾅쾅 두드리는 소리가 났습니다. 무슨 일인가 하고 나가봤더니 소돔 성에 살고 있던 동성연애자들이 롯의 집으로 몰려온 것이었습니다. 그러고는 오늘 이 집에 들어온 그 예쁘장하게 생긴 사람들과 관계를 맺으려 하니 당장 끌어내라고 했습니다. 그러자 롯이 그들에게 말했습니다. 그러자 사람들도 또 말했습니다.

> [7]롯이 말했습니다. "형제들이여, 이런 나쁜 일을 하면 안 되오. [9]롯의 집을 에워싼 남자들이 말했습니다. "저리 비켜라! 이놈이 우리 성에 떠돌이로 온 주제에, 감히 우리에게 훈계를 하려 들다니!" 그들이 또 말했습니다. "저 사람들보다 네놈이 먼저 혼 좀 나야 되겠구나." 그러면서 그들은 롯을 밀쳐 내고 문을 부수려 했습니다. (쉬운성경_창 19:7, 9)

사태가 심각해지자, 천사 두 사람이 나서기 시작했습니다. 방관자들과 함께 악을 도모하려는 이들은 있어도 적극적으로 만류하는 이 하나 없는 그 악한 상황에서 천사가 나섭니다.

> [11]두 사람은 문 밖에 서 있는 사람들의 눈을 어둡게 했습니다. 그래서 밖에 있던 사람들은 젊은이나 노인이나 할 것 없이 문을 찾을 수가 없었습니다. [12]두 사람이 롯에게 말했습니다. "이 성에서 사는 다른 친척들이 있소? 사위나 아들이나 딸이나 그 밖의 다른 친척이 있소? 만약 있으면 당장 이 성을 떠나라고 이르시오. [13]우리는 이 성을 멸망시킬 것이오. 여호와께서는 이 성에서 벌어지는 악한 일에 대해 모두 들으셨소. 그래서 여호와께서 이 성을 멸망시키라고 우리를 보내신 것이오." (쉬운성경_창 19:11~13)

다급하기도 하고 깜짝 놀라기도 하고, 올 것이 왔구나 싶었던 롯은 급하게 서두르기 시작했습니다. 그동안 잘못 살아온 날들이 후회되었을 수도 있습니다. 큰아버지에게 불효했던 것, 하나님의 말씀에 불순종했던 것, 먹튀 인생으로 살아온 것, 감사하지 못했던 것, 나밖에 몰랐던 것, 가족을 하나님께로 인도하지 못했던 것, 소돔 성을 떠나지 못했던 것, 전쟁 후에라도 큰아버지에게 가서 함께 살지 못했던 것 등이 다 후회스러웠습니다. 롯은 이런저런 후회와 함께 다급한 마음으로 딸들과 아내에게 사정 이야기를 하고 속히 도망할 것을 요구했습니다. 딸들과 결혼을 하기로 약속한 사위들에게도 다급하게 말했습니다. 그렇지만 소돔 성에서 하나님을 믿지 않았던 사위들은 장인의 말을 듣지 않습니다. 그들은 장인이 미친 줄 알고 그의 호소를 농담으로 알아듣고는 무시해버립니다. 시간이 너무 지체되자 천사가 롯을 다그칩니다. 빨리 나가라고, 곧 성이 무너질 거라고, 지진이 시작될 것이라고.

그런 상황에서도 롯은 여전히 꾸물대고 있습니다. 멀쩡한데, 아직 살만한데 왜 도망을 가야 하는지 이해가 되지 않았습니다. 지금 당장 사람들에게 맞아 죽을 고비를 넘기기는 했지만 여전히 이 땅에 대한, 소유물들에 대한 미련이 남아 있습니다. 그냥 살면 또 살 수 있을 것도 같았습니다.

다급해지고 어려워지니까 후회는 되지만 진정한 회개에 이르지 못하는 롯입니다. 후회와 회개는 다릅니다. 후회는 마음으로 하는 것이고 회개는 몸이 움직이는 것입니다. 몸과 마음이 하나님께로 돌아서면 회개인 것이고, 몸과 마음이 하나님께 돌아서지 않으면 후회만 하는 것입니다.

롯은 후회하면서 머뭇거리고 있습니다. 그러자 다급해진 천사가 강제로 가족을 붙잡고 성을 나오면서 이야기합니다.

> [17]두 사람은 롯과 그의 가족을 성 밖으로 데리고 나갔습니다. 그 중 한 사람이 말
> 했습니다. "살려면 이 곳을 피해야 하오. 골짜기 어디에서든 뒤를 돌아보거나 멈
> 추지 마시오. 산으로 도망가시오. 그렇게 하지 않으면 당신들도 죽을 것이오."
> (쉬운성경_창 19:17)

자, 여러분이라면 이 상황에서 어떻게 하시겠습니까?

1. 앞뒤 안 가리고 일단 도망간다.
2. 땅이 갈라지는 징조가 있을 때까지 일단 챙길 것을 챙긴다.
3. 설마 하면서 그냥 산다.

지금 롯과 가족들은 큰 사건을 목격하고 있습니다. 첫째, 문을 부수고
들어오려던 사람들이 갑자기 눈이 안 보여서 방향을 잡지 못하고 소란한
것을 보았습니다. 둘째, 내 앞에 있는 이 두 사람이, 사람이 아니라 천사
들임을 경험하고 있습니다. 셋째, 하나님께서 소돔 성을 멸하시기로 결
정한 것도 알고 있습니다. 넷째, 다행히 큰아버지 아브라함의 기도를 들
으시고 하나님께서 자기들에게 자비를 베풀고 계심을 알았습니다.

그럼에도 참 이상하게 정신이 차려지지 않습니다. 어떻게 되겠지, 아
님 말고. 롯은 철저하게 이기적인 먹튀의 모습을 또 보여 줍니다. 천사를
붙잡고 그 상황에 자신의 편리함을 위한 요구를 합니다. "자비를 베푸셔

서 우리를 살리시려고 하는 것은 알겠는데, 이왕 살게 해주실 것이면 저 산으로 힘들게 가라고 하지 마시고 저 앞에 있는 성으로 들어가게 해주십시오."

[19]주께서는 주의 종인 저에게 자비를 베푸셔서, 제 목숨을 구해 주셨습니다. 하지만 저는 저 산까지 달려갈 수 없습니다. 산에 이르기도 전에 재앙이 닥쳐서 저도 죽을까 두렵습니다. [20]보십시오. 저기 보이는 저 성은 도망가기에 가깝고도 작은 성입니다. 그러니 저 성으로 도망가게 해 주십시오. 저 성은 참으로 작지 않습니까? 저 성으로 도망가 살 수 있게 해 주십시오." (쉬운성경_창 19:19~20)

이 이야기를 읽다 보면 욕이 저절로 나옵니다. '에이, XXXX.'

은혜도 모르고, 감사도 모르고, 저 살 궁리만 하고, 힘들면 거부하고 땡깡 부리는, 상종도 하고 싶지 않은 사람입니다. 다른 사람이 힘든지도 모르고 끝까지 자기만 위하라고 하는 사람, 한숨이 푹 쉬어집니다.

정말 이런 사람들이 존재할까요? 아주 많습니다. 잘 해주면 더 잘 해달라고 하고, 도와주면 더 도와달라고 하고, 나는 지금도 힘드니 건들지 말라고 하고, 도와주고 싶으면 아예 모두 다 갖다 달라고 하고, 나는 편히 살 테니 당신은 힘들게 살더라도 나부터 살려달라는 사람들이 참 많습니다.

선한 마음을 가진 사람들의 의도를 꺾고, 사람이 악해지도록 만드는 마귀의 종자들입니다. 그게 롯이었습니다. 양보해 주면 계속 권리를 주장하듯 요구했습니다. 산으로 도망가라고 하면 산으로 가면 되는데, 힘드니까 일단 저 눈앞에 보이는 성으로 가게 해달라고 합니다. 천사는 기가 막혔지만 허락합니다. 그렇게 하라고, 일단 저 성에 들어갈 때까지는 내가 기다릴 테니 절대 뒤를 돌아보지 말고 뛰라고 말합니다. 그럼 말을 들어야 하는데, 롯은 이게 또 안 됩니다. 평소에 순종을 해본 적이 거의 없었기 때문입니다. 불순종이 습관이 되면 순종이 불가능해집니다.

꼭 필요할 때 왜 엉뚱한 소리를 하는지 아시나요? 평소에 그렇게 쭉 살았기 때문입니다. 평소에 남편의 말을 안 듣던 롯의 처가 그 중요한 순간, 목숨이 왔다 갔다 하는 그 순간에 남편의 말을 들었을까요? 당연히 안 듣습니다. 안 믿어지니까요. 큰아버지 아브라함이 믿던 하나님의 능력을 모르는 사람이 아닙니다. 큰아버지 아브라함에게 하나님의 이야기를 안 들은 사람이 아닙니다. 그런데 안 믿었습니다. 이들은 현실만 보고 산 사람들입니다. 이 땅이 끝인 줄 알고 이곳이 다인 줄 알고, 여기서 잘 먹고 잘 입고 폼 재며 더 좋은 자랑거리를 만들려고 애를 쓴 사람들입니다. 내가 쓸 것, 자식에게 물려줄 것을 다 챙기느라고 천국을 잊어버린 사람들입니다.

오늘날에도 얼마나 많습니까? 이 땅이 끝인 줄 알고, 내가 하면 다 되는지 알고, 많은 사람이 그렇다면 그게 곧 진리라고 착각하는 사람들 말입니다. 하나님이 하게 하셔야 할 수 있습니다. 하나님이 되게 하셔야 됩니다. 이를 모르는 사람들이 너무 많습니다. 아무리 사람들이 모여서 바벨탑을 쌓아도 하나님이 부수면 그만입니다.

소돔 성의 사람들은 다 같이 모여서 군사를 모집하고 문화를 만들어도 하나님이 외면하시면 멸망임을 몰랐습니다. 그 절체절명의 순간에 뒤를 돌아보며 불순종한 롯의 처는 어떻게 되었습니까? 성경은 말씀합니다.

> ²⁴여호와께서 소돔과 고모라에, 하늘로부터 마치 비를 내리듯 유황과 불을 쏟아 부으셨습니다. ²⁵주께서 그 두 성을 멸망시키셨습니다. 주께서 또 요단 골짜기 전체와 두 성 안에 사는 모든 사람과 땅에서 자라나는 모든 것을 멸망시키셨습니다. ²⁶그런데 롯의 아내는 그만 뒤를 돌아보았기 때문에 소금 기둥이 되어 버렸습니다. (쉬운성경_ 창 19:24~26)

참 슬픈 이야기입니다. 그렇다고 롯이 정신을 차렸을까요? 만약 남부럽지 않게 살아가던 소돔 성이 다 무너지고 불에 타 없어지고, 아내는 소금 기둥이 되었다면 여러분은 어떻게 하시겠습니까? 울며 회개하고 하나님께 용서를 구하지 않았을까요? 큰아버지 아브라함을 찾아가 자초지종을 설명하고, 큰아버지 덕분에 살았다며 감사하고 앞으로 열심히 살겠다고 말하지 않았을까요?

성경은 롯이 당연히 죽어야 할 죄인이지만 살아난 것은 그의 의 때문이 아니고 그가 착해서도 아니고 아브람 때문임을 강조합니다.

> ²⁹하나님께서 골짜기의 성들을 멸망시키셨지만 아브라함의 부탁을 기억하셔서, 롯이 살던 성을 멸망시키실 때에 롯의 목숨을 살려 주셨습니다. (쉬운성경_ 창 19:29)

자, 여러분이 롯이었다면 이 상황에서 어떻게 했을 것 같나요? 많은 생각이 나지 않았겠습니까? 첫 번째로 갈대아인들이 살던 우르에서 할아버지 데라와 큰 아버지 아브람의 손을 잡고 떠났던 그 어린 시절이 떠올랐을 수 있습니다. 두 번째로 할아버지를 떠나 큰아버지 아브라함과 함께 이사했던 가나안도 생각이 났을 겁니다. 세 번째로 가난을 피해 애굽으로 이사해서 큰돈을 번 뒤에 다시 가나안으로 돌아와 생활했던 것도 기억날 겁니다. 네 번째로 목자들의 다툼 속에서 잘 살아보겠다고 큰아버지를 떠나 소돔으로 이사 온 것, 소돔에서 잘 살았는데 전쟁으로 모든 것을 잃었던 것이 생각날 겁니다. 그리고 그때 큰아버지께 돌아가지 못하고 아내와 딸들의 눈치를 보느라고 절절매다가 믿음, 돈, 아내까지 잃어버리고 이제 처량하게 된 자신의 모습이 보이지 않았을까요? 순종하지 못해서, 이 땅에서 더 잘 살고 싶어서 버둥거리며 악착같이 살았지만 죄 가운데 살다가 한 방에 훅 가버린 내 모습이 보이지 않았을까요?

따라가기 싫은 롯의 먹튀 인생

그럼 이제 어떻게 해야 할까요?

살다 보면 망하기도 합니다. 잘못도 저지르고, 후회할 일도 있습니다. 그릇된 만남, 그릇된 선택, 그릇된 행동, 최악의 결과가 있었습니다. 원치 않았지만 전염병에 걸리고, 사고의 피해자가 되고, 갑자기 빚쟁이가 되기도 합니다. 재산을 탕진하기도 합니다. 잘못된 투자로 많은 것을 잃기도 합니다. 실직, 병, 스트레스, 절망, 후회 등이 나를 괴롭힐 때 어떻게 해야 하나요?

이사야 선지자라면 뭐라고 하셨을까요?

¹⁶너희는 스스로 씻으며 스스로 깨끗하게 하여 내 목전에서 너희 악한 행실을 버리며 행악을 그치고 ¹⁷선행을 배우며 정의를 구하며 학대 받는 자를 도와주며 고아를 위하여 신원하며 과부를 위하여 변호하라 하셨느니라 ¹⁸여호와께서 말씀하시되 오라 우리가 서로 변론하자 너희의 죄가 주홍 같을지라도 눈과 같이 희어질 것이요 진홍 같이 붉을지라도 양털 같이 희게 되리라 ¹⁹너희가 즐겨 순종하면 땅의 아름다운 소산을 먹을 것이요 ²⁰너희가 거절하여 배반하면 칼에 삼켜지리라 여호와의 입의 말씀이니라 (사 1:16~20)

일단 오라고 하십니다. 다른 곳으로 가지 말고, 숨지 말고, 너희들이 죄가 아무리 많을지라도 일단 하나님께 나아와 조용히 아뢰고 용서를 구하고 삶의 방향을 바꾸어 보라고 하십니다. 스스로 씻고 스스로 깨끗하게 하라고, 악하게 살지 말고 선하고 정의롭게 살라고, 학대받는 자와 고아와 과부와 힘들게 사는 사람들을 돌봐 주라고, 그러면 하나님께서 다시금 자비를 베푸실 것이라고 말씀합니다.

저도 이럴 때가 더러 있습니다. 그럼 밤에 잠이 오지 않아 하나님을 부릅니다. 사용해 주심이 감사하기는 하지만 힘든 것도 있고 답답하기도 합니다. 그래서 기도하다 보면, 어느 날은 하나님께서 나를 위로해 주시면서 눈물을 주실 때가 있습니다. 그때는 참 많이 울기도 합니다. 얼마 전에도 하나님께 감사하면서도 죄송하고, 은혜도 되고 해서 잠을 못 이루고 혼자 한참을 운 적이 있습니다.

　주님은 늘 오라고 하십니다. 앞뒤 가리지 말고 일단 나아오라고 하십니다. 성전에 나와 기도하든지, 혼자 앉아서 기도하든지, 하나님과 내가 단독으로 만나는 시간을 가지라고 하십니다.

♪마음이 힘들고 지칠 때
어김없이 다가와 주시는 주님을 만남이 기쁨, 기쁨입니다
어떠한 상황에도 널 놓지 않으리
네게 해가 되지 않도록 지켜 주리라
나는 능하고 힘 있는 예수라
내가 너의 보호자, 내가 너의 길 인도하리라
내가 사랑하는 나의 자녀야, 나 예수를 생각하라
나 예수로 인하여 기뻐하라, 기뻐하라
(찬양_예수님의 전부)

　그런데 롯은 그렇게 하지 않았습니다. 살아난 후에 하나님께 감사하지도 않았고 큰아버지 아브라함을 찾아가 고맙다, 죄송하다, 잘못했다고도 하지 않았습니다. 참 바보 멍청이, 먹튀, 자기밖에 모르는 사람입니다. 먹튀도 이런 먹튀 인생이 또 있을까요?

　원망, 분노, 억울한 감정을 쏟아내며 신세한탄을 하고 한잔 술 속에서 살아갑니다. 혼자만 그러는 것도 아닙니다. 살아난 두 딸과 함께 그럽니다. 서로 술에 취해서 욕망을 억제하지 못하고 그릇된 성관계를 가지며,

딸과의 사이에서 아이도 낳습니다. 참으로 답답한 사람입니다.

예수님께서는 누가복음 17장 32절에서 "롯의 처를 기억하라"라고 말씀하신 적이 있습니다. 개역한글판 성경은 "롯의 처를 생각하라"라고 번역했고, 영어 성경은 "remember"이라는 단어를 사용합니다. 언제 무너질지, 언제 죽을지, 언제 사고가 날지 모르는 세상에 살면서 왜 너희는 이 땅이 끝이라고 생각하느냐고 말씀하신 것입니다. "롯의 처를 기억하라!"

롯도, 롯의 처도, 롯의 두 딸도 여기가 끝인 줄 알았을 겁니다. 그래서 이 땅에서 잘 먹고 잘 살려고 수단 방법 가리지 않고 노력하고, 즐기며 산 것입니다. 그런데 그게 끝이 아니었다는 것입니다. 심판과 천국을 몰랐습니다.

왜 롯은 끝까지 하나님께로, 큰아버지 아브라함에게도 돌아가지 못했을까요? 참 궁금합니다. 그는 알지 못했습니다. 천국이 있다는 것을, 여기가 끝이 아니란 것을. 꼭 기억해야 할 것을 기억하지 못하고, 잊히고 스치는 것들이 참인지 알았던 겁니다. 여기서만 잘 살고 싶었기에 먹튀 인생을 살았고, 하나님께서 돌아오라고 신호를 주실 때도 억지로 외면했습니다. 자녀들에게 마땅히 그 믿음을 물려주어야 함에도 불구하고 아내와 두 딸들을 전도하지 못했습니다. 소돔 성을 떠났어야 할 때 떠나지 못했고, 삶을 바치지도 않았습니다. 참 피해 가고 싶은 사람입니다.

감사를 표현할 줄 몰랐던 롯, 은혜를 자신의 권리로 알았던 롯, 힘든 상황 속에 하나님께 나아가지 않고 술과 함께 스스로를 위로하려고 했던 롯, 여기가 끝인 줄 알고 심판의 날과 천국을 잃어버렸던 롯, 절대로 따라가고 싶지 않습니다.

제8장

회개함으로
구원의 감격을 찾은

오네시모

회개하지 않고
자신의 삶을 버린

가룟 유다

오네시모 따라가기

노예, 도둑, 죄인 오네시모

오네시모란 사람이 있었습니다. 그는 노예였습니다. 태어날 때부터 노예였는지, 아니면 자유인이었다가 전쟁 포로 혹은 빚이 너무 많아 팔려서 노예가 되었는지, 그것도 아니면 범죄자가 되어 재판을 받아 노예가 되었는지 그 이유는 모릅니다. 골로새라는 지역에 믿음 좋은 빌레몬이 있었는데, 바로 그 집의 노예였습니다. 바울이 골로새에 가면 더러 머물렀던 빌레몬의 집에서 만난 사람이었습니다.

그러던 어느 날, 오네시모는 주인인 빌레몬의 돈을 훔쳐서 달아나버렸습니다. 온 집 안이 발칵 뒤집혔고 범인을 잡으려 했지만, 오네시모는 이미 도망간 뒤였습니다. 오네시모는 골로새에서 한참 떨어진 로마까지 도망을 쳤습니다. 그곳에서 훔친 돈으로 잘 살 줄 알았습니다. 하지만 배움도, 인맥도, 기술도 없던 오네시모는 결국 다시 도둑질을 하게 되었고, 잡혀서 로마 감옥에 갇히게 되었습니다.

그런데 감옥에 가 보니, 바울 목사님이 계신 것이 아니겠습니까? 바울이 깜짝 놀라 묻습니다. "네가 여기는 웬일이냐?"

오네시모는 머뭇거리다 모든 것을 실토합니다. 빌레몬 주인님의 돈도 훔쳤고, 이곳에서도 또 도둑질을 하다가 붙잡혀 왔다고 말합니다.

그 이후로 바울은 오네시모를 가까이하며 같은 감옥에서 하루 종일 아주 많은 이야기를 나눕니다. 살아온 이야기, 억울한 이야기, 다 잃어버린 이야기, 도둑놈이 된 이야기까지. 그러다 바울이 지금 있는 감옥보다 조금 더 자유가 보장된 곳, 지금으로 하면 가택 연금 생활을 할 수 있는 자그마한 집 같은 감옥으로 옮겨갈 때 오네시모도 같이 가게 됩니다.

거기서 바울은 오네시모에게 아주 기초적인 하나님 이야기를 해줍니다. 바울의 이야기는 늘 "인간은 죄인이다"라는 전제와 함께 출발합니다. 모든 사람이 죄를 지었기에 하나님 나라, 그 천국에 이를 수 없음을 가르칩니다. "나도 죄인이고, 너도 죄인이다. 어떤 죄는 크고, 어떤 죄는 작고, 어떤 죄는 숨겨졌고, 어떤 죄는 들켰을 뿐이지 모든 사람이 다 죄인이다."라고 말합니다.

저도 고등학교를 다닐 때 이 말씀을 배웠습니다. 참 수긍이 가지 않았던 기억이 있습니다. 아마 저와 같은 분들이 계실지도 모릅니다. 저보다 1년 선배였던 형이 선교 단체에 다니며 성경공부를 했었는데, 그 형이 말하길 내가 죄인이라고 하는 겁니다. 얼마나 기분이 나빴는지 모릅니다. "학교에서 시험 시간에 커닝하고, 욕하고, 친구들 괴롭히고, 담배 피우고, 선생님 말씀을 안 듣는 놈들이 죄인이지 어떻게 내가 죄인이랍니까? 나는 그런 죄를 짓지도 않았는데요."

이렇게 말하면 그 선배는 늘 이야기했습니다. "불량 청소년 같은 그들도 죄인이고, 너도 죄인이다."

인정이 안 되었습니다. 상당히 불쾌했어요. '어떻게 나하고 그런 놈들이 같을 수 있단 말인가?'

그러다 청년의 때가 되어, 어느 날 그 선배의 말이 이해되었습니다. 손에 때가 묻었을 때 옷에 쓱 문지르면 깨끗해 보입니다. 그런데 현미경으로 자세히 보면 완전히 씻어지지 않았습니다. 눈에 안 보일 뿐이지, 진짜로 깨끗한 것은 아닌데 우리는 자꾸 누가 더 더러운지를 따집니다. 조금 덜 더럽고, 조금 더 더러운 것뿐이지 결코 깨끗한 것은 아닙니다.

드디어 성령님께서 내 안에 있는 죄를 보게 하셨습니다. 그제야 내가 하는 모든 말과 행동이 죄와 너무 가깝다는 것을 인정하게 되었고, 참 많이 울었던 기억이 납니다.

바울은 오네시모에게 이것을 첫 번째로 가르쳐 줍니다. "너나 나나 죄인이다. 따라서 누가 누구를 정죄할 수 없으며, 우리는 모두 용서가 필요한 사람이다."

바울은 스스로의 죄를 인정하는 사람들에게 늘 두 번째 '고백'을 강조합니다. 죄인임을 인정하라는 것입니다. 물론 사람 앞에서 공개적으로 인정할 수도 있지만 하나님 앞에서 단독자로 서서 하나님 앞에 죄인임을 인정하라고 요구합니다. 이것은 대단히 중요한 신학적 의미가 있습니다. 하나님께서는 자녀 된 우리의 죄를 씻어 주기를 원하시는데, 모든 사람의 죄를 씻어 주시지 않습니다. 고백하는 사람, 자신이 죄인임을 인정하는 사람들의 죄만을 용서하십니다.

성경은 말씀합니다.

> [9]만일 우리가 우리 죄를 자백하면 그는 미쁘시고 의로우사 우리 죄를 사하시며 우리를 모든 불의에서 깨끗하게 하실 것이요 (요일 1:9)

베드로가 자신의 죄를 고백했을 때, "주여 나를 떠나소서. 나는 죄인이로소이다!"라고 고백했을 때 그의 삶에 변화가 찾아왔습니다. 바울은 누구보다 더 거룩하고 성결하고 의롭게 살아왔지만, 성령께서 비추어 주시는 현미경보다 밝고 정밀한 빛으로 자신의 내면을 보고 난 후에 이렇게 고백했습니다. "죄인 중에 내가 괴수니라!"

나의 약함과 무능력함, 죄 됨과 욕심과 초라함을 보고 나면 저절로 고백이 나옵니다. "주여 나를 용서하여 주옵소서!"

남 탓이 아니라 내 탓임을 알게 되고, 환경의 문제나 이웃의 문제가 아니라 나 자신의 문제임을 알게 되면 기도가 저절로 나옵니다. "주여 나를 도와주시옵소서!"

감옥에서 바울에게 특별 과외를 받은 오네시모가 드디어 이 고백을 하게 됩니다. 죄인임을 인정하고, 죄 지을 수밖에 없는 약함도 인정하게 됩니다.

그리고 이제 그 약함을 강함으로 바꿔 주시는 성령님을 내 안에 모시게 됩니다. 그분이 오시면 용서의 확신을 주십니다. "그러므로 이제 그리스도 예수 안에 있는 자에게는 결코 정죄함이 없나니(롬 8:1)"

　이제 오네시모는 자기가 스스로 죄를 이길 수도 없고, 지울 수도 없음을 알았습니다. 죄 가운데 태어나서 죄와 함께 살아가는 인간의 힘으로는 죄를 씻을 수 없고, 인간의 결단으로 죄를 씻을 수 있는 것이 아니라 오직 죄 없으신 하나님의 아들 예수님만이 내 죄를 다 빨아들이셔서 깨끗하게 하실 수 있음을 배웠습니다. 그는 지옥에 가고 싶지 않았습니다. 비록 죄인이지만 천국에 가고 싶었습니다. 이 땅에서 불안하고 두려움 가운데 쫓기며 살고 싶지 않았습니다. 당당하고도 행복하게 살다가 천국에 가고 싶었습니다. 그러려면 다른 길이 있는 것이 아니라 예수님을 내 인생의 주인으로 모시고, 그분의 뜻에 맞게 사랑하고 용서하고 회개하며 살아야 함도 배웠습니다. 이제 용서의 확신이 생겼습니다. 나를 용서해 주신 분이 계시고, 나를 용서해 주시기 위해서 대가를 치르신 분이 계심을 믿게 되었습니다.

오네시모의 결단 그리고 변화

　오네시모는 결단합니다. 이제 내가 예수님을 내 인생의 주인으로 모시고 죄를 미워하며 그분의 뜻에 따라 살아보리라. 내 힘으로나 내 결심으로는 안 되니 성령님을 의지하며 하나님의 자녀로 살아보겠다고 결심합니다. 그리고 그렇게 살아갑니다.

　은혜는 눈물이 아니라 '변화'입니다. 은혜는 받는 데서 끝나는 것이 아님니다. 변화가 일어나야 하고 은혜에 대한 갚음, 보답이 이어져야 참 은혜가 됩니다.

변화가 시작되었습니다. 얼마나 많이 울었을까요? 얼마나 많이 후회했을까요? 얼마나 많이 하나님의 사랑에 감격해 보고 사명도 깨달았을까요? 그 변화를 옆에서 지켜보던 바울이 큰 결심을 합니다. '용서받게 해 줘야겠다.'

그래서 바울은 자신의 옥바라지를 해주던 '두기고'라 이름하는 전도사님을 부릅니다. 그러고는 부탁합니다. 돈을 모아서 보석금을 내서 오네시모를 풀어 주고, 그를 데리고 빌레몬에게 가서 용서를 구하게 하자고.

그렇게 바울의 도움으로 죄인 오네시모가 풀려납니다. 그리고 두기고를 따라 골로새로 들어가서 빌레몬을 만납니다. 두기고는 바울이 빌레몬에게 드리는 편지를 가져다줍니다. 거기에는 오네시모를 용서해 달라는 말이 적혀 있었습니다. 빌레몬은 그 편지를 받아들고 한참을 고민했습니다. 그러고는 자신도 용서받은 죄인임을 알기에, 또 바울의 부탁도 있기에 큰 결단을 하고 오네시모를 용서했습니다. 그뿐만이 아니라 노예 문서를 찢어버리고 자유인이 되게 해주었습니다. 이에 감격한 오네시모는 다시 바울에게 돌아가 더 배우고 더 섬기다가 전도자의 길을 걷고, 결국 순교자가 됩니다.

오네시모는 은혜를 '변화'로 승화시킨 사람입니다. 참 따라가고 싶은 모습입니다. 구원의 감격이 있습니다. 은혜를 알게 되고, 믿음도 생겼습니다. 그래서 누리고 또 누리려는 사람이 아니라 그 은혜를 하나님의 선물로 알고, 선물 받은 자답게 삶의 방향을 바꾸고 생각과 언어와 태도와

습관과 운명을 바꾸어 간 사람입니다.

변화의 사람 오네시모, 그를 생각하면 이런 문장이 자꾸 떠오릅니다. "은혜는 눈물이 아니라 변화다!"

무익한 자에서 유익한 자가 되다

은혜를 받고 평생 그 은혜를 누군가에게 갚으며 산 사람 오네시모, 그는 '빌레몬서'라는 한 장짜리 짧은 서신에 세 가지 변화로 표현됩니다. 그중 첫 번째 변화가 무익한 자에서 유익한 자로의 변화입니다.

> [11]그가 전에는 그대에게 쓸모없는 사람이었으나, 이제는 그대와 나에게 쓸모 있는 사람이 되었습니다. (새번역 성경_몬 1:11)

바울이 빌레몬에게 보낸 편지에 오네시모를 이렇게 소개합니다. 무익한 자, 삶에 도움이 전혀 안 되는 참 쓸데없는 놈이었다는 것입니다. 늘 부담을 주고 신경 쓰이게 하고 다른 사람에게도 상처를 주는 사람, 성경은 그를 '무익한 자'라고 표현합니다. 그런데 그가 예수를 믿게 되었습니다. 천국을 바라보게 되었습니다. 사람이 달라졌습니다. 이제는 무익한 자가 아니라 바울에게도, 빌레몬에게도 유익한 자가 되었다는 것입니다.

> 그가 전에는 네게 무익하였으나 이제는 나와 네게 유익하므로 (몬 1:11)

제 어머니가 많이 하신 말씀입니다. "너는 왜 그렇게 쓸데없는 짓을 하고 돌아다니니." 이런 이야기를 들어보신 분들은 저를 포함하여 모두 오네시모의 후예입니다. '쓸데없는 사람'

그런데 그가 쓸데 있는 사람이 되었습니다. 가정에서, 교회에서, 직장에서, 모임에서 꼭 필요하고 유익한 사람이 된 것입니다.

빌레몬서는 신약성경에서 세 번째로 짧고, 바울 서신 중에는 제일 짧은 책입니다. 또한 골로새교회의 일꾼 빌레몬에게 바울이 보낸 편지입니다. 이 편지에서 바울은 빌레몬에게 용서와 사랑을 권면합니다.

누구에 대한 용서입니까? 빌레몬에서 엄청난 손해를 끼치고 도망간 노예 오네시모입니다. 그 당시 추노꾼들, 도망간 노예를 잡아다 주는 사람들에게 잡히면 그냥 죽게 되는 노예 오네시모를 용서해 줄 것을 권하는 편지입니다. 이 편지에서 바울은 "그는 무익한 자였지만 이제 유익한 자가 되었으니, 용서하고 관용을 베풀어 주세요"라고 이야기하는 것입니다.

오네시모는 과거에는 무익했으나 예수님을 믿고 난 후, 삶의 변화가 생겼습니다. 하나님 사랑과 이웃 사랑을 실천하는 사람이 유익한 사람이라면 자기 자신을 사랑하는 사람이 무익한 사람입니다. 이제 오네시모는 무익한 자에서 유익한 자가 되었습니다.

과거에는 유익했는데 지금은 무익한 사람도 있습니다. 과거에는 좋았는데 살면서 나빠지는 경우는 허다합니다. 43년간 같이 산 전처를 무자비하게 살인한 혐의로 재판에 넘겨진 80대 남성이 징역 18년을 선고받았습니다. 처음에는 잘 살았을 겁니다. 그러다 황혼 이혼을 하게 되었는데, 아내가 더 많은 돈을 가지게 되었습니다. 억울한 마음에 법원에 소송을 제기한 결과, 법원으로부터 아내가 남편에게 2억 원을 더 주라는 조정 결정을 해줬습니다. 그러나 아내는 법원의 명령에도 불구하고 돈을 주지 않았습니다. 우리나라 민사재판은 돈을 주라고 해도 안 주면 그만입니다. 받을 방법이 없는 겁니다. 남편이 전화를 해도 안 받고, 만나자고 해도 안 만나 줍니다. 사업이 잘 될 때는 안 그랬습니다. 사업이 어려워지고 돈이 떨어지면서 결국 사기꾼이 되었습니다. 전처와 자녀들 9명은 아버지를 따돌렸습니다. 화가 난 이 할아버지는 이혼한 할머니가 사는 아파트를 찾아갑니다. 아파트 현관에서 전처를 만났는데 대화를 거부하자, 준비해 간 흉기로 아내를 찔러 죽이게 됩니다.

처음부터 그런 사람은 아니었겠지만, 이처럼 유익한 사람이 무익한 사람으로 변화되는 것은 너무나 쉽습니다. 그렇지만 다음 두 가지는 어렵습니다. 하나는, 오네시모처럼 처음에는 무익했지만 나중에 유익한 사람이 되는 것입니다. 다른 하나는, 처음에도 유익하고 나중에도 유익한 사람입니다. 오네시모처럼 무익했다가 유익한 자가 되는 것도 좋지만, 더 좋은 것은 어릴 때부터 바른 생각으로 유익한 자로 살다가 끝까지 유익한 자로 사는 것입니다. 나쁘게 변화되지 않는 것, 이 또한 위대한 일임을 기억해야 합니다. 이들은 마귀의 유혹을 이긴 사람들입니다. 성령님의 도우심을 의지하면서 말씀 안에서 변하지 않고 자신을 만들어간 사람입니다.

조선 최초의 근대식 종합병원 '세브란스병원'의 설립자 세브란스 역시 그런 사람이었습니다. 루이스 헨리 세브란스는 1838년 8월 1일, 미국 중부 대평원지대인 오하이오 주 클리블랜드에서 태어났습니다. 그가 태어나기 한 달 전에 아버지 솔로몬 세브란스가 사망하게 되어, 혼자가 된 어머니 매리 솔로몬은 아들을 데리고 친정으로 가서 살았습니다. 세브란스의 외할아버지인 데이비드 롱은 당시 클리블랜드 최초의 의사였는데, 세브란스 쪽이나 외가 쪽에는 의사들이 많았습니다. 세브란스의 어머니는 순수한 신앙인이었습니다. 교회에서 하는 자선활동에도 많이 참여하고, 사회 현상에도 관심이 많았으며, 노예 반대 운동에도 적극적으로 가담하는 등 열심도 있었습니다. 세브란스는 이런 어머니의 영향을 많이 받고 자라게 되었지요.

세브란스는 고등학교를 졸업하고 18세 때 내셔널커머셜National Commercial 은행에 취직했습니다. 당시 록펠러라는 사업가는 세브란스가 살던 지역에서 석유 사업을 하고 있었는데, 어느 날 록펠러가 세브란스가 일하는 은행에 융자를 신청했습니다. 융자 업무를 담당했던 세브란스는 자연스레 록펠러와 가까워졌고, 세브란스도 석유 개발사업에 뛰어들어 스탠더드 오일의 동업자가 됩니다. 두 사람 모두 신앙인이었고, 생각이 같았습니다. '열심히 벌어서 다른 사람에게 주고 행복하게 살자!'

세브란스는 록펠러가 운영하던 스탠더드 오일의 첫 재무이사가 되었고 정유 사업, 유황, 소금, 철 등을 채굴하는 사업 등으로 많은 돈을 벌게 되었습니다. 그러자 세브란스는 선교 단체, 특히 장로교 해외 선교활동, 교육기관, 병원 등에 많은 기부를 했고 국가별로는 한국을 포함해 중국, 동남아시아 등 여러 나라에 폭넓게 지원했습니다.

그는 자족의 은혜를 알던 사람입니다. 아무리 많이 모아봤자 다 놓고 가야 함을 알았습니다. 자녀들에게 남겨 주어도 그들의 삶에 행복을 주지 못한다는 것도 알았습니다. 부모의 욕심이고 착각이지, 재산을 많이 물려받고 행복한 사람은 별로 없다는 것을 알았던 것이지요. 그래서 세브란스는 그 번 돈을 가지고 누구나 갈 수 있는 학교, 병원, 교회 등 공익을 위한 건물을 많이 지었습니다.

그렇게 살던 세브란스는 1913년 6월 25일, 75세의 나이에 천국으로 갔습니다. 그런데 그가 죽은 후에 보니 세브란스 명의의 집 한 채가 없었습니다. 재단을 만들어 다 기부한 것입니다. 유언은 있었습니다. 재단을 맡고 있는 아들에게는 기부 약정을 적은 수첩을 건네주면서 "내가 세계를 다니면서 언젠가는 꼭 도와드리겠다고 약속한 사람들이다. 나는 못 지키고 가지만 너는 이 약속을 꼭 지켜드려라!"라고 당부했다고 합니다. 그의 아들 존과 딸 엘리자베스 프렌티스 역시 아버지의 유지를 받들어 자선활동을 계속 이어 나갔습니다. 존과 엘리자베스는 자신들의 사후에도 어려운 곳에 지원이 계속되도록 세브란스 기금을 만들어 두었습니다. '주는 사람이 받는 사람보다 행복하다'라는 믿음으로 세상을 산 세브란스 덕분에 오늘도 한국에 세브란스병원이 숨을 쉬고 있습니다. 처음부터 죽을 때까지 유익한 자의 삶을 유지한 변화의 사람입니다.

죄인에서 심복이 되다

오네시모라는 이름은 당시 골로새 지역의 많은 노예들에게 붙여진 이름이었습니다. 그 뜻은 '유익한 자'라는 말입니다. 어떤 형편으로 노예가 되었는지는 모르지만 이제는 주인에게, 주인의 집안에 유익한 자가 되라는 의미에서, 많은 노예들에게 '오네시모'라는 이름을 지어 주었습니다. 그런데 이 노예들은 그냥 시키는 일만 간신히 하는 사람들이었습니다. 죽도록 충성한다거나 유익한 자가 되는 경우는 흔치 않았습니다. 오히려 유해한 자, 혹은 무익한 자가 되어 살았습니다.

빌레몬의 종 오네시모도 무익하기는 마찬가지였습니다. 그런데 그가 돈을 훔쳐 도망가고 감옥에 갇혀 있으면서, 사방이 막힌 상태에서 예수님을 믿게 되었습니다. 하나님의 살아계심과 심판, 칭찬을 알게 되었습니다. 이 땅이 다가 아니고, 새로운 하늘나라가 있음을 믿게 되었습니다. 비록 이 땅에서는 노예로 살지만 저 천국에서의 삶은 달라야 함을 알게 된 것입니다. 그래서 큰 결단을 합니다. 그러고는 하나님 앞에 사는 것처럼 살게 되었습니다. 생각이 바뀌니, 말이 바뀌고, 행동과 습관도 달라졌습니다. 진짜 이름대로 유익한 자가 된 것입니다.

그 모습을 지켜보던 바울은 오네시모를 향하여 "너는 죄인이 아니라 나의 '심복'이다"라고 표현합니다. 골로새교회의 장로요, 오네시모의 주인인 빌레몬에게 오네시모를 소개할 때도 "그는 죄인이었지만 이제는 나의 '심복'이다"라고 표현합니다. 그러면서 내가 믿음으로 갇힌 중에서 낳은 아들 오네시모를 유익한 자라고도 하지만 심복이라고도 합니다.

[10]갇힌 중에서 낳은 아들 오네시모를 위하여 네게 간구하노라 [11]그가 전에는 네게 무익하였으나 이제는 나와 네게 유익하므로 [12]네게 그를 돌려 보내노니 그는

　오네시모, 유익한 자라는 이름값을 하고 사는 사람이 되었는데 이제는 바울의 심복이기도 하다는 말입니다. 바울을 통해 예수님을 알게 되고, 천국을 알게 되고, 영벌과 영생을 알게 된 후에 새로운 존재로 태어났습니다. 전에는 죄를 짓고 도주한 노예였지만 이제는 이 모든 것으로부터 변화되어 새로운 존재가 되었음을 보여 주는 표현입니다.

　이제 오네시모는 그리스도 안에서 새로운 피조물이 되어 죄인이 아니라 심복이 되고, 남이 아니라 바울의 제자가 되었습니다. 과거에는 다른 노예들처럼 눈가림eye service만 하는 자였으나 그리스도를 주인으로 모신 뒤에는 진정한 순종과 봉사로 모든 일에 주께 하듯 최선을 다하는 자가 되었다는 것입니다.

　'심복'으로 번역된 '스플랑크나'는 '마음'이라는 뜻이 있습니다. 본래는 '창자' '내장'을 지칭하는 단어였는데, 당시 사람들은 인간의 감정이 내장에서 발생하는 것으로 여겼기에 긍정적 감정, 친절, 자비심, 동정심이 일어나는 대상을 향하여 심복이라고 표현했습니다. 심복의 또 다른 말 중 하나는 '심장'입니다. 그러니까 오네시모는 아주 요긴한 사람, 없어서는 안 되는 가장 쓸모 있는 사람이라는 말입니다. 오네시모가 눈에 보이면 살아있는 것 같고, 눈에 안 보이면 난 죽은 것 같이 느껴지는 그런 관계가 심복입니다. 내 곁에 두고 싶은 사람이지요.

　예수를 영접한 후 그의 변화는 그렇게 진행되어 갑니다. 참 대단한 사람입니다. 죄인이고 무익했는데 유익한 자가 되고, 그래서 늘 곁에 두고 싶은 심복이 된 오네시모, 참 따라가고 싶습니다. 가정에, 회사에, 교회에 이런 사람이 필요하다면 누가 그 사람이 되어야 할까요?

오네시모를 생각하면 떠오르는 말씀이 있습니다.

[17]그런즉 누구든지 그리스도 안에 있으면 새로운 피조물이라 이전 것은 지나갔으니 보라 새 것이 되었도다 (고후 5:17)

종에서 형제가 되다

형제가 되었다는 것은 함께 죽고 함께 사는 사람이 되었다는 말입니다. 공동 운명체가 된 것입니다. 그는 노예였습니다. 당시 로마 제국 안에는 6천만 명의 노예가 있었고, 오네시모는 그중 한 사람이었습니다. 그런 오네시모가 족보에 이름이 올라가는 형제가 되었습니다.

[16]이 후로는 종과 같이 대하지 아니하고 종 이상으로 곧 사랑 받는 형제로 둘 자라 내게 특별히 그러하거든 하물며 육신과 주 안에서 상관된 네게랴 (몬 1:16)

형제는 인물이 못나도, 몸이 불구가 되었어도 형제입니다. 형제는 서로 사랑하며 살고, 끝까지 챙겨 주는 사람들입니다. 바울은 빌레몬에게 부탁합니다. 이제 그를 종 문서가 있는 노예가 아니라 족보에 이름이 올라가는 형제로 받아들여 달라고, 그는 이미 내 형제가 되었다고.

오네시모를 쓰면서 생각하게 됩니다. '나는 예수를 믿은 후에 어떤 변화가 있었나?' '나는 천국 백성이 된 후에, 이 땅이 끝이 아님을 알기에 저 천국에 소망을 두며 이 땅에 잠시 머물다 가는 동안 어떤 사람이 되어야 하나?'

제게도 변화가 있었습니다. 그 많은 생각 중에 하나가 바로 선택의 기준이 바뀌었다는 것입니다. 살아 보니 인생은 선택의 연속이었습니다. 할까, 말까? 갈까, 가지 말까? 만날까, 말까? 한다면 언제 할까? 만난다면 언제, 누구를 만날까? 무엇을 먹을까? 짧은 그 순간의 선택이 우리의 인생을 결정하는 경우도 많이 있기 때문에, 특히 그리스도인으로서의 선택은 매우 중요합니다.

창세기에 나오는 아담과 하와는 잘못된 선택을 한 것 때문에 그 좋은 에덴동산에서 쫓겨나 가시덤불과 엉겅퀴가 있는 땅에서 고생고생을 하며 살아야 했습니다. 예수님의 제자인 가룟 유다도 그릇된 선택을 한 것 때문에 그 좋은 천국의 상급을 놓치고 저주받은 인생이 되어 자살을 하게 되고, 지금까지도 수많은 사람들의 입을 오르내리며 욕을 먹는 사람이 되었습니다.

오늘 나는 미래를 준비하는 데 있어서, 그리고 오늘의 삶을 만들어가는 데 있어서 어떤 기준으로 선택을 해야 하나님께서 기뻐하시고 내 삶도 행복할까요?

영국의 유명한 요한 웨슬리 목사님은 젊은이들에게 이런 선택의 기준을 가르쳐 준 적이 있습니다. 첫째, '이 일이 하나님의 영광이 되느냐'입니다. 아무리 돈이 되고, 즐거움을 준다고 해도 하나님께서 싫어하실 것 같으면 선택하지 말아야 한다고 권고합니다. 둘째, '다른 사람들에게 도움이 되고 축복이 되느냐'를 묻고 있습니다. 나에게는 신나고 좋은 일이지만 다른 사람들에게 해가 된다면 하지 말라고 하십니다. 셋째, '내 마음의 소원과 일치하는가'를 생각해 보라고 합니다. 하기 싫은 것을 억지로 하려고 하지 말라는 뜻입니다. 넷째, '선택을 위해 기도해 보니 마음에 평안이 오느냐'를 묻습니다. 불편하거나 꺼림칙하면 그릇된 선택일 수 있음을 경고하는 말입니다.

하나님의 자녀로 살면서 저에게도 선택의 기준이 있습니다. 첫째, '이 선택이 하나님의 뜻, 곧 하나님을 사랑하고 이웃을 사랑하는 방향이냐'를 묻곤 합니다.

> ³³그런즉 너희는 먼저 그의 나라와 그의 의를 구하라 그리하면 이 모든 것을 너희에게 더하시리라 (마 6:33)

무엇을 먹을까, 입을까, 마실까, 누굴 만날까, 무슨 직업을 선택할까를 고민하는 이들에게 분명한 기준을 주셨습니다. 돈이 되는지, 편리한지, 재미가 있는지를 묻지 말고 그 선택이 하나님 나라에 합당한지, 하나님 사랑과 이웃 사랑을 위하는 일인지를 먼저 생각하라고 하십니다. 이어서 너희들이 만약 하나님 사랑, 이웃 사랑을 삶의 기준으로 삼고 그것을 위해 달려간다면 너희들의 모든 문제는 내가 다 해결해 준다고 약속하십니다. '원 플러스 원'의 복이 아니라 '원 플러스 올(all)'의 축복을 약속하십니다. 너희가 하나님의 뜻을 우선으로 삼고 삶의 방향을 정하면 나머지는

다 책임져 주신다는 말씀입니다.

　예수를 믿은 후에 오네시모는 삶의 우선순위가 바뀌는 변화를 시도합니다. 여기에 그리스도인의 길이 있습니다. 그렇게 살다 보니까 무익한 자가 유익한 자가 되고, 종이 형제가 되고, 죄인이 심복이 됩니다.

　두 번째는 '하나님께서 영광을 받으실 만한 일인가'를 생각합니다.

> ³¹그런즉 너희가 먹든지 마시든지 무엇을 하든지 다 하나님의 영광을 위하여 하라 (고전 10:31)

　저는 이 생각을 늘 합니다. 돈도, 외모도, 편리함도, 나의 이익도 기준이 아닙니다. 하나님께서 영광을 받으실 만한 일인가를 항상 생각합니다. 하나님의 자녀인 우리는 삶의 기준이 다른 사람들입니다. 하나님 사랑, 이웃 사랑이 내 삶의 기준이고, 나아가 하나님의 영광이 내 삶의 기준입니다. 먹는 것, 입는 것은 물론 돈을 사용하고 시간을 사용하고 사람을 만나고 미래를 준비하는 모든 삶의 선택에 기준이 있습니다. "나는 하나님의 영광을 위하는 일이면 하고 그렇지 않으면 안 한다. 나는 하나님 사랑, 이웃 사랑을 위하는 것이면 하고 그렇지 않으면 안 한다."

　오네시모는 죄인이었습니다. 종이었습니다. 이름값도 못하는 무익한 사람이었습니다. 그런데 감옥 안에서 바울을 만났고, 예수님을 알게 되었습니다. 이 땅이 끝이 아님을 알았습니다. 천국에 가고 싶었습니다. 그곳에서 예수님께 칭찬을 받고 싶었습니다. 생각을 바꾸었습니다. 언어와 행동과 습관이 바뀌었습니다. 성령님의 도우심 속에서 그의 운명이 바뀌었습니다. 천사가 도와주는 사람이 되었습니다. 은혜를 의로움으로, 사랑으로, 거룩함으로 승화시키며 하나님께 더 가까이 나아가는 삶으로 승화시켰습니다. 참 닮고 싶은, 멋진 우리의 스승입니다.

오늘 나의 삶은 어떻게 변화되어가고 있습니까? '무익한 자에서 유익한 자로! 죄인에서 심복으로! 종에서 형제로!' 변화되어가고 있나요?

그는 하나님 사랑, 이웃 사랑을 알았습니다. 그는 하나님의 영광을 위한 삶을 살았습니다. 그랬더니 자연스러운 변화의 사람이 되었습니다.

여러분은 오늘 예수님을 믿은 후, 어떤 변화가 이어지고 있습니까?

가룟 유다 피해 가기

마귀의 하수인

살다 보면 배우고 싶은 사람, 닮고 싶은 사람이 있는가 하면 가까이 해서는 안 될 사람들이 있습니다. 하나님께서는 우리를 이 땅에 보내시면서 행복하게 살고, 바르게 살고, 덕스러운 삶을 살다가 오라고 하셨습니다. 그런데 마귀는 우리를 유혹해서 욕심껏 살게 하고, 죄 가운데 살게 하고, 하나님께로 돌아가지 못하고 지옥으로 향하도록 우리를 강제하고 있습니다. 이때 마귀가 사용하는 방법 중에 하나가 이미 포섭한 마귀의 종자들을 우리 주변에 붙여 놓아서 우리로 하여금 그들을 흉내 내게 하는 것입니다.

하나님께서는 성경을 주시면서 이 성경 속에 나오는 위대한 신앙의 영웅들을 흉내 내보라고, 그러면 이 땅에서도 즐겁고 천국에서도 행복하다며 여러 모델들을 주셨지만 마귀는 우리가 하나님을 사랑하고 이웃을 사랑하며 행복하게 살까 봐 안 좋은 모델들을 더 많이 보내고 있음을 알아야 합니다. 이런 사람들은 우리 주변 아주 가까이에 있습니다. 식구, 교인, 친척, 친구, 동료, 자주 만나는 사람 중에 틀림없이 마귀가 심어 놓은 은근히 악한 영향력을 주는 사람들이 있습니다. 가까이 지내다 보면 나도 모르게 세뇌가 되어 동의되고 그럴 수도 있겠다 싶으면서 슬슬 빠져들어가서, 어느 날 돌이킬 수 없는 먼 길을 떠나는 경우가 있습니다.

그런데 이 사람이 누구인지 구분이 잘 안 됩니다. 굉장히 충격적인 사실은 때론 나 자신이 바로 그 마귀의 종자가 되어서 남들에게 악한 영향력을 끼치고 있다는 사실입니다. 엄마로서, 아빠로서 자녀에게 악한 영향력을 끼치고 있다면 나는 마귀의 종자임을 알아야 합니다. 집사로서, 권사로서, 교회의 직분자로서 어쩌다 한 번이라도 악한 영향력을 끼치고 있다면 나는 그 순간 마귀의 하수인임을 인정하고 돌아서야 합니다.

더 심각한 문제는 자기가 마귀의 하수인이 되어 살면서도 스스로 알지 못한다는 것이고 내가 부모로서, 사회인으로서, 교인으로서 덕을 미치는 삶을 살지 못하면서도 마치 당연하다는 듯이 자신을 합리화하고 있다는 것입니다.

오늘 내 안에서 찾아내고 싶은 마귀의 본성을 알려 줄 사람은 가룟 유다입니다. 가룟 유다를 생각하다 보면 내 안에도 가룟 유다의 성품이 있음을 알고 소스라치게 놀라게 됩니다. 예수님을 팔아넘긴 배신자 유다, 2,000년의 세월을 넘어서도 사람들에게 칭찬 한마디 듣지 못하는 유다의 모습이 내게는 없을까요?

가롯 유다, 그는 누구인가?

원래 유다는 '여호와는 나의 찬송이시다'라는 뜻으로 아주 좋은 이름입니다. '유다'라는 이름을 가진 대표적인 사람은 구약성경에 나오는 야곱의 네 번째 아들입니다. 따라가고 싶은 사람, 효자 유다입니다. 하나님의 뜻 안에서 이방인들을 사랑했고, 아버지 야곱을 끔찍이 위하던 유다! 그의 어머니 레아는 하나님께서 네 번째 아들을 주실 때 "이 모든 일을 이루시는 하나님을 찬송합니다"라고 고백하면서 아들의 이름을 유다라고 지었습니다. 이 후로 많은 사람들이 자녀를 낳으면 유다라고 이름을 지었습니다.

유다라는 사람이 얼마나 많았는지 신약성경에만 해도 몇 명이 나옵니다. 마태복음 13장에 보면 예수님의 동생들이 있습니다. 요셉과 마리아 사이에서 태어난 자녀들인데, 그들 중에 야고보라는 동생과 유다라는 동생이 있었습니다. 두 사람 다 초대교회의 지도자였고, 주의 형제 야고보보다는 덜 유명했지만 초대교회의 든든한 기둥이었던 사람 중에 하나가 예수님의 동생 유다입니다. 이 사람은 특히 신약성경 뒤쪽에 있는 유다서의 저자이기도 합니다.

요한복음 14장 22절에 보면 12제자 가운데 가롯 유다가 아닌 유다가 있었습니다. 성경은 그를 "가룟인 아닌 유다"로 표시하기도 합니다. 야고보의 아들이었기에 야고보의 아들 유다라고도 합니다. 12제자 중에도 유다가 두 명이라 후대 사람들이 나쁜 쪽으로 유명한 유다는 그의 출신지인 가룟을 붙여서 가룟 유다라고 하고, 나머지 한 사람을 가룟인 아닌 유다, 혹은 야고보의 아들 유다라고 부르게 되었습니다.

사도행전 5장에 보면, 갈릴리 사람인데 로마제국이 유대에 세금을 많이 부과하기 위해 인구조사를 실시하자, 이것에 반항해서 반란을 일으켰던 열심당원이자 민중의 지도자였던 사람의 이름도 유다입니다.

사도행전 9장에 보면, 청년 사울이 다메섹으로 가던 중에 예수님을 만나고 하늘에서 비춘 강력한 빛 때문에 순간적으로 시각장애인이 되었습니다. 길을 찾지 못하던 그가 다메섹이라는 도시, 직가라고 하는 작은 마을에 머물게 되는데 그때 청년 사울을 묵게 해주었던 착한 사람의 이름도 유다입니다.

사도행전 15장에 보면, 유다 바사바라는 사람이 있습니다. 초대 예루살렘교회의 지도자였고 바울과 바나바와 함께 안디옥, 수리아, 길리기아에 있는 이방인들을 권면할 때 동행했던 사람입니다.

그런데 여기 절대로 따라가고 싶지 않은, 내 안에 그런 모습이 보이면 마귀가 찾아온 줄 알고 그냥 싹둑 잘라버려야 할 사람이 있습니다. 바로 가룟인 유다입니다. 남유다의 작은 마을 그리욧이라는 도시에서 하나님을 믿는 사람의 아들로 태어난 사람이 유다입니다. 여호와는 너의 찬송이 될 것이고 너는 여호와를 찬송하는 사람이 되라고 부모님께서 이름을 지어 주셨겠지요. 그 유다가 어느 날 예수님의 제자가 되었습니다. 처음에는, 또 좀 멀리서 보았을 때는 충분히 괜찮은 사람이었음을 알 수 있는 부분입니다. 아무나 예수님의 제자가 될 수 있는 것은 아니었습니다. 누가 보아도 눈에 확 들어올 만큼 인상 좋고 깔끔한 사람이 바로 가룟인 유다였습니다.

그런데 사람은 지나봐야 그 마음과 가치를 압니다. 같이 있을수록 싫어지는 사람, 경험해 보셨나요? 말하는 게 밉고, 생각의 방향이 잘못되어 있고, 공동체보다는 늘 자기가 우선이고, 약속을 가볍게 여기며 잘 안 지키고, 내 앞에서 말하는 것과 다른 사람 앞에서 말하는 것이 다르고, 말을 꾸며내거나 거짓말을 하기도 하고, 공동체에 도움이 되지 않는 사람. 그런 사람은 쉽게 구분할 수 있습니다. 우리들 중에 수십 년 된 친구가 많지 않으면 내가 바로 그런 사람인 줄 아시면 됩니다. 얌체 같고, 매너도 안 좋고, 시기 질투도 하고, 자기밖에 모르고, 약속도 잘 안 지키는데 누가 좋아하겠습니까? 이런 사람들은 오래된 친구들이 없습니다. 쉽게 만났다가 쉽게 헤어지지요. 그게 유다입니다.

이렇게 사는 사람들은 무엇인가에 집착하는 경향이 있습니다. 잘 보이고 열심히 하는 것 같지만 다 자기 자신을 위해서입니다. 철저히 계산하면서 자기 욕심을 채우려고 애를 씁니다. 거짓말, 속임수, 모함, 도둑질도 할 수 있습니다. 유다가 바로 이런 사람이었습니다. 착한 척, 열심히 하는 척해서 돈궤를 맡았습니다. 당시는 은행이 없었기에 돈 주머니를 차고 다니면서 그곳에 동전을 넣고 살림을 하던 시대입니다. 유다는 정직한 척해서 회계 담당자가 되었습니다. 그러고는 그곳에서 돈을 조금씩 횡령하며 자기 주머니에 넣었습니다.

[5]이 향유를 어찌하여 삼백 데나리온에 팔아 가난한 자들에게 주지 아니하였느냐 하니 [6]이렇게 말함은 가난한 자들을 생각함이 아니요 그는 도둑이라 돈궤를 맡고 거기 넣는 것을 훔쳐 감이러라 (요 12:5~6)

유다는 관계 능력이 오래가지 못하다 보니까 돈에 집착하는 면을 보여줍니다. 도둑질도 마다하지 않습니다. 관계 능력이 떨어지는 사람들은 자존감이 많이 떨어집니다. 그러다 보니 늘 남 탓을 하고, 내게 있는 문제를 다른 사람에게 돌리며 자신은 정당한 것처럼 자기변명을 늘어놓습니다. 바로 마귀의 종자들입니다.

그래서 그리욧 사람 유다를 사람들은 '가룟 유다'라고 부릅니다. '가룟'은 아람어로 '거짓말쟁이'란 뜻이고, 라틴어로는 '염색하는 사람, 단검을 지니고 있는 사람'이라는 뜻입니다. 즉 그리욧 사람인데 비슷한 뜻의 나쁜 말이 '가룟'이며, 이는 거짓말쟁이, 단검을 지니고 있는 흉악한 사람의 뜻입니다.

감동이 없는 사람

본문을 읽으면서 유다의 멍청한 면, 따라가고 싶지 않은 면을 보았습니다. 우선, 그는 감동해야 할 때 감동하지 않습니다. 칭찬해야 할 때 칭찬하지 않았습니다. 부러워해야 할 때 부러워하지 않았습니다. 관계 능력이 떨어집니다. 자신이 가장 중요하고, 자기 욕심만 채웁니다. 그러니까 남들이 잘할 때 박수를 쳐 주지 못하고, 시기심이 발동해 비꼬게 됩니다. "이 향유를 어찌하여 삼백 데나리온에 팔아 가난한 자들에게 주지 아니하였느냐." 칭찬해야 할 사람에게 칭찬이 안 나옵니다. 마귀가 그 안에 있는 증거입니다.

나사로의 집에 예수님께서 가셨습니다. 먼지가 자욱한 길을 걸어서 가시니 땀도 나고, 가난한 동네이다 보니 짐승 우릿간의 냄새도 나고 초췌했습니다. 예수님이 누구십니까? 하나님의 아들이시잖아요. 초라한 사람의 모습을 하고는 계시지만 그분은 전능하신 하나님이시고, 또 마리아의 입장에서는 자기의 오빠를 살려 주신 분이십니다. 그분을 위해서 무엇이 아깝겠습니까? 예수님을 사랑하는 마리아는 그분의 몸에서 그 냄새들을 없애 주고 싶었습니다. 향유가 필요했습니다. 당시 좋은 냄새가 나는 기름은 아주 비싸고 귀한 물건이었습니다. 종종 여자들이 결혼 예물로 준비해 두는 것이었지요. 마리아는 예수님을 위해서 평소 시집갈 때 사용하려고 했던 그 향유를 깼습니다. 밀봉이 되어 있어서 한 번 따면 두 번은 사용할 수 없는 그 귀한 향유를 예수님을 위해 깬 것입니다.

성경은 순전한 나드 한 근이라고 표현합니다. 다른 것이 섞이지 않은 순도 100%의 나드 향유입니다. 인도의 히말라야 산맥에서 나는 식물에서 채취한 몸에 바르는 기름입니다. 가격이 비싸서 당시 노동자의 일 년 연봉에 해당하는 거금이었습니다. 얼마나 예수님을 사랑하고 높여드리고 싶었으면 그 수천만 원짜리 순도 100%의 나드 향유를, 예수님께 드리는 엄청난 헌신을 했을까요?

이들에 비하면 우리의 헌신은 참 초라하기 그지없음을 깨닫게 됩니다. 나도 받은 은혜는 있고 하나님이 해주신 것을 알지만, 그 정도의 헌신을 못하고 있다면 당연히 그런 헌신을 하는 사람이 부럽지 않겠습니까? 그를 보면서 스스로 조금 부끄럽게 여겨지지 않겠습니까? '나도 예수님께 그렇게 해드리면 좋겠다.'

그런데 가롯 유다의 반응은 전혀 달랐습니다. 감동해야 할 때 실리를 챙기기 바빴고, 부러워해야 할 때 비난하기 바빴습니다. 그는 마리아에게 이야기합니다. "이런 데 쓸 돈이 있으면 가난한 사람들에게 줘야지!"

낭비하지 말고, 절약하라는 말이니 맞는 말 같기도 합니다. 그런데 그 저의가 있었습니다. 예수님의 회계 담당자로서 아무도 모르게 돈을 훔치고 싶었던 것입니다. 여기에 마귀의 흉계가 있습니다.

감동하지 못하는 사람들, 마음이 무뎌지고 관계 능력이 떨어지고 욕심만 늘어나고 나 살자고 남을 죽이는 사람들입니다. 마귀에게 마음이 점령당한 사람들이지요. 감동도 없고 칭찬도 없고 자신의 이익에 따라서 비난하기 바쁜 사람들, 마귀의 종자들입니다.

또 예수님께서 제자들의 발을 다 씻겨 주시는데도 유다는 감동이 없습니다. 끝까지 사랑하는 사람이 얼마나 됩니까? 남의 발을 씻겨 주는 사람들이 얼마나 되겠습니까? 베드로는 같은 장소, 같은 시간에 예수님이 발을 씻겨 주심에 감동해서 어쩔 줄 몰라 하는데, 유다는 왜 감동이 없었을까요. 마음이 이미 마귀에게 점령당해 있었기 때문입니다.

예수님은 말씀하십니다.

[70]예수께서 대답하시되 내가 너희 열둘을 택하지 아니하였느냐 그러나 너희 중의 한 사람은 마귀니라 하시니 [71]이 말씀은 가롯 시몬의 아들 유다를 가리키심이라 그는 열둘 중의 하나로 예수를 팔 자러라 (요 6:70~71)

유다를 닮고 싶지 않다면, 삶의 작은 일에도 감사하고 감동하며 칭찬을 아끼지 말아야 합니다. 알게 모르게 봉사하는 분들, 하나님 사랑과 이웃 사랑의 삶을 실천하느라 헌신하는 분들, 삶의 역경을 잘 이겨내는 분들, 그분들을 보면서 감동하고 부럽고 흉내 내고 싶은 사람이 바로 성령의 사람입니다.

누군가 잘하면 칭찬도 해주고, 감동도 받고 그러면 안 됩니까? 언제부터인가 마귀는 우리들 속에 다른 사람을 끌어내리는 병을 주었습니다. 비난하고 저주하고, 나를 드러내기 위해 남을 깎아내립니다. 따라가고 싶지 않습니다. 내가 가룟 유다가 되어가는 것 같아 싫습니다.

더 슬픈 현실은 점점 사람들의 이성이 마비되고 분별력도 잃어가고 있다는 것입니다. 마귀에게 점령당한 사람들의 특징입니다. 욕해야 하는지 칭찬해야 하는지도 모릅니다. 비꼬고, 꿍하고, 억울해하고, 피해의식 속에 살면서 이성이 마비되어 갑니다. 자신이 마귀의 하수인이 되어가고 있는 것도 잘 모르지요.

마귀의 하수인은 영화에서 나오는 것처럼 미친 사람이 아닙니다. 마귀가 점령한 사람들이라고 해서 눈에서 파란 빛이 나는 것이 아닙니다. 침흘리고, 머리를 풀어헤치고, 째려보는 눈을 가지고 있지 않습니다. 극히 일상적인, 그냥 우리가 흔하게 만나는 사람들로 아주 정상적인 사회인입니다. 엘리베이터 안에서, 교회 안에서, 직장의 같은 사무실에서 만나는 사람들이며 직장도 잘 다니고 가정도 꾸리며 삽니다. 아이의 엄마이기도 하고 교회의 집사님일 수도 있지요. 단지 다른 사람들을 사랑하며 높여주고, 칭찬하는 일에 인색할 뿐입니다. 내가 더 중요하고, 내가 더 예쁘고, 내가 더 자랑스러워야 하고, 내가 박수받아야 해서 다른 사람들을 깎

아내리려고 하고, 다른 사람들과의 관계에 지속성이 없습니다.

이런 사람들은 평소에 정상적인 모습을 살다가, 결정적인 순간에 그 모습을 드러냅니다. 하나님 사랑, 이웃 사랑을 선택하지 않고 자기 사랑을 선택합니다. 헌신, 봉사, 책임감과 같은 가치들이 그들에게는 소중하지 않습니다. 마귀가 하는 일은 우리를 자기 사랑에 빠지게 해서 다른 사람들이 칭찬받고, 대우받고, 높아지고, 돈을 벌고, 인정받는 것에 대해 배 아프게 생각합니다. 마치 그 모든 것들이 원래 내 것이었던 것 같은 착각에 빠지게 해서 누군가를 미워하게 합니다.

가룟 유다 역시 아주 평범한 사람이었습니다. 11명의 제자들은 그래도 눈치 꽤나 있는 사람들이었습니다. 베드로가 눈치가 없었을까요? 야고보, 요한, 안드레, 도마, 바돌로매, 마태, 누구 한 사람 멍청하고 둔한 사람이 없어 보입니다. 그런데도 불구하고 유다가 마귀의 사람임을 알지 못했습니다. 너무나 평범한 동네 아저씨였으니까요. 마귀의 사람이라고 해서 특별히 다르지 않습니다. 그냥 평범합니다. 단지 차이가 나는 것은 박수쳐야 할 때 비난하고, 감사해야 할 때 원망 불평하고, 결정적인 순간에 내 이익을 계산한다는 것입니다.

오늘날, 우리 중에도 마찬가지입니다. 너무 잘 속이며 이중인격, 삼중인격을 살아가도 너무 평범해서 모릅니다. 그래서 늘 기도합니다. '제가 마귀의 꼬임에 넘어가지 않게 하시고, 혼자 있을 때나 여럿이 있을 때나, 교회에서나 가정에서나 직장에서나 같은 사람이 되게 해주십시오.' 너무 어렵고 불가능한 기도임을 알기에 또 기도합니다. '성령님, 도와주세요. 가룟 유다가 되지 않도록, 생의 마지막이 비극이 되지 않도록 나를 도와

주십시오. 자기 사랑의 틀을 벗어 하나님 사랑, 이웃 사랑의 삶을 향하도록 인도해 주십시오.'

회개하지 않는 사람

따라가고 싶지 않은 가룟 유다의 모습은 바로 회개해야 할 때 회개하지 못한 것입니다. 유다는 예수님이 자기 뜻대로 움직일 줄 알았습니다. 예수님이 힘으로, 능력으로 로마를 물리칠 줄 알았습니다. 그런데 예수님은 그렇게 하지 않으셨습니다. 유다가 무지했던 것이지요.

무지함이 드러났다면 조용히 떠나면 됩니다. 그냥 미안하다고 하면 됩니다. 그런데 유다는 예수님을 이용해서 돈을 벌고 싶었습니다. 그래서 노예 한 사람 값에 예수님을 팔았습니다. 그리고 그 돈으로 노후를 위해서 밭도 사 놓았습니다. 물론 양심의 가책이 있었을 겁니다. '이러면 안 되는데' 하는 생각이 있었습니다. 그러나 결단하지 못하고 그냥 끌려갑니다. '좋은 게 좋은 거지, 나만 그런가?' 핑곗거리를 찾고 또 찾습니다.

마귀를 따르는 자들의 끝은 결국 이렇습니다. Stop 사인을 알지 못합니다. 멈추어야 할 때 멈추지 못하고, 더 비참한 건 회개해야 할 때 회개하지 못합니다.

나이가 들수록 회개할 것이 많은 법인데, 자꾸 자기 합리화를 하는 사람들을 봅니다. 뒷모습이 아름답지 못한 사람들입니다. 마귀가 끼어들면 거처가 황폐해지고, 삶의 현장이 어두워집니다. 하나님이 떠나시니 기쁨도, 평안도, 행복도 사라지고 축복도 떠납니다. 사울 왕의 죄는 회개하지 않은 죄입니다. 웃시야 왕도 참 잘했는데, 회개하지 못했습니다. 반면, 다윗의 위대함은 그의 회개에 있습니다.

그런데 유다에게는 이 회개가 없었습니다. 그는 대제사장들과 바리새인, 군인들과 관원들을 겟세마네 동산으로 인도하고 그곳에서 미리 짠 신호, 즉 문안의 입맞춤으로 예수님을 배반함으로써 그의 악행을 마무리 지었습니다. 그러고는 조금이나마 남아 있던 양심이 자신을 괴롭히자, 자신의 삶을 자살로 마무리하고 맙니다. 마귀의 위대한 작품입니다.

가룟 유다는 왜 회개하고 돌아설 생각을 하지 못했을까요? 왜 죄를 인정하고 정당한 대가를 치를 생각을 하지 못했을까요? 꼭 스스로 생을 마감하는 걸로 끝냈어야 했을까요? 이런 사람이 한두 명이 아닙니다.

바울 목사가 된 청년 때의 사울은 예수 믿는 사람들을 잡아 죽이던 사람이었지만, 자신이 한 모든 일들이 무지함 때문에 비롯된 것임을 안 후에 자살하지 않았습니다. 오히려 회개하고, 용서해 주신 하나님의 은혜에 감사하면서 자원하는 마음으로 선한 삶을 살았습니다. 여기에 그리스도인의 길이 있습니다. 회개 후 달라진 삶, 유다에게는 이게 없었습니다.

기독교는 행함과 믿음의 관계, 곧 착하게 산다는 것과 구원받는 것이 수단과 목적의 관계가 아니라 원인과 결과의 관계입니다. 즉, 내가 믿음으로 구원을 받았기 때문에 그 원인으로 인해서 선하게 살아야 합니다. 그렇기 때문에 이 당연한 착함과 하나님 사랑, 이웃 사랑은 결코 자랑이 될 수 없습니다. 당연히 해야 할 일이니까요. 안 하는 것이 죄가 되는 것입니다. 구원을 받았다면, 내 공로가 아니라 하나님의 은혜로 예수 그리스도의 십자가 대속의 죽음을 통해서 거저 누리게 된 구원이기에 당연히 갚아야 하는 것입니다. 착하지 않다면 오히려 마땅히 비난을 받아야 합니다. 이는 먹튀니까요.

구원받고 악하다, 이건 불가능한 논리입니다. 이미 그의 삶에 악함이 있다는 것은 구원을 잃었다는 뜻임을 알아야 합니다. 구원받지 못했기에 악한 것입니다. 구원의 확신이 있고 감사가 있는 사람은 도저히 악해질 수가 없습니다. 내가 얼마나 큰 죄인인지 알고 있기에, 그 구원이 내 힘과 능력으로 가능한 것이 아님을 알고 있기에, 내가 지은 죗값이 얼마나 큰 것임을 알기에 그저 엎드려 감사하고 은혜에 보답하는 삶을 살고 싶은 것입니다. 그게 기독교의 구원론입니다. 그래서 성경에 있어서 구원과 선행은 원인과 결과의 관계가 됩니다. 구원받았으니 그냥 착하게, 그분의 뜻대로 살고 싶은 것이어야 합니다.

성경은 이렇게 설명합니다.

> 27그런즉 자랑할 데가 어디냐 있을 수가 없느니라 무슨 법으로냐 행위로냐 아니라 오직 믿음의 법으로니라 28그러므로 사람이 의롭다 하심을 얻는 것은 율법의 행위에 있지 않고 믿음으로 되는 줄 우리가 인정하노라 (롬 3:27~28)

물론 구원받았어도 때로는 죄를 짓기도 합니다. 문제는 그다음입니다. 당연히 하나님의 뜻대로 살아야 할 우리가 그렇게 하지 못하고 아버지 하나님의 마음을 아프게 했을 때, 회개하고 돌이킬 수 있느냐는 것입니다. 여기에 위대한 신앙인의 길이 있습니다. 죄를 안 짓는 것이 아니라 약함으로 인해 죄를 지었을 때 회개할 수 있는 용기가 있어야 합니다.

가룟 유다에게는 이것이 없었습니다. 그래서 그런 추악한 놈이 되고 말았습니다. 만약 유다가 죄를 저지른 후 회개하고 용서받고, 구원의 감격을 알았다면 얼마나 선하고 착하게 살 수 있었을까요? 그런데 유다는 이런 것이 없었고, 자존심을 내세우며 열등감과 죄책감에 파묻혀 살다가 스스로 죽음을 선택했습니다.

자기 사랑이 큰 사람들은 죄를 인정하지 못합니다. 합리화하고 숨기려 합니다. 그리고 드러나면 떠나고 자살을 선택합니다. 하나님의 사랑하심을 믿고, 죄가 생각날 때마다 회개하고, 용서의 확신을 가지고 더 열심히 사랑하며 살 수 있을 텐데 왜 그러지 못하는 걸까요? 참으로 안타깝습니다. 가룟 유다는 왜 이런 좋은 기회를 놓쳤을까 하는 아쉬움이 남습니다. 예수님을 판 엄청난 죄를 지었어도 회개했다면 새 사람이 되어 하나님의 뜻대로 살면서 구원의 감격을 전파하는 따라가고 싶은 사람일 수 있었는데, 그는 회개가 없었습니다.

가룟 유다는 오늘날 우리 가운데에도 있습니다. 마귀는 우리가 천국에 가는 것도 싫고, 예수님을 닮아가는 것도 싫어서 늘 장애물을 놓고 좋은 것들을 통해 유혹합니다. 그러고는 모든 것을 잃게 합니다.

마귀가 함께하는 사람들의 네 가지 특징을 다시 한번 정리하면 다음과 같습니다. 첫째, 오래된 친구가 없습니다. 쉽게 만나고 쉽게 헤어집니다. 관계 능력이 떨어지고 이기적인데, 어떤 친구가 오래 붙어 있을까요? 둘째, 마귀와 함께하는 사람들은 하나님 사랑과 이웃 사랑보다는 자기 사랑에 익숙합니다. 자기가 제일 중요한 사람들이지요. 셋째, 감동해야 할 때 감동하지 못하고, 칭찬해야 할 때 칭찬하지 못하고, 박수 쳐야 할 때 박수 치지 못합니다. 다른 사람을 끌어내리고 자존심만 세우며 내 욕심을 채우려 합니다. 넷째, 회개의 기회마저도 내팽개칩니다. 초라한 종말뿐임을 알아야 합니다.

닮고 싶지 않은 가룟 유다의 모습이 내 안에도 있는지 조용히 묵상해 봅니다.

제9장

두려움을 이기고
저주를 자원한

오벧에돔

두려움 속에 살았던

요셉의 형들

오벧에돔 따라가기

언약궤가 있는 곳

사무엘하 6장을 보면 세 사람이 나옵니다. 두 사람의 이름은 '웃사'와 '아효'로 형제이고, 다른 사람의 이름은 '오벧에돔'입니다.

본문을 이해하려면 성막의 중심에 있었던 언약궤에 대한 이해가 필요합니다. 하나님께서는 광야에서 40년을 살아야 하는 이스라엘 사람들과 만나기 위해 '성막'이라고 하는 이동식 텐트를 만들라고 하셨습니다. 길이가 50미터, 폭이 25미터에 이르는, 국제식 수영장 사이즈 정도 되는 장소입니다. 그리고 그 안에 번제단, 물두멍, 성소와 지성소를 만드는데, 특히 제일 중심이 되는 지성소에 큰 상자 하나를 만들어 놓으라고 명하셨습니다.

그 상자의 이름은 언약궤, 혹은 법궤, 혹은 여호와의 궤, 증거궤 등으로 불렸습니다. 재료는 조각목이라고 하는 아카시아과의 나무로 만들어 졌고, 성막을 만들었던 브살렐이라는 사람에 의해서 만들어졌습니다. 브살렐은 조각목으로 나무상자를 만든 후에 그 나무를 금으로 쌌습니다. 그는 모든 불순물들을 세심하게 제거한 정금으로 궤의 안과 밖을 싸고, 윗부분의 가장자리로 돌아가면서 금테를 만들었습니다. 넓은 관의 뚜껑 부분에는 속죄소 혹은 시은좌라고 해서 천사 둘을 금으로 조각하여 붙였습니다.

이 법궤의 무게는 적지 않게 나갔을 겁니다. 나무 무게, 금 무게, 그 속에 들어 있는 돌판 무게까지. 크기는 길이가 두 규빗 반, 너비와 높이가 일 규빗 반입니다. 당시 애굽 왕실은 일 규빗을 52cm로 계산을 했으니까, 요즘으로 계산해보면 130×78×78cm 정도 되는 나무로 만들어진 상자입니다.

이 상자 안에는 하나님께서 모세에게 주신 십계명 돌판 두 개가 들어 있었습니다. 한 판에는 하나님 사랑에 관한 네 가지 계명이, 다른 한 판에는 이웃 사랑에 관한 여섯 가지 계명이 적혀 있는 돌판입니다. 나무도 무겁지, 금으로 쌌지, 천사도 입체로 조각해 놓은 데다 돌판까지 들어 있으니 굉장히 무거웠을 겁니다.

그래서 광야생활 중에 백성들이 이동할 때는 이 법궤를 전담하는 제사장들이 순번을 정해서 늘 어깨에 메고 다녔습니다. 궤 아래 부분에 고리를 만들고 그 고리에 채를 꿰어서 메고 다녔습니다. 그러니까 이스라엘 백성들이 광야 40년 동안 행진할 때마다 그것을 메어서 운반한 것입니다. 요단강을 건너 가나안에 들어갈 때도, 여리고 성의 정복 과정이나 아이 성 전투에서도 제사장들은 그 궤를 메었습니다.

그런데 가나안 정착 후 사사시대가 이어지면서부터 이 궤 보관에 문제가 생기기 시작했습니다. 성막생활을 할 때는 그 성막 중앙에 있는 지성소에 두었는데 가나안 정착 후에는 성막도 없었고, 아직 성전도 지어지지 않았기 때문입니다. 우여곡절 끝에 이 궤는 실로라는 곳으로 옮겨졌는데, 그곳에서 잠시 있다가 전쟁으로 인하여 블레셋 진영으로 빼앗긴 적도 있었습니다.

하나님을 믿지 않는 블레셋 진영으로 빼앗겼을 때 법궤는 참 묘한 힘을 발휘합니다. 법궤가 가는 곳마다 전염병이 돈 것입니다. 이로 인해 블레셋 사람들은 하나님을 두려워하기 시작했고, 블레셋의 중심지였던 아스돗 사람들도, 가드 사람들도, 에글론 사람들도 모두 법궤를 거절하기에 이릅니다. 그래서 다시 그 법궤를 이스라엘로 돌려주기 위해 벧세메스까지 수레로 실어다 줍니다.

자, 그 후에 이 법궤가 잠시 머물렀던 곳이 있습니다. 당시 영적으로 무지했던 이스라엘의 지도자들이 아비나답이라는 제사장의 집에 법궤를 둔 것입니다. 법궤는 여호와 임재의 상징이었고, 하나님의 말씀을 상징하는 것이었는데 무지한 사람들이 법궤를 그냥 처박아 두었습니다. 그리고 수십 년의 세월이 지납니다.

하나님을 사랑하던 다윗이 이스라엘의 왕이 되었습니다. 그는 하나님을 가까이 모시고 싶었습니다. 그래서 법궤를 찾습니다. 알아보니 벧세메스에 있지 않고 기럇여아림이라는 곳에 있었습니다. 예루살렘에서 북서쪽으로 13㎞ 지점에 있는 산속 도시입니다. 다윗은 3만 명의 사람들을 대동하고 법궤를 운송하기 위해서 함께 떠났습니다.

아비나답의 식구들은 내심 기뻤습니다. 공간만 차지하고 있는 저 애물단지를 처리할 수 있었으니까요. 그들은 급하게 수레를 준비하여 언약궤를 실었습니다. 이때, 아비나답의 두 아들 웃사와 아효가 수레를 몰았습니다. 그런데 큰 행렬이 나곤이라는 사람의 타작마당에 이르렀을 때 수레를 끌던 소들이 많은 사람들로 인해 겁을 먹고는 갑자기 뛰기 시작했습니다. 그러자 하나님의 궤가 수레에서 떨어지려는 찰나, 웃사가 손을 내밀어 그 무거운 궤를 붙잡습니다.

하나님의 언약궤는 아무나 만질 수 없는 것이었고, 심지어 수레에 실어서 나를 수 있는 것도 아니었습니다. 그동안 이 언약궤로 인해 전염병이 일어나고 많은 사람이 죽었음에도, 또다시 웃사가 경거망동한 것입니다. 결국 그 자리에서 웃사는 죽게 됩니다.

다윗은 여호와께서 웃사를 죽이시는 것을 보고 걸음을 멈춥니다. 그러고는 언약궤 이동을 중단시킵니다. 여기에는 무언가 하나님의 뜻이 있다고 판단한 겁니다. '우리가 하나님의 뜻에서 벗어난 것이 있다'라고 생각한 다윗은 궤 이동을 중단한 채, 그 옆집에 살고 있던 오벧에돔의 집에 임시로 옮겨 놓습니다.

자, 여러분이 오벧에돔이라면 이 궤를 맡으시겠습니까? 궤가 가는 곳마다 전염병을 일으킵니다. 수만 명이 죽기도 했습니다. 그리고 바로 눈앞에서 웃사가 죽었습니다. 애물단지가 아니라, 오히려 저주덩어리라고 할 수 있습니다. 이 궤를 맡는다면 화禍가 집으로 들어온다고 생각되지 않았을까요?

하나님의 언약궤를 집에 모심으로
복을 받은 오벧에돔

오벧에돔은 가드 사람입니다. 가드는 언약궤로 인한 전염병이 돌았던 도시입니다. 그래서 가드 사람이라면 어느 누구도 언약궤를 집으로 모시려 하지 않았습니다. 그런데 오벧에돔은 그 궤를 환영하며 자기 집에 모십니다. 왜 그랬을까요?

여기에서 이번 장의 이야기가 시작됩니다.

> [10]다윗이 여호와의 궤를 옮겨 다윗 성 자기에게로 메어 가기를 즐겨하지 아니하고 가드 사람 오벧에돔의 집으로 메어 간지라 [11]여호와의 궤가 가드 사람 오벧에돔의 집에 석 달을 있었는데 여호와께서 오벧에돔과 그의 온 집에 복을 주시니라 [12]어떤 사람이 다윗 왕에게 아뢰어 이르되 여호와께서 하나님의 궤로 말미암아 오벧에돔의 집과 그의 모든 소유에 복을 주셨다 한지라 다윗이 가서 하나님의 궤를 기쁨으로 메고 오벧에돔의 집에서 다윗 성으로 올라갈새 (삼하 6:10~12)

오벧에돔은 누구였습니까? 여러 가지 설이 있지만 정설로 밝혀진 것은 없습니다.

역대상 26장 1~5절에 보면 고라 자손의 족보를 소개하면서 오벧에돔을 소개합니다. 고라는 모세를 배반하고 원망하여 작당하고 선동하다가 하나님의 징계로 심판을 받은 사람입니다. 그러니 오벧에돔은 출신 성분이 좋은 사람은 아닙니다. 레위 지파인 사람이 왜 가드 땅에서 살고 있었느지는 알려진 바가 없습니다.

그가 주로 하던 일은 두 가지였는데, 하나는 성전의 문을 지키는 문지기였고, 다른 하나는 하나님을 찬양하는 일이었습니다. 둘 다 레위 지파의 고유 업무였습니다. 혹 어떤 이들은 이름만 같을 뿐이지 그가 원래부터 블레셋 족속이었다고도 합니다.

어찌됐든 그는 하나님께 복을 받은 사람이 되었습니다. 즉, 법궤를 집으로 모셔온 뒤로 대박이 난 사람입니다. 아비나답의 집에 20년 동안 법궤가 있을 때는 그 집에 아무런 일도 일어나지 않았습니다. 그런데 오벧에돔의 집에 있던 3개월 동안 엄청난 일이 일어납니다.

사무엘상 7장 1~2절에 보면, 아비나답은 20년 동안 집 안에 법궤를 모시고 산 사람입니다. 성경에는 20년이라고 나왔지만, 성경의 기록 이후 기간까지 합하면 70년 동안 아비나답의 집에 법궤가 있었다고 말하는 성서학자들도 있습니다. 그런데 놀라운 것은 성경에서 그 기간 동안 아비나답이 복을 받았다는 이야기가 전혀 없다는 것입니다. 아비나답은 70년 동안 법궤를 모시고도 복을 받지 못했는데, 오벧에돔은 3개월 만에 그와 그의 권속에게 하나님이 복을 주신 것입니다.

어느 정도로 오벧에돔의 가정이 복을 받았을까요? 이스라엘의 사학자 요세푸스에 따르면, 법궤가 오벧에돔의 집에 들어갈 때에는 그의 집이 제일 가난했었는데 3개월 후 법궤가 그 집에서 나올 때는 그 지역에서 가장 부잣집이었다고 합니다. 요즘으로 하면 월세를 살던 사람이 고급 아파트를 구입한 것이고, 높은 자리에 승진이 된 것이며, 건강이 회복되었고, 화목하고 웃음과 소망이 넘치는 가정으로 변한 것입니다. 얼마나 달라졌는지, 13㎞나 떨어져 있는 예루살렘에까지 소문이 날 정도로 부유해졌습니다.

궁금합니다. 도대체 무엇 때문일까요? 오벧에돔이 어떤 사람이길래 그런 큰 복을 받았을까요?

하나님을 사랑하던 사람

하나님이 좋은 사람들이 있습니다. 그들은 하나님께 무엇을 받으려는 것이 아니라 구원의 은혜, 사랑해 주심의 은혜, 사용해 주심의 은혜를 알고 하나님께 신세를 갚고 싶어 합니다.

성경에 보면 하나님의 복을 누리며 산 사람들은 하나님과 사랑의 관계가 이어지던 사람들이었습니다. 즉, 하나님을 이용하려는 사람들이 아니라 하나님을 사랑하던 사람들이었습니다. 그래서 그 계명을 지키기를 즐거워하고, 그분의 말씀대로 살려고 하고, 그분이 모욕을 당하거나 여호와의 이름이 망령되이 일컬어지는 것을 견디지 못했습니다.

다윗의 승리의 비결이 어디에 있습니까? 그는 하나님이 좋아서 감당할 수 없는 그리움에 목말라하던 사람입니다. 그래서 후에 법궤를 모시고 집으로 들어가던 날, 너무 좋아서 춤을 추면서 왕의 겉옷이 땅에 떨어지는 것도 모르고 행복했던 사람입니다.

사도 바울의 승리의 비결이 어디에 있습니까? 그는 예수님이 좋아서 감당할 수 없는 터질 듯한 심장으로 살던 사람입니다. 매를 맞아도 그분이 좋았습니다. 파선한 날도, 그래서 보름씩이나 지중해 넓은 바다에서 나무판자 하나에 몸을 의지하며 밤낮을 살아야 했던 그때도 그는 좋았습니다. 감옥에 갇히고 몸에서 고름이 뚝뚝 떨어지던 날도 예수님이 좋아서 그는 그렇게 행복했습니다.

베드로의 축복의 비결이 어디에 있습니까? 그는 예수님이 좋았습니다. 새벽닭 울던 날 예수님을 배신했던 자신을 용서해 주시고 다시 불러 주신 그 주님이 너무나 좋았습니다. 바닷가의 어부로밖에 살 수 없는 자신을 기억해 주시고 불러 주셔서 주님의 일을 맡기신 그 예수님이 너무나 좋았습니다. 그래서 그는 십자가를 거꾸로 지고 죽어가면서도 행복했습니다.

> ♪난 예수가 좋다오~ 난 예수가 좋다오
> 주를 사랑한다던 베드로 고백처럼
> 난 예수를 사랑한다오
> (찬양 _ 난 예수가 좋다오)

좋아하는 사람은 표정을 숨길 수 없습니다. 겉으로 다 티가 납니다. 진정으로 예수님을 좋아하는 사람은 그의 삶 속에 흔적이 나타납니다.

아비나답과 그의 아들 웃사와 아효는 하나님을 사랑한 흔적이 성경에 나오지 않습니다. 70년을 믿어도 아무런 효험이 없었습니다. 하나님을 소유하고 싶었고, 그분을 이용해서 내가 잘되고 싶었고, 그분이 내 편이심을 자랑하고는 싶었지만 그분에 대한 사랑과 정성이 부족했습니다. 영적인 지식도 없었고, 배우려 하지도 않았습니다. 사랑하면 더 알고 싶어서 언약궤에 대하여 더 공부도 하고 영적인 지식도 배워야 했을 텐데, 그들은 전혀 그러지 않았습니다. 법궤가 이동할 때 메고 가는 것도 몰랐지 않습니까.

> [6]그들이 나곤의 타작 마당에 이르러서는 소들이 뛰므로 웃사가 손을 들어 하나님의 궤를 붙들었더니 (삼하 6:6)

여기에서 '붙들다'란 의미로 사용된 히브리어 '아하츠'는 소유 개념을 나타내는 단어입니다. 그러니까 웃사의 생각에 이 궤는 '우리 것'이라는 생각이 있었다는 것입니다. 이 금으로 둘러싸여진 이 상자는 내 것인데 왜 다윗이 군사력을 앞세워 빼앗아 가느냐는 의미요, 내가 절대로 빼앗기지 않겠다는 의미이기도 합니다.

웃사에게 하나님의 언약궤란, 만인 앞에서 자신을 과시하기 위한 도구에 지나지 않았던 것입니다. '내가 이런 사람이야. 내가 법궤를 가지고 있는 사람이라고!' 이런 뜻입니다.

하나님이 좋아하셨을까요? 옥황상제도 3일만 같이 지내면 맞먹는다는 것이 한국 사람들입니다. 웃사가 그런 사람입니다. 법궤와 오랜 세월을 함께 살다 보니 우스워진 것입니다. 내가 마음대로 할 수 있을 것 같았고, 그래서 그냥 수레에 실었습니다. 그리고 움직이니까 그게 떨어져서 다른 사람들이 가져가지 못하도록 잡았다는 표현입니다.

하나님께서는 그런 웃사를 내버려 두지 않으셨습니다. 하나님의 경고를 무시한 채 언약궤의 주인 행세를 하던 웃사는 그 자리에서 즉사하고 맙니다.

다윗은 이 사실을 목격하고 그 지역의 이름을 베레스웃사라 칭합니다.

> [8]여호와께서 웃사를 치시므로 다윗이 분하여 그 곳을 베레스웃사라 부르니 그
> 이름이 오늘까지 이르니라 (삼하 6:8)

여기서 '치셨다'라는 말은 히브리어로 '페레츠'인데, '충돌이 일어났다' '마찰이 일어났다'라는 뜻입니다. 하나님과 웃사 사이에 마찰이 일어났고 웃사가 죽었습니다. 즉 하나님께서 오만한 웃사를 치신 것이고, 교만한 자를 물리치신 것입니다.

반면 오벧에돔은 그렇지 않았습니다. 그는 하나님을 사랑했고, 하나님이 좋았습니다 그래서 그분의 말씀이 담겨 있는 저 언약궤가 비와 바람과 햇빛과 이슬에 노출되는 것을 견딜 수 없었습니다. 그래서 그는 재앙 덩어리일 수도 있는 그 언약궤를 자신의 집으로 모십니다.

여기에 그리스도인의 길이 있습니다. 힘들지만, 손해가 날 수도 있지만 하나님을 사랑하는 마음 때문에 자원하여 선을 이루는 것! 내가 돈을 벌기 위해서, 내 건강이 회복되기 위해서 예물을 드리고 선을 행하는 것이 아니라 이미 받은 은혜가 너무 크고 하나님이 좋아서 그냥 막 드리고 싶은 것! 나누고 싶고 돕고 싶고 착하게 살고 싶은 것! 원인과 결과의 관계입니다.

그분의 사랑 때문에, 이미 충분히 받은 사랑과 은혜 때문에 자원하여

섬기려 하는 것, 바로 오벧에돔의 삶입니다.

이러한 삶을 사는 오벧에돔을 하나님께서는 축복하십니다. 사람들은 언약궤 앞에서 두려워합니다. 그런데 오벧에돔은 하나님에 대한 사랑으로 그 두려움을 이겨냅니다.

성경은 말씀합니다.

> [18]사랑 안에 두려움이 없고 온전한 사랑이 두려움을 내쫓나니 두려움에는 형벌이 있음이라 두려워하는 자는 사랑 안에서 온전히 이루지 못하였느니라 [19]우리가 사랑함은 그가 먼저 우리를 사랑하셨음이라 (요일 4:18~19)

아비나답과 웃사와 아효는 하나님을 이용해서 자기가 잘 살고 자기를 내세우려고 했습니다. 많은 백성들은 웃사의 죽음 앞에서 하나님을 두려워했습니다. 그런데 같은 날, 같은 시간, 같은 장소에서 하나님을 사랑하는 오벧에돔은 하나님의 궤가 모욕당하는 것을 두고 볼 수 없어서 그 재앙덩어리를 자신의 집으로 모십니다.

두려웠지만 하나님을 향한 사랑으로 두려움을 극복해 냅니다. '받은 은혜와 사랑을 알기에 내가 손해나고 내가 죽어도 난 저분을 배반할 수 없다.' 오벧에돔의 사랑입니다.

이에 하나님이 얼마나 감동하셨는지, 아비나답의 집에 수십 년 동안 부어 주지 않으셨던 그 복을 3개월 동안 다 쏟아 주십니다. 남들이, 특히 왕이 부러워 할 정도로 말입니다.

다른 사람들이 하지 않으려는 일을
자원해서 한 사람

꼭 내가 하지 않아도 됩니다. 귀찮기도 하고, 피곤하기도 하고, 꼭 해야 된다고 해도 다음에 해도 됩니다. 그런데 오벧에돔은 그러지 않았습니다.

지금 다윗 왕은 큰 근심 가운데 있습니다. 좋은 의도로 언약궤를 예루살렘 성전으로 가져오려 했는데, 사고가 생기면서 웃사가 죽었습니다. 대형사고가 터진 것입니다. 이 법궤 때문에 좋은 일도 많았지만 슬픈 일도 많았음이 생각났습니다. 블레셋 진영 아스돗에서, 가드에서 전염병이 돌았고 수많은 사람이 죽었습니다. 하나님께서 기뻐하시는 사람들, 믿음의 사람들이 가까이할 때는 복이 되었지만 하나님에 대한 믿음이 없는 사람들이 부적처럼 사용하려고 할 때 그 법궤가 화를 일으켰던 일이 생각났습니다.

웃사가 죽는 것을 보면서, 이번에는 하나님께서 기뻐하지 않으시는 것 같다는 생각이 들었습니다. 그래서 운송을 포기했습니다. 그렇다고 그 법궤를 아무 데나 강제로 맡길 수는 없는 노릇이었습니다. 복의 통로였는데 오늘은 애물단지이다 보니 떠넘길 수가 없었습니다. 다윗의 인품으로 보아 그것을 강제로 누군가에게 맡길 사람이 아닙니다.

참으로 난감한 일이 벌어졌습니다. 3만 명이나 되는 엄청난 사람들이 다윗의 행동을 지켜보고 있습니다. 계속해서 운반할 수도 없고, 다시 아비나답의 집으로 가져갈 수도 없습니다. 바로 그때, 자원하는 한 사람이 나타납니다. 바로 오벧에돔입니다. "왕이시여, 저희 집에 잠시 맡아 두겠습니다. 비록 재앙덩어리라 할지라도 누군가 맡아야 한다면 제가 맡겠습니다. 저는 하나님을 신뢰합니다. 저는 하나님을 좋아합니다. 저는 재앙덩어리라고 해도 하나님의 말씀이 들어 있는 저 법궤를 잠시라도 맡아보고 싶습니다."

다윗이 얼마나 좋았을까요? 얼마나 고마웠을까요? 다윗은 그제야 얼굴에 기쁨을 띄며, 제사장들을 시켜서 오벧에돔의 집에 언약궤를 이동시켰습니다. 이번에는 말씀대로 제사장들의 어깨에 메어서 오벧에돔의 집에 들여왔습니다. 어떤 주석에 보면, 오벧에돔이 레위인이었기에 직접 그 궤를 식구들과 함께 날랐다고도 나와 있습니다.

법궤를 옮기는 것은 국가 대사였습니다. 책임자 웃사는 손으로 잡았다가 하나님의 진노에 의해 죽임을 당하고 말았습니다. 그 뒤에 아무도 법궤를 책임질 사람이 없었습니다. 그때 오벧에돔이 나서서 법궤를 매어다가 자기 집에 모신 것입니다.

'누군가 해야 할 일이라면 내가 해야지' 하고 생각하며 살고 계시나요? 제가 섬기는 교회에도 그런 분들이 많습니다. 주차장 청소를 매일 해주시는 분들, 주방에서 음식을 정성껏 만들어 대접해 주시는 분들, 새가족을 전담해 주시는 분들, 주차 안내를 해주시는 분들, 예배 안내를 해주시는 분들, 각 위원이 되어 헌신하는 분들이 있습니다. 반주, 싱어, 조명, 영상, 음향, 애찬 도우미 일로 헌신하는 분들, 전등들을 살펴보다가 제때 전구를 갈아 주시는 분도 있습니다. 교회의 헌금을 관리하느라 애를 쓰시는 분들은 가끔 식사도 거르십니다. 어디 그뿐인가요? 차량 운행을 위해, 주차 관리를 위해서 수고해 주시는 분들도 계시고, 쓰레기를 다 정리해 주시는 분들, 아픈 사람을 찾아다니며 위로해 주시는 분들, 무엇인가를 시작하려고 할 때 도움을 주시는 분들, 교회를 아름답게 꾸미고 정리해 주시는 분, 교회와 교인들을 위해서 기도한다고 매일 성전에 들러 기도하시는 분들이 계십니다.

세어 보면 계속 나옵니다. '누군가 해야 한다면 내가 해야지, 이름도 빛도 없이, 혹 내게 어려운 일이 닥친다 해도 하나님께서 좋아하실 만한 일이라면 내가 해야지.' 이렇게 하실 수 있나요?

다윗이 난감해하는 바로 그 순간, 웃사가 죽어 사람들이 술렁이고 법궤는 내동댕이쳐져 있는 그 순간에 자원하는 사람. 무거운 법궤를 옮길 대책도 마땅치 않고, 사람들은 다시 저주가 시작되는가 싶어 두려움에 젖어 있습니다. 공포심과 두려움이 이 땅을 덮을 때 사랑으로 그 두려움을 이길 수 있던 사람이 있다면 바로 오벳에돔입니다. 참 따라가고 싶은 사람입니다.

우리나라 일제 강점기 때의 민족 지도자들 중에 전덕기라는 목사님이 계셨습니다. 신식 학문을 많이 배우지는 못했어도 성경 속에서 하나님을 만나고, 그분의 음성을 듣고 그분의 뜻대로 살려고 애쓰시던 분이었습니다. 도산 안창호, 독립협회의 서재필, 헤이그의 이준 열사, 백범 김구는 알지만 이들에게 많은 영향을 주고받았던 전덕기 목사를 아는 사람은 그리 많지 않습니다.

전덕기 목사는 딱 두 가지만 생각하고 살았답니다.

'내 주변에 힘들고 어려운 사람들이 너무나 많은데, 어떻게 하면 하나

님의 사랑을 실천하여 이들을 하나님께로 인도할 수 있을까?'

'이 나라의 독립을 위해 내가 할 일이 무엇일까?'

남대문 시장을 중심으로 상동교회가 운영되고 있던 때, 장질부사라는 전염병이 돌았습니다. 그로 인해 사람들이 죽으면 가족들이 장례도 치르지 않고 거리에 버렸는데, 전덕기 목사는 가족들도 버린 그 시체들을 모아다가 장례식을 치러 주던 사랑의 목자였습니다. 남대문 시장 부근에 있는 가난한 집에서 초상이 나면 으레 전덕기 목사가 찾아갔습니다.

전염병이 두려워 장의사들도 가까이 하지 못할 때 그는 사랑으로 두려움을 이겼습니다. 그는 항상 나막신과 마른 쑥 한 움큼을 가지고 있었답니다. 나막신은 시체가 부패하여 맨발로는 도저히 들어갈 수 없는 집에 가기 위함이었고, 쑥은 시체가 있는 방이 악취가 나서 아무도 못 들어갈 때 마른 쑥을 비벼 코를 막은 후 장례를 진행하기 위함이었습니다.

1905년 11월 17일, 일본 군대가 왕궁을 포위하고 을사보호조약을 체결하자 전덕기 목사는 눈물의 기도만 하고 있을 수가 없어 전국의 감리교 청년들을 교회로 모으기 시작합니다. 일본군이 두려웠지만 하나님의 뜻을 생각해야 했고, 나라를 생각해야 했습니다. 그렇게 모인 사람들 중에는 진남포 감리교 청년회 총무로 있던 김구가 있었고, 2년 후 헤이그에서 죽은 평리원 검사 이준이 있었습니다.

상동 청년회를 운영하며 민족의 깊은 잠을 깨우고 이 나라를 회복하자고 외칠 때, 그 곁에는 수많은 사람들이 있었습니다. 김구, 이동녕, 이준은 물론 이승훈, 이상설, 최남선, 이상재, 주시경, 윤치호, 이승만 등은 모두 세칭 상동파로 속한 인물들이었습니다. 또 상동 청년학원이라는 학교를 세워 학생들에게 한글과 역사 등을 가르침으로써 무지한 백성에 대한 사랑을 표현했는데, 이때 한글을 가르친 분이 주시경 선생이고 국사를 가르치던 분이 육당 최남선 선생이었습니다.

특히 육당 최남선은 전덕기 목사의 감화를 크게 받은 분으로서, 그가 3.1 운동의 독립선언문을 쓸 때의 기본 정신은 기독교 정신이었다고 고백한 바 있습니다. 그 기독교 정신을 누구에게서 받았느냐는 질문에, 육당 최남선은 "나는 오래전부터 가까이 지내는 이승훈 씨를 매우 존경합니다. 안창호 씨와는 더욱 가까이 지내고 존경하기에 한때 그의 비서가 되어도 좋겠다고 생각했던 적도 있었습니다. 하지만 내가 생각하는 순수한 기독교 신자로는 전덕기라는 목사님이 있습니다. 나에겐 그분의 감화가 제일 많지요. 상동교회의 뒷방에는 전덕기 목사님을 중심으로 많은 애국지사들이 모였습니다. 이곳은 사실 이준 열사의 헤이그 밀사 사건의 온상지라고 말할 수 있습니다. 나에겐 전덕기 목사님의 감화가 가장 큽니다."라고 고백했습니다.

전염병도 두려워하지 않고 일본군도 두려워하지 않고 하나님의 뜻을 위해, 하나님께서 기뻐하실 일을 위해 나섰던 전덕기 목사처럼 오벧에돔은 바로 그런 일을 시작합니다. 재앙이 두려운 것이 아니라, 하나님의 언약궤가 비와 바람과 햇빛에 상하게 될 것이 더 걱정이었습니다. 전염병이 두려운 것이 아니라, 내가 하나님의 뜻을 제대로 실천하지 못하고 말로만 믿는 사람처럼 살게 되는 것이 더 두려웠습니다. 그래서 그는 용기를 내어 하나님 임재의 상징인 언약궤를 집으로 모셨습니다.

'누군가 해야 한다면 내가 하자!'

예수님께서 십자가에 달려 죽으셨을 때, 제자들은 모두 뿔뿔이 흩어졌습니다. 가족들도 나타나지 않았습니다. 예수님의 시신을 장사해야 하는데 아무도 장사할 사람이 없었습니다. 그때 아리마데 요셉과 니고데모가 나타나 예수님을 장사하였다고 합니다. 이렇게 살아야 참 일꾼이요, 참 신앙인입니다.

'누군가 십자가를 져야 한다면 내가 지어야지.'

이러한 예수님의 결단이 있었기에 오늘 우리가 천국을 바라보는 것입니다. 더러 제 귀에 울리는 찬송이 있습니다.

♪내가 십자가를 거절한다면 누가 십자가를 질까
하늘에 계신 아버지 나를 보시네
내가 골고다를 거절한다면 누가 속죄양이 될까
하늘에 계신 아버지 나를 보시네
(찬양 _ 나를 조롱하는 당신을 위해)

♪누가 내 뜻 전하리 누굴 보낼까
나의 주여 내니이까
주여 나를 보내 주소서
(찬양 _ 주여 내니이까)

하나님께서는 복을 주시기 위해 오벧에돔을 찾으십니다. 하나님을 사랑하는 사람, 하나님의 영광을 위해서 누군가 해야 할 일이라면 망설임 없이 나설 수 있는 사람을 찾으십니다. 오늘, 오벤에돔이 되고 싶지 않으십니까?

요셉의 형들 피해 가기

요셉의 형들은 어떤 사람들인가?

¹⁹요셉이 그들에게 이르되 두려워하지 마소서 내가 하나님을 대신하리이까 ²⁰당신들은 나를 해하려 하였으나 하나님은 그것을 선으로 바꾸사 오늘과 같이 많은 백성의 생명을 구원하게 하시려 하셨나니 ²¹당신들은 두려워하지 마소서 내가 당신들과 당신들의 자녀를 기르리이다 하고 그들을 간곡한 말로 위로하였더라 (창 50:19-21)

지금까지 성경 속 우리가 따라가야 할 사람과 피해 가야 할 사람들을 살펴보았습니다. 마지막으로 닮지 말아야 할 사람들로, 야곱의 10명의 아들을 소개하려고 합니다. 어찌 보면 불쌍하기도 하고 불행한 삶을 살아가는 모습이 안 돼 보이기도 하지만, 그래도 믿음의 사람들이 닮아가서는 안 되는 사람들입니다.

　야곱에게는 4명의 부인이 있었습니다. 그중 사랑하며 함께 살고 싶었던 여인은 단 한 사람, 라헬이었습니다. 그런데 라헬과 결혼하는 과정에서 라헬의 언니인 레아와 빌하, 실바라는 여종들을 함께 얻게 되었습니다. 모여서 함께 각자의 천막을 치고 살아가던 시절에 야곱은 레아, 라헬, 실바, 빌하의 천막들을 순회하며 살았고, 그 결과 12명의 아들이 태어납니다.

　레아에게서 르우벤, 시므온, 레위, 유다, 잇사갈, 스불론이라는 6명의 아들을 낳았습니다. 빌하에게서 단과 납달리가 태어났고, 실바에게서 갓과 아셀이 태어났습니다. 그리고 라헬에게서 요셉과 베냐민이 태어났습니다.

　4명의 부인과 사는 야곱은 행복했을까요? 그는 참 불행한 날들을 살아갑니다. 바람을 피우는 것처럼, 어딜 가도 마음이 편치 않았습니다. 누구와 있어도 다른 사람들의 눈치를 보느라 삶이 힘들었습니다. 레아의 천막에 있을 때면 다른 천막에 살고 있는 자녀들이 서운해하고 기가 죽습니다. 빌하의 천막에 있을 때면 또 다른 천막에 살고 있는 자녀들이 서운해합니다.

　그러다가 요셉이 태어나면서부터 야곱은 거의 매일 라헬의 천막에서 살았습니다. 그러는 동안 요셉보다 먼저 태어난 10명의 아들은 자연스럽게 요셉과 그 어머니 라헬을 미워하게 되었고, 야곱의 편애 속에 삐뚤어지는 인성을 가지게 되었습니다. 태어난 순서로는 요셉이 열 번째였지만 일찌감치 후계자로 선포되었고, 요셉은 아버지 야곱에게 형들의 잘못을 고자질하는 의리 없고 얍체 같은 못된 동생이 되고 말았습니다.

이런 가정에서 자란 형들의 인성과 성품이 바르게 만들어졌을까요? 아버지에 대한 분노, 계모들에 대한 분노, 동생에 대한 분노가 자연스럽게 생기지 않았을까요? 이들은 불행한 가정 속에 자라나다 보니 자연스럽게 문제아로 성장하게 되었습니다.

그들은 세겜 성 앞에서 그들의 잔혹함을 여과 없이 드러냅니다. 동생 디나가 성폭행 당한 것을 구실 삼아서 세겜 성의 남자들과 여자들을 향하여 분노를 뿜어냅니다. 마구 죽이고 불을 지르고, 물건을 약탈했습니다. 눈에는 눈, 이에는 이 정도가 아니었습니다. 그 사람은 내 눈을 공격했는데 나는 그 사람의 목숨을 거두어 온 것과 같았습니다. 그 사람은 내 발을 밟았는데 나는 그 사람의 발을 잘라버린 포악한 난동이었습니다. 그 이후를 생각하지 않은 아주 멍청한 행동이었습니다. 이 사건을 알게 된 야곱은 탄식하며 외쳤습니다.

> [27]야곱의 여러 아들이 그 시체 있는 성읍으로 가서 노략하였으니 이는 그들이 그들의 누이를 더럽힌 까닭이라 [28]그들이 양과 소와 나귀와 그 성읍에 있는 것과 들에 있는 것과 [29]그들의 모든 재물을 빼앗으며 그들의 자녀와 그들의 아내들을 사로잡고 집 속의 물건을 다 노략한지라 [30]야곱이 시므온과 레위에게 이르되 너희가 내게 화를 끼쳐 나로 하여금 이 땅의 주민 곧 가나안 족속과 브리스 족속에게 악취를 내게 하였도다 나는 수가 적은즉 그들이 모여 나를 치고 나를 죽이리니 그러면 나와 내 집이 멸망하리라 (창 34:27~30)

전혀 생각이 없는 아들들입니다. 그렇게 힘이 있고 용맹스러우면 다른 방법도 있었을 텐데 모략과 치사한 계획으로 사람들을 죽였습니다. 부모는 물론 하나님께서도 절대로 동의하지 않는 죄를 지었습니다. 나아가 그 죄를 짓고도 자신의 정당함만을 강조하는 흉악범들입니다. '그 사람들은 죽어도 되는 사람들이었다고! 내가 정의를 행한 사람이라고!'

오늘날도 이런 사람들이 많습니다. 법을 어기고 공동체를 파괴하면서, 다른 사람들을 곤란하게 하면서 자신의 정당성만을 주장하는 사람들!

어디 그뿐인가요? 그 형들은 동생을 때려서 거의 죽게 만들고 노예로 팔아버렸습니다. 미움이 또 미움을 낳았습니다. 저주가 행동으로 옮겨졌습니다. 쌓이고 쌓인 분노와 억울한 감정들은 마침내 동생을 죽이려는 행동으로 나타났습니다. 결국 그들은 동생을 노예로 팔아버리고 돈을 챙기는 사람들이 되었습니다.

> [29]그 때에 미디안 사람 상인들이 지나가고 있는지라 형들이 요셉을 구덩이에서 끌어올리고 은 이십에 그를 이스마엘 사람들에게 팔매 그 상인들이 요셉을 데리고 애굽으로 갔더라 (창 37:28)

그들은 동생을 팔아버린 후에 뻔뻔하게 아버지 요셉을 찾아가 거짓말을 했습니다. 효도라고는 전혀 생각해 보지도 않은 철면피들입니다. 내가 살겠다고 남을 죽이고, 내가 살겠다고 남을 속이며 그 마음을 아프게 하는 사람들입니다.

자, 이렇게 사는 사람들이 행복할까요? 의와 평강과 기쁨이 넘쳐났을까요? 그들의 삶은 두려움과 함께 살던 처량한 삶이었습니다. 요셉의 형들이 느낀 두려움은 어떤 것들이었을까요? 그들은 왜 두려웠을까요?

과거의 죄와 그 죄책감으로 인한 두려움

쫓아오는 이가 없어도 왠지 불안하고, 안 좋은 일이 생기면 꼭 벌을 받는 것 같고, 오늘 힘든 일이 생기면 내일도 모레도 이 불행이 이어질 것 같아 두려움이 더 크게 밀려오는 참 초라한 인생을 살던 사람들이었습니다.

오늘날도 이런 자들이 있습니다. 요셉의 형들처럼 그렇게 두려운 인생을 사는 사람들, 의와 평강과 희락의 축복을 못 누리고 두려움 속에 사는 사람들, 절대로 따라가고 싶지 않은 사람들입니다.

우리가 느끼는 두려움의 첫 번째 이유는 과거의 죄와 그에 대한 죄책감 때문입니다. 세월이 흘러서 요셉의 형들은 아버지의 명을 받고 애굽으로 향했습니다. 드디어 애굽에 도착해서 곡식을 사러 갔다가 최고 책임자에게서, 곡식을 사러 온 것이 아니라 간첩이라는 청천벽력 같은 소리를 들었습니다. 쌀이 풍부한 애굽의 고급 정보를 빼내고, 쌀을 대량으로 훔치려고 왔다는 오해를 받았습니다. 너무 억울했지만, 힘이 없어 고스란히 당하게 되었습니다. 말도 제대로 해보지 못하고 감옥에 갇히는 신세가 되었습니다.

당연히 두려움이 몰려왔습니다. 곤장을 맞지는 않을지, 손가락이 부러지거나 잘리지는 않을지, 목이 잘리지는 않을지 별의별 걱정이 다 되었습니다. 참 묘하게도, 감옥에 갇혀 있으니까 과거의 죗값을 받는 것 같은 불안함과 두려움이 엄습했습니다.

'그때 세겜 성 사람들이 살려달라고 외칠 때 죽이지 말았어야 했는데……'

'그때 동생 야곱을 때리고 노예로 팔지 말았어야 했는데……'

'그때 아버지를 속이지 말았어야 했는데……'

오늘 이 불행과 원치 않는 억울함이 그때의 일들에 대한 보복이고, 벌을 받는 것 같아서 두려워졌습니다. 과거의 죗값을 치르려면 목숨이 몇 개라도 모자라다는 것을 그들은 너무나 잘 알고 있었습니다. 그들은 감옥에서 두려움의 원인이 과거 죄의 결과라고 생각하며 떨고 있었습니다.

> [21]그들이 자기들끼리 말했습니다. "우리가 동생에게 한 일 때문에 이런 벌을 받는가 보다. 우리는 동생이 고통을 당하면서 우리에게 살려 달라고 애원하는 것을 보면서도 동생의 말을 듣지 않았다. 그래서 우리가 지금 이런 고통을 당하는 것이다." [22]그러자 르우벤이 그들에게 말했습니다. "내가 그 아이를 해치지 말라고 하지 않았느냐? 그런데도 너희는 내 말을 듣지 않았다. 그 아이에게 한 일 때문에 우리가 지금 이런 벌을 받고 있는 것이다." (쉬운성경_창 42:21~22)

지금의 내 불행이 과거의 죄 때문이라는 생각을 해본 적이 있으신가요? 두려움의 원인 중에는 죄책감이 있습니다. 만약 우리가 지은 모든 옳지 않은, 정당하지 않은 일들이 다 밝혀진다면 어떻게 될까요? 자신

있으신가요?

요한복음 8장을 보면, 간음하다가 현장에서 잡힌 여인을 돌로 쳐 죽이려는 무리에게 예수님이 말씀하셨습니다. "너희 중에 죄 없는 자가 먼저 돌로 치라!" 참 묘한 일은 남을 정죄하려고 하던 그 무리들 중에 단 한 명도 깨끗한 사람은 없었다는 사실입니다.

사람에게는 이 죄책감이 있습니다. 죽을 때까지 따라다닙니다. 무슨 계획이 조금만 어긋나도 그때의 죗값을 받는 것 같고, 아이가 다치거나 소중한 것을 잃게 되면 그 죄가 생각납니다. 어쩌면 당연하고 자연스러운 일일 수도 있지만, 엄밀히 말하며 천국 백성에게는 절대로 일어나서는 안 되는 일이란 것을 알아야 합니다.

우리는 예수님을 믿는 사람들입니다. 그분의 사랑하심과 용서를 믿는 사람들입니다. 예수님께서 이 땅에 오셔서 찾으신 사람들은 스스로 의롭다 하는 사람들이 아니라 죄인임을 자처하는 사람들이었습니다.

예수님께서는 분명히 말씀하셨습니다.

¹⁷예수께서 들으시고 그들에게 이르시되 건강한 자에게는 의사가 쓸 데 없고 병든 자에게라야 쓸 데 있느니라 나는 의인을 부르러 온 것이 아니요 죄인을 부르러 왔노라 하시니라 (막 2:17)

누가복음은 한 마디를 덧붙입니다.

³²내가 의인을 부르러 온 것이 아니요 죄인을 불러 회개시키러 왔노라 (눅 5:32)

예수님께서 제일 처음 하신 말씀은 회개에 관한 것이었습니다. 천국에 가려면, 천국 백성이 되려면 회개해야 된다고 하셨습니다. 죄를 용서받아야 된다고 하셨습니다.

성경은 말씀합니다.

> [8]만일 우리가 죄가 없다고 말하면 스스로 속이고 또 진리가 우리 속에 있지 아니할 것이요 [9]만일 우리가 우리 죄를 자백하면 그는 미쁘시고 의로우사 우리 죄를 사하시며 우리를 모든 불의에서 깨끗하게 하실 것이요 (요일 1:8~9)

성경은 평강의 복을 누리려면 회개하고 용서의 확신을 가지라고 분명히 말씀합니다. 하나님은 사랑이 많은 분이라서 우리가 진정으로 회개하고 용서를 구하면 100% 용서해 주시고 기억도 하지 않으심을 믿으시기 바랍니다.

우리의 오래된 죄성과 죄로 물든 내 몸의 습관들은 쉽게 이길 수 있는 것이 아닙니다. 그렇지만 성령님을 의지하며, 예수님께 내 죄를 고백하고 용서를 구하면 반드시 기억도 하지 않으십니다.

성경은 분명히 선포합니다.

> [1]그러므로 이제 그리스도 예수 안에 있는 자에게는 결코 정죄함이 없나니 [2]이는 그리스도 예수 안에 있는 생명의 성령의 법이 죄와 사망의 법에서 너를 해방하였음이라 (롬 8:1~2)

저는 이 말씀을 믿습니다. 죄가 없는 것이 아니라 죄인을 부르시는 예수님께 믿음으로 나아왔고, 예수님께 죄를 고백했고, 용서의 확신이 있습니다. 그러고 나니까 평강이 찾아오고, 두려움이 사라지며, 죽음이 두렵지 않습니다. 왜일까요? 이제 지옥은 안 갈 테니까요. 천국행이 결정되었기 때문입니다.

그런데 왜, 무엇이 두렵습니까? 요셉의 형들은 이게 없었습니다. 진정한 회개도, 고백도, 용서의 확신도 없었기 때문에 두려웠던 것입니다. 절대로 따라가고 싶지 않은 모습입니다.

부모님께 죄를 지었다고 해서 부모님께만 용서를 구하면 안 됩니다. 모든 죄는 하나님에게서 벗어났기에 짓게 되는 것입니다. 죄라는 말 자체가 과녁에서 벗어났다는 뜻입니다. 가야 할 방향에서 틀어진 것이 죄입니다. 하나님께서 원하시는 방향에서 멀어져 가는 것, 그게 죄입니다. 따라서 회개할 때는 반드시 하나님께 용서를 구하는 기도가 필수조건임을 기억해야 합니다.

이렇게 회개의 기도를 드렸다면, 그에게는 성령의 감동으로 말미암은 용서의 확신이 찾아오게 되어 있습니다.

저는 이 체험이 있습니다. 참 기뻐서 울었습니다.

'아, 이제 나는 그냥 죄인이 아니라 용서받은 죄인이다.'

'아, 이제 나는 지옥으로 갈 죄인이 아니라 천국으로 가게 될 용서 받은 죄인이다.'

'이제 나는 지옥으로 갈 죄인이 아니라 천국으로 가게 될 용서받은 죄인이다.'

지금 요셉의 형들은 회개할 생각은 하지 못하고 죄책감만 느끼고 두려워하고 있습니다. 혹시 여러분도 이와 같지 않나요?

현재 상황에 대한 두려움

요셉의 형들이 첫 번째로 죄책감으로 인한 두려움의 삶을 살았다면, 두 번째는 나약함과 무지함에서 오는 두려움을 가지고 있었습니다.

야곱의 형들은 애굽으로 다시 곡식을 사러 갔습니다. 혹시 착오가 있었을까 봐 지난번에 왔을 때 다시 돌려주었던 곡식 값까지 가지고 왔습니다. 담당자에게 줄 예물도 가지고 왔습니다. 그들이 인사를 드리고 곡식을 주문하자, 애굽의 총리는 청지기를 불렀습니다. 그러고는 이 사람들을 자신의 집으로 초대하고 점심을 같이 먹을 수 있도록 풍성한 식탁을 마련하라고 지시했습니다.

요셉의 형들은 영문도 모른 채 애굽 총리의 관저로 들어가게 되었습니다. 그런데 갑자기 두려움이 몰려옵니다. 전례가 없는 일인 듯했습니다. 자신들은 그냥 곡식만 사 가지고 가면 되는데 총리의 집에 왜 와야 하는지 몰랐습니다. 이해가 되지 않았습니다. '만약 우리를 포로로 잡으려는 것이라면 어떻게 하지?' 하는 걱정이 몰려왔습니다. '만약 우리를 죽이려고 하는 것이라면? 만약 우리를 고문하려고 하는 것이라면?'

과거의 죄 때문에 그 죄가 드러날까 봐, 그 죗값을 치르게 될까 봐 두려워하는 형들은 이제 현실적인 나약함에 두려워하기 시작합니다. 힘으로 도저히 이들을 제압할 수 없음을 알고 있습니다. 지금 내 앞에서 나를 끌고 가는 저 사람들은 과거 자신들이 칼로 이겼던 세겜 성의 사람들과는 수준이 달랐습니다.

되돌아보면 참 우물 안 개구리로 살았음을 느끼게 됩니다. 내가 제일인 줄 알았습니다. 나 정도 되면 다른 사람들이 다 박수 쳐 주고 도와주고 잘한다고 할 줄 알았습니다. 그런데 나이가 들어갈수록, 사회 경험이 늘어날수록 한계를 절감하는 데서 오는 두려움이 있습니다. 살아갈수록 세상은 넓고 고수는 많음을 알게 되고, 그럴수록 밀려나는 듯한 두려움이 우리를 슬프게 합니다.

노력하지 않고 대강 살아온 날들이 후회스럽지만 이제 와서 발버둥을 쳐봤자 이미 승패가 끝났다는 것을 요셉의 형들은 알고 있었습니다. 총리 관저에 끌려와서는 안으로 들어가고 싶지 않아 문을 붙잡고 청지기에게 사정을 해봅니다. 뭔가 오해가 있으신 것 같다고, 우리가 지난번에 고의적으로 가져간 것이 아니고 집에 도착해서 자루를 열어보니 그곳에 물건 값이 그대로 들어 있어서 다시 가져온 것이라고. 묻지도 않은 이야기를 늘어놓습니다.

그러자 청지기가 형들에게 깍듯이 존대하며 대답합니다. "아닙니다. 이미 그 돈은 다 받았습니다. 그러니 걱정하지 마시고 따라오십시오." 그러나 형들은 점점 더 불안해집니다. 이렇게 할 아무런 이유가 없는데, 자꾸 끌려가는 것 같은 느낌에서 오는 두려움입니다.

현실적으로 우리는 많은 두려움 가운데 삽니다. 사고의 위험이 날마다 우리 주변에 있습니다. 원치 않아도 사고는 찾아옵니다. 우리나라에서 1

년에 교통사고로 죽는 사람들의 숫자가 약 3천 명에 달한다고 합니다. 독감에 걸려서 돌아가시는 분들도 그 정도 됩니다. 암에 걸려서 돌아가시는 분들도 일 년에 8만 명이 넘습니다. 죽음이나 사고에 대한 두려움이 내 곁에 있고, 우리는 그 두려움을 이길 아무런 능력이 없습니다.

대한민국은 자영업자들이 정말 많은 나라입니다. 일본이 1억 2천 만 명의 인구 중에 11.5% 정도가 자영업을 하고 나머지는 회사생활을 하는데 반해, 우리나라는 5천 1백만 명 인구에 26.8%가 자영업자입니다. 그만큼 동네에서도 경쟁이 심각하다는 이야기입니다. 편의점도, 식당도, 스마트폰 가게도 점점 늘어납니다. 일본의 경우 옆집에 같은 업종의 가게를 창업하지 않습니다. 세계 어느 나라도 그렇게는 잘 안 합니다. 그런데 대한민국은 전혀 개의치 않습니다. 붙어 있어야 서로 잘 된다는 말도 안 되는 이유를 들어서 편의점 옆에 편의점, 교회 옆에 교회, 세탁소 옆에 세탁소, 과일가게 옆에 과일가게가 또 들어옵니다. 지역 인구는 늘지 않는 상황에서 이처럼 너도나도 자영업을 하다 보니 매출은 줄고, 순익이 많이 줄어드는 현실 속에서 자연스레 두려움을 느끼게 됩니다.

요즘 이혼이 줄어들었다고 합니다. 그런데 그 이유가 여성 일자리가 너무 많이 없어지면서 경제적으로 독립 가능성이 줄어들었기 때문에 잠시 보류상태라고 합니다. 다시 일자리가 생겨서 경제적 독립이 가능해지면 그때 이혼하려는 것이지요. 불안이 사라진 것이 아니라 미뤄진 상태라는 분석을 보았습니다. 전염병으로 인한 불안을 넘어서 경제위기와 실직위기, 양육에 대한 부담과 효도에 대한 부담도 조금은 있습니다.

이처럼 우리는 하루하루의 삶 가운데에서, 여러 가지 이유들로 늘 불안함을 느낍니다.

요셉의 형들도 두려웠습니다. 내가 이길 수 없는 상대들이 너무 많으니까요. 이럴 때 우리는 하나님의 말씀을 떠올리며 믿음을 키워야 합니다. 왜 두려운지 아시나요? 능력이 없어서가 아닙니다. 내가 모자라서가 아닙니다. 전능하신 하나님께 기대지 않아서입니다.

형들은 그 위기의 순간에도 기도하지 않고, 예배하지 않고, 하나님의 말씀을 떠올리지도 않았습니다. 도대체 하나님의 사랑을 확신하지 않고 있습니다. 그러니 두렵지요.

어차피 세상에는 고수가 많고, 내 능력과 힘으로 버텨낼 수 없음을 알아야 합니다. 마귀는 강하고 나는 약합니다. 경쟁은 점점 심해져 가고 내 능력에는 분명한 한계가 있습니다. 물론 최선을 다해서 노력하지만 그래도 안 되는, 넘지 못하는 절벽이 내 앞에 있습니다.

이럴 때마다 저는 말씀을 묵상합니다.

[1]유월절 전에 예수께서 자기가 세상을 떠나 아버지께로 돌아가실 때가 이른 줄 아시고 세상에 있는 자기 사람들을 사랑하시되 끝까지 사랑하시니라 (요 13:1)

"예수께서 세상에 있는 이구영을 사랑하시되 끝까지 사랑하시니라."
"예수께서 세상에 있는 초라하고 약하고 무지한 나를 사랑하시되 끝까지 사랑하시니라."

사업이 무너질 수 있습니다. 빚더미에 앉을 수도 있습니다. 그러니 더 하나님의 사랑을 믿고 나아가야 하지 않겠습니까? 건져 주실 분도 그분,

해결해 주실 분도 오직 그분이시니까요.

왜 두렵습니까? 믿음이 없기 때문입니다.

¹⁴하나님이 이르시되 그가 나를 사랑한즉 내가 그를 건지리라 그가 내 이름을 안즉 내가 그를 높이리라 (시 91:14)

사랑하면 건져 주십니다. 사랑하면 높여 주십니다. 나의 약함과 무지함을 알기에 현실적인 두려움이 있는 것은 사실이지만 그럴수록 더욱더 하나님을 사랑하고 하나님의 사랑을 확신하면서, 주시는 지혜와 능력으로 두려움의 삶을 평강과 기쁨의 삶으로 바꾸어 갈 수 있습니다. 성령님의 도우심을 간구하면 가능합니다.

미래에 대한 두려움

요셉의 형들이 느낀 세 번째 두려움은 미래에 대한 것이었습니다.

다가올 미래가 두렵습니다. 죽음이 두렵고 실패가 두렵고 병들까 봐 두렵고 사람들이 다 떠나갈까 봐 두렵습니다. 형들은 계속 두려움을 느끼고 있습니다. 말도 통하지 않는 사람들 속에서 어리둥절해하며, 미래에 대한 두려움으로 가득 차 있습니다.

야곱도 믿음의 사람이긴 하지만 이런 두려움이 있었습니다. 애굽으로 갔다가 다시 돌아온 아들이 10명이 아니라 9명이었습니다. 시므온이 오지 않았습니다. 이미 사랑하는 아들 요셉과 헤어진 지는 오래되었습니다. 그런데 또 베냐민도 잃어버릴 위기에 처하게 되었습니다. 베냐민을 포기하지 않으면 굶어 죽을 지경입니다. 포기할 수도 없을 만큼 사랑하고 의지하는 아들입니다. 내 목숨과 연결되어 있는 이 아들이 해함을 당할까 봐 두렵습니다. 과거의 두려움들이 야곱에게 스쳐 지나갑니다.

에서의 공격을 피해 도망하던 때도 두려웠습니다. 미래가 어찌 될지 몰랐습니다. 외삼촌 라반을 피해 도망하던 때도 두려웠습니다. 잡혀 죽을까 봐 조마조마하며, 아슬아슬하게, 설마설마하며 살았습니다. 오늘은 흉년 때문에 굶어 죽을까 봐 두렵고, 내년에는 또 사업이 어려울까 봐 두렵고, 사랑하는 이들을 잃게 될까 봐 또 두려웠습니다.

평안하게 살고 싶은데 약합니다. 이런 약한 사람들은 자꾸만 상실에 대한 두려움이 쫓아옵니다.

형들은 곡식을 사러 갔다가 애굽의 총리 앞에서 두려웠고, 정탐꾼으로 몰려 감옥에 갇혀 있으면서도 두려웠고, 집에 도착해서 자루를 풀어 본 후에 그 속에 있는 돈을 보고 두려웠습니다. 물건을 사고 나서 돈을 주고 영수증까지 받았는데, 돈이 자루에서 나오자 왜 두려웠을까요? 공짜로 사온 셈이니 좋아하거나, 가서 솔직하게 말하고 돌려주면 단순한 해프닝으로 끝날 일인데 왜 두려웠을까요?

지금 요셉은 만찬을 준비하고 형들을 초대했는데, 이를 알 리 없는 형들은 여전히 미래에 대한 두려움이 가득합니다. 형들의 두려움은 아버지 야곱이 돌아가신 후에도 나타납니다. 그들은 혹시 동생 요셉이 아버지가 돌아가신 후에 자신들에게 보복을 할까 봐 두려워 떨었습니다. 그래서 동생에게 가서 자기들을 죽이지 말라고 사정도 합니다. 동생 요셉은 단한 번도 형들에게 보복할 생각이나 죽일 생각이 없었고, 오히려 형들에게 잘해 주려고 하는데 왜 형들은 여전히 두려워하며 살까요?

용서해 본 적이 없고, 용서를 받아 본 적도 없으며, 용서의 확신이 없으니 당연히 두렵습니다. 하나님을 사랑해 본 적도 없고 하나님께서 나를 사랑하신다는 믿음도, 경험도 없으니 당연히 두렵습니다. 그리고 하나님의 그 사랑이 나를 더 좋은 곳으로, 선한 곳으로 인도하실 것이라는 아주 기본적인 믿음이 없으니 또 두렵습니다.

미래는 내가 장담할 수 있는 것이 아닙니다. 미래는 내가 만들 수 있는 것도 아닙니다. 미래는 믿음으로 나아가는 운동장입니다. 그래서 미래에 대한 두려움이 없으려면 하나님을 절대적으로 신뢰해야 하고 하나님의 말씀대로 살아내야 하는데, 이것이 없으니 그들은 여전히 두렵습니다.

경제가 언제 회복될지 모르니 두려움이 있는 것도 사실입니다. 자녀들의 앞길이, 노후가, 건강이, 당장 내년의 먹거리가 두려움으로 다가오기도 합니다. 만약 이 두려움이 우리 앞에 아직도 있다면 나는 용서의 확신이 없거나, 사랑하심과 사랑함에 대한 확신이 없거나, 미래를 준비해 주시는 하나님에 대한 믿음이 없는 것입니다.

요셉은 이렇게 고백합니다.

[19]요셉이 그들에게 이르되 두려워하지 마소서 내가 하나님을 대신하리이까 [20] 당신들은 나를 해하려 하였으나 하나님은 그것을 선으로 바꾸사 오늘과 같이 많은 백성의 생명을 구원하게 하시려 하셨나니 [21]당신들은 두려워하지 마소서

내가 당신들과 당신들의 자녀를 기르리이다 하고 그들을 간곡한 말로 위로하였더라 (창 50:19~21)

요셉은 형들의 두려움을 알고 있습니다. 그래서 그는 약속하고 있습니다. 하나님께서 계획하신 일이고, 하나님께서 진행하신 일이고, 하나님께서 마무리하실 일이니 당신들은 더 이상 두려워하지 말고 준비해 주시는 하나님의 손길을 의지하며 평강과 기쁨과 보람 있는 삶을 살라고.

예수님의 음성입니다.

"너의 인생을 내가 계획했고, 내가 진행하고 있고, 내가 준비해 놓았으니까 너는 용서의 확신을 가지고 더 이상 죄 짓지 말고 사랑하며 믿음으로 살아가라. 이 땅에서도 너에게 준 사명을 잘 감당하며 보람 있게 살고, 남을 도우며 살고, 능력을 키우며 살다가 저 천국에서 만나자. 저 천국 집까지도 준비해 놓을 것이다."

두려움이 사라지지 않는 공포의 시대를 살지만 용서하시는 하나님을 의지하면서, 나를 사랑하시는 예수님의 사랑을 실천하면서, 앞으로도 인도하실 성령님의 손길을 따라 평강과 기쁨의 삶을 이어가기를 주님의 이름으로 축원합니다.

독후감 1

생명나무교회 **윤진경** 집사

목사님, 성경의 많은 인물들 속에서 닮고 싶은 사람, 닮기 싫은 사람들이 참 많네요.

성경 인물 한 사람 한 사람의 이야기를 읽으면서 하나님께서 저에게 붙여 주신 족집게 과외 선생님이라는 생각이 들었습니다. 기한은 얼마 남지 않았는데 시험을 통과해야 하는 학생에게 일대일 과외선생님을 통해 집중력 있게 공부하도록 하는 것처럼, 천국의 문을 향해 걷고 있는 저에게 하나님을 사랑하고 이웃을 사랑하는 사람으로 세상을 살아가는 데 필요한 정답과 오답을 정리해 주는 느낌이었습니다.

성경 속 인물들의 삶을 들여다보면서 때로는 "이렇게 살아야 한다"는 도전을 받기도 하고, 반대로 "이렇게 살면 안 된다"는 깊은 깨달음을 얻기도 했습니다.

닮고 싶은 사람은 많았지만, 그중에서도 제가 가장 따라가고 싶은 사람은 '보아스'입니다. 기꺼이 손해를 감수하며 기쁨으로 누군가를 돕는 그의 모습은 참으로 도전이 됩니다. 저도 보아스처럼 누군가의 그늘이 되어 주고, 의지할 수 있는 사람이 되기를 소망합니다. 무엇보다도 나를 위해 손해 보며 십자가를 지신 예수님의 사랑을 닮아가며 살아갈 수 있도록 기도합니다.

반면에, 닮고 싶지 않은 인물 중에서 가장 피해 가고 싶은 사람은 '입다'였습니다.

입다는 기생의 아들로 태어나 열등감에 싸여 살았는데, 그 모습이 꼭 저를 보는 것 같아 마음이 무거웠습니다. 하나님은 있는 그대로의 나를 사랑하시는데, 저 역시 열등감 때문에 그 사랑을 온전히 믿지 못했던 적이 있었습니다. 이제는 그런 모습을 닮지 않도록 성령님의 도우심을 간구하며 살아가고 싶습니다.

우리는 행위가 아니라 믿음으로 구원을 받지만, 구원받은 자로서 성화된 삶을 살아가기 위해 노력해야 한다고 생각합니다.

성경 속 인물 중 닮고 싶은 사람들의 모습은 본받고, 닮고 싶지 않은 사람들의 모습이 내 안에서 발견된다면 성령님의 도우심을 간구하여 그 길에서 돌이킬 수 있어야 한다고 믿습니다.

그런 점에서 이 책은 하나님을 더 깊이 사랑하고 이웃을 사랑하며 살아가기를 소망하는 우리에게 훌륭한 과외 선생님이 되어 줄 것이라 생각합니다.

목사님의 피와 땀으로 적어내신 귀한 책을 먼저 읽을 수 있게 해주셔서 감사합니다.

독후감 2

생명나무교회 **김다연** 집사

책을 읽지 않았더라면, 아마 한 번도 하지 않았을 자문自問!

'과연 나는 따라가야 할 사람인가, 피해 가야 할 사람인가?'

수십 번 양쪽을 오가며 묵상하게 된다.

그런 후 이내 '앞으로 나는 따라가야 할 사람이 될 수 있을까?'로, 신앙생활의 궁극적인 목적을 마음에 품게 되는데…….

이 책에 그 방법이 있다.

Yes or No! 간단하다. 그리고 명쾌하다.

그저 믿음의 조상들이 남긴 발자취를 따라가기만 하면 되는 것이다. 한눈팔지 말고 옆길로 새지 말고……. 또한 우리 곁에는 따라가야 할 사람, 이구영 목사님이 바로 앞에 계신다.

그분의 말씀 가운데 그리고 삶 속에서 무수히 많은 경험을 했다. 그러니 함께 손을 잡고 따라가자!

따라가기 vs 피해 가기

초판 1쇄 발행 | 2025년 4월 3일
3쇄 발행 | 2025년 4월 14일

지 은 이 | 이구영

펴 낸 이 | 윤성
펴 낸 곳 | 나무&가지
책임편집 | 지은정
북디자인 | 김한희
마 케 팅 | 임지수
등록번호 | 제 2017-000048호
주　　소 | 서울시 서초구 강남대로 455, A동 511호
편 집 부 | **전화** 02-532-9578
이 메 일 | sevenpoweredu@gmail.com

ISBN 979-11-91366-06-8 03200

이 도서의 국립중앙도서관 출판예정도서목록(CIP)은 서지정보유통지원시스템(http://seoji.nl.go.kr)과
국가자료종합목록(http://www.nl.go.kr/kolisnet)에서 이용하실 수 있습니다.